東武実録 第一

八木書店

凡例

一、史料纂集は、史学・文学をはじめ日本文化研究上必須のものでありながら、今日まで未刊に属するところの古記録・古文書の類を中核とし、更に既刊の重要史料中、現段階において全面的改訂が学術的見地より要請されるものをこれに加え、集成刊行するものである。

一、本書『東武実録』は、天和三年（一六八三）十二月、将軍徳川綱吉の命により旗本松平隼人正忠冬（深溝松平氏庶流）が撰述し、翌貞享元年（一六八四）十二月に幕府に提出した、江戸幕府二代将軍徳川秀忠の事蹟録である。書名中の「東武」とは、武蔵国ないし江戸の別称であるが、本書では江戸幕府を意味する。

一、本書はいくつか現存する写本のうち、国立公文書館内閣文庫所蔵本を底本とした。同本は、すでに汲古書院より『内閣文庫所蔵史籍叢刊』として影印本が刊行されているが、今回、新たに翻刻し校訂をくわえるものである。

一、本冊には、元和二年（一六一六）正月朔日条から、寛永四年（一六二七）是年条まで、十二年間の記事を収めた。

一、本書の翻刻に当たっては、つとめて底本の体裁を尊重したが、編纂史料という性格上、やむを得ず変更したところもある。校訂上の体例基準は凡そ左の通りである。

1　底本には正・略・異体字が混用されるが、原則として漢字は常用漢字を、変体仮名は平仮名を用い、合字の「〆」は残した。また漢字「著」はすべて「着」に改めた。

2　読解の便宜のため、年月日はゴチック体を用い、適宜、読点「、」と並列点「・」を付した。

3　慣用的に用いられる「江」「而」「茂」などの助詞、および「并（ならびに）」は漢字のまま残した。

4　底本に示されている平出・台頭・欠字は、これを用いなかった。

5　校訂註として、本文に置き換える文字には〔　〕を、人名・地名等の参考註には（　）を付した。

6　上欄に、本文中の主要事項等を標出した。上段にかかる標出は無印、下段に相当するものは＊印を付した。なお、底本の頭注には※を付し、「　」で示した。

令和六年九月　　　　　　　　　　　小池　進

目次

東武実録　巻第一

（表紙題簽、以下略）

東武実録　元和二三　一・二・三

（原寸縦二九・二糎、横二〇・五糎）

元和二丙辰年　自正月至七月

正月朔日　群臣江戸ノ城ニ登テ正旦ノ賀儀ヲ祝ス、(秀忠)公御装束ヲ着セラレ賀ヲ受ケ給フ、

正旦の賀儀
群臣登城

是日　松平五郎左衛門忠次従五位下ニ叙シ、式部大輔ニ任ス、榊原式部大輔康政カ孫出羽守忠政カ男也、忠政ハ康政カ嫡子タリト云ヘ共、外祖父大須賀五郎左衛門康高カ養子ト成テ大須賀ノ家ヲ継ク、忠政卒シテ後其子忠次又大須賀ノ家ヲ継ク、然ル処ニ榊原康政カ嗣子遠江守政直、去歳五月二十七日ニ卒シテ榊原ノ家絶ントス、是ニ於テ是年大御所(家康)ノ命ヲ奉テ、忠次大須賀ノ家ヲ改メ祖父榊原式部大輔康政カ家督ヲ継ク、

是日　松平右京亮康盛、筑後守康親男、従五位下ニ叙シ、讃岐守ニ任ス、後筑後守ニ改ム、

謡*初め

同二日　去年ノ春ハ摂州大坂(東成郡)乱撃故ニ御謡初是ナシ、此春天下泰平ニ静謐ス、是ニ依テ御嘉例ノ如ク江城ニ於テ今夜御謡初アリ、諸士参賀ス、

着座

左	右
松平安房守信吉	小笠原右近大夫忠政
松平甲斐守忠良	松平丹波守康長
牧野駿河守忠成	松平外記忠実
	設楽甚三郎貞代

御謡初ノ儀式例ノ如シ、

禁*裏へ新正の賀儀

同三日　禁裏エ新正ノ賀儀ヲ献セラル、

(後水尾天皇)当今エ　白銀百枚・蝋燭千挺

(後陽成上皇)院御所エ　白銀五十枚・蝋燭五百挺

女院ノ御所エ(新上東門院、観修寺晴子)　白銀五十枚
女御エ(中和門院、近衛前子)　白銀五十枚
白銀二十枚　長橋ノ局
黄金十両　広橋大納言(兼勝)
黄金十両　三条大納言(三条西実条)
白銀三枚　秋篠大弼(忠治カ)
白銀三枚　岩倉木工頭(具堯)

池田忠雄従四位下侍従叙任

同十九日　松平宮内少輔忠雄、(本氏池田、松平三左衛門輝政三男、)従四位下ニ叙シ、侍従ニ任ス、

是日　藤堂高次、(和泉守高虎カ男、)従五位下ニ叙シ、大学助ニ任ス、

家康発病

同二十一日　大御所駿州田中(益津郡)ニ御放鷹アリ、此夜俄ニ御違例、是ヲ公ニ告ケ給ハンカ為メ、落合小平次道次御使トシテ江戸ニ馳セ赴ク、行程僅ニ十二時ニシテ江戸ニ到リ、大御所ノ御不予ヲ台聴ニ達ス、公其遠来ノ速ナル事ヲ褒セラレ、黄金・呉服ヲ道次ニ賜ル、

＊家康田中より駿府帰城

同二十四日　大御所御違例、衆医御薬ヲ献シテ聊御微験有リ、是ニ依テ今日田中ヨリ駿府(駿河国安倍郡)ノ城ニ還リ入セ給フ、

二月朔日　大御所ノ御不例ニ依テ、公(秀忠)江戸ヲ御首途、駿府ニ赴ムカセ給フ、

＊秀忠駿府到着家康に対面

同二日　公駿府ニ着御、大御所ニ御対顔アリ、安倍(阿、以下同ジ)四郎五郎正之・朝比奈源六郎肥後国ヨリ昨日駿府ニ帰着ス、公ノ渡御ヲ待請ケ駿府ニ於テ九州ノ事ヲ言上ス、

同二十九日　水野善兵衛宗勝卒ス、六十五歳、

三月四日　佐久間民部少輔勝次、(備前守安次カ嫡子、)江戸ニ於テ卒ス、二十八歳、

＊伊達政宗駿府に到り家康を見舞う

同七日　松平陸奥守正宗、(政、以下同ジ)(伊達)大御所ノ御不予ヲ聞テ仙台(陸奥国宮城郡)ヲ発シ駿府ニ赴ク、途中ニ留テ命ヲ待ツ、時ニ御旨有テ駿府ニ到リ大御所ニ謁ス、近ク召シテ御側ニ候ス、其遠来ヲ喜ヒ感シ給ヒ、勤テ能ク将(秀忠)軍家ニ奉仕スヘキノ由ヲ命セラル、正宗落涙ス、

時ニ予メ御遺物トシテ清拙(正澄)ノ墨跡ヲ正宗ニ賜ル、

同八日　御手洗越前守正吉卒ス、八十四歳、

同十七日　大御所大政[太]大臣ニ任シ給フ、勅使広橋大納言兼勝・三条大納言実条駿府ニ下向ス、御任官ニ依テ、

家康太政大臣任官により勅使下向

禁裏エ献物アリ、

当今エ　白銀千枚

院御所エ　白銀三百枚

女院ノ御所エ　白銀二百枚

女御エ　白銀二百枚

黄金十枚　上卿日野大納言(資勝)

黄金五枚　職事広橋頭弁(兼賢)

黄金二枚　宣旨大外記(押小路師生)

同二十五日　大御所松平外記忠実ヲ召シテ御側ニ伺候ス、時ニ命有テ曰ク、汝窃ニ中山道ヲ経テ城州(紀伊郡)伏見ニ到テ城ヲ守ルヘシ、御深慮アルニ依テ忠実ヲシテ今彼城ヲ守ラシメ給フノ由、台命ヲ蒙テ忠実頓テ駿府ヲ発シ、中山道ヲ経テ伏見ニ到リ城ヲ守ル、(忠実伏見ニ在テ城ヲ警衛スル事三年、元和二年ヨリ同ク四年ニ至ル、)

*家康石川忠総に秀忠への奉仕を命ず
家康松平忠実に伏見城守衛を命ず

同二十六日　中山信吉、(勘解由左衛門家範カ男、)従五位下ニ叙シ、備前守ニ任ス、

同二十七日　綸命ヲ駿府ノ城ニ於テ受ケ給フ、

同二十九日　勅使広橋兼勝・三条実条(三条西)ヲ駿府ノ城ニ於テ饗ス、

是月　伊達遠江守秀宗駿府ニ参勤ス、時ニ大御所ヨリ御脇指貞宗・御馬鹿毛ヲ秀宗ニ賜ル、

四月三日　大御所(家康)水野隼人正忠清ヲ召シテ、先祖ノ忠儀、且ツ忠清カ大坂ノ役軍功ヲ美賞セラレ、三州刈屋(碧海郡)ノ城食邑二万石賜ル、

同四日　夜ニ入リ、大御所石川主殿頭忠総ヲ召シテ拝謁シ御床ノ御側ニ候ス、時ニ命有テ曰ク、昔年汝カ養父石川日向守家成卒去スルノ時、実父大久保相模守忠隣石川長門守康道カ幼子有ルヲ以テ、汝ヲシテ石川ノ家ヲ継カシムル事ヲ辞退ス、我レ

思フ所ヲ変セス、遂ニ外祖父家成(石川)カ家督ヲ継カシム、況ヤ多年ノ恩顧深シ、向来能ク将軍家ニ奉仕スヘキノ由ヲ命セラル、時ニ大久保権右衛門忠為、忠総(石川)ニ従ヒ同ク御前ニ候ス、台命ニ曰ク新発ノ地ヲ大垣ニ開テ一万石ニ及フト云フ共、忠為(大久保)ニ与ヘシ、汝忘ル事ナカレ、既ニシテ忠総拝謝シテ退ク、

家康薨御

同十七日　大御所駿府ノ城ニ於テ薨御、春秋七十五歳、是ヨリ先キ榊原内記照久ヲ召シテ、吾薨セハ駿州久能山(有渡郡)ニ葬リ、霊廟ヲ西向ニ建テ社僧四人ヲシテ昼夜ノ勤仕怠ル事ナク執行ナサシムヘシ、食禄五十石ヲ以テ四人ノ社僧ニ各宛行フヘシ、汝ハ常ニ久能山ニ居テ霊廟ヲ警衛スヘキノ旨ヲ命セラル、是ニ依テ照久(榊原)ヲシテ久能山ノ神職ヲ掌ラシム、

家康久能山に葬らる

是日　夜ニ入リ御尊体ヲ駿州久能山ニ葬ル、本多上野介正純・松平右衛門大夫正久(後正綱ニ改ム、)・板倉内膳正重昌・秋元但馬守泰朝神柩ニ供奉ス、公(秀忠)ノ御名代トシテ土井大炊頭利勝神柩ニ従フ、参議義直(徳川)ノ使者成瀬隼人正正成、参議頼宣(徳川)ノ使者安藤帯刀直次、少将頼房(徳川)ノ使者中山備前守信吉等、各霊柩ニ供奉ス、是皆予メ御遺言ニ依テ也、大御所ノ薨御ニ依テ諸侯・大夫国々ヨリ駿府ニ群参ス、此度諸大名ヲシテ先ツ江戸ニ赴カシメ、諸国ノ泰平ヲ聞給テ後、来年帰国ノ暇ヲ賜ルヘキヤノ由ヲ諸人推察ス、老臣等モ又此旨ヲ存スルノ処ニ、諸大名各駿府ヨリ直ニ休暇ヲ賜リ帰国スヘキノ由、土井大炊頭利勝ヲ以テ命セラル、利勝御旨ノ趣ヲ諸大名ニ伝ル、衆是ヲ聞テ公ノ御政道広大ナル事ヲ感悦ス、

＊幕府群参の諸大名に帰国を命ず

＊秀忠久能山参詣

同二十五日　公久能山ニ御参詣、台駕ヲ榊原内記照久カ家ニ寄ヲル、[セ]

＊悪銭及び撰銭禁令

五月十一日　鳥目ノ法制ヲ諸国ニ相触ラル、

定

一、大かけ(欠)
一、われ(割)銭
一、かたなし(形無)
一、ころ銭
一、新悪銭
一、なまり(鉛)銭

右六銭之外者御蔵へも納候間えらふへからす、金子壱分に壱貫文之売買たるへし、若彼六銭之外撰もの并押てつかふもの有之者、糺明之上其面に火印をおすへき者也、仍所定如件、

元和二年五月十一日

急度申入候、御定之悪銭にて路次筋米・大豆売買いたすニ付而、往来之者迷惑仕之由ニ候、就夫道筋御蔵入之所々へハ、米・大豆相渡うらせ、其ひた(鐚)銭を御蔵へ納申候間、各茂時之相場を以うらせ候而、ひた銭を自分之蔵へ被納尤ニ候、

高札之案文別紙ニ遣之候、領内堅申付可被相定候、委細者高室金兵衛(昌成)・藤川庄次郎(重勝)可演説候、謹言、

元和二年五月十一日

伊丹喜之助(康勝)
秋元但馬守(泰朝)
板倉内膳正(重昌)
松平右衛門大夫(正綱)
安藤対馬守(重信)
土井大炊頭(利勝)(助)
酒井備後守(忠利)
本多上野介(正純)

右ノ文言ヲ以テ諸大名エ触レ遣ス、

同晦日　大関弥平次政増、(土佐守増晴嫡子、)卒ス、二十六歳、池田出雲守長常ニ御鎧梨打ノ御冑ヲ賜リ、是ヲ拝載ス、

六月七日　本多佐渡守正信卒ス、七十九歳、

本多正信卒す*

同十三日　松平武蔵守利隆、松平三左衛門輝政嫡子、播州ニ於テ卒ス、三十三歳、公(秀忠)ヨリ御香典トシテ白銀百枚ヲ賜ル、酒井雅楽頭忠世・土井大炊頭利勝ヲ両使トシテ、父利隆カ遺領播磨国ヲ其子新太郎元和九年御諱ノ字ヲ賜テ光政ト号ス、ニ賜ル、

池田利隆卒す

是月　安部(阿)四郎五郎正之、御先手御弓頭トナル、

*幕府松平忠輝を改易に処す

是月　仰出サル、軍役ノ積、

軍役の制

軍役之定

一、五百石　鉄炮一挺　鑓三本　但持鑓共ニ

一、千石　鉄炮二挺 弓一張　鑓五本 騎馬一騎　但持鑓共ニ

一、二千石　鉄炮三挺 弓二張　鑓五本 騎馬三騎　但持鑓共ニ

一、三千石　鉄炮五挺 弓三張 旗一本　鑓十五本 騎馬四騎　但持鑓共ニ

一、四千石　鉄炮六挺 弓四張 旗一本　鑓二十本 騎馬六騎　但持鑓共ニ

一、五千石　鉄炮十挺 弓五張 旗二本　鑓二十五本 騎馬七騎　但持鑓共ニ

一、壱万石　鉄炮二十挺 弓十張 旗三本　鑓五十本 騎馬十四騎　但持鑓共ニ

元和二年辰六月日

七月　越後少将忠輝(松平)、上総介、越後国及ヒ信州河中島(川、以下同ジ)(更科郡)ヲ没収セラレ、勢州浅間(朝熊、以下同ジ)(度会郡)ニ配セラル、是ヨリ先キ、大御所御在世ノ時、近藤平右衛門秀用後石見守ニ任ス、ヲ上使トシ命有テ曰ク、摂州大坂ノ役江州守山(栗田郡)ニ於テ、将軍家ノ従士長坂血鑓九郎(信時)ヲ理不尽ニ誅戮ス、我レ在世ノ時ニ於テ将軍家ニ対シテ違変ノ志アリ、況ンヤ薨去ノ後公儀ヲ軽セン事覚束ナシ、次ニ京師ニ於テ参内ノ時供奉ノ儀、虚病ヲ構ヘ異儀ニ及ヒ、剰エ其日加茂(賀)川ニ遊猟スルノ事、且ツ又帰国ノ暇ノ事、其命ヲ待タス北国ノ本道ヲ避ケ、隠道ヲ経テ北越ニ帰ル、脇道停止ノ事兼テ仰出サル、処ニ、其制法ヲ破ル、其上過分ノ采地六十万石ヲ宛行ル、ノ処ニ、私ノ奢ニ金銀ヲ費シ軍用乏キノ

*秀忠忠輝の赦免を秘訴

家康の怒り甚し

旨ヲ訴ル、旁以不義ノ至也、先ツ長坂(松平)ヲ殺ス下手人ヲ速ニ出スヘキノ由ヲ命セラル、忠輝(松平)迷惑シテ長坂ヲ殺ス事百余人ノ歩卒ニ下知シテ是ヲ殺サシム、今誰ヲ以テ下手人ニ定メントト是ヲ案シ煩フ、時ニ山田将監・富永大学助進ンテ君ノ為ニ下手人ニ出テ忠死ヲ遂ント請フ、然ル処ニ大坂ノ役忠輝ニ従ヒ供スル歩卒ノ中、三人下手人ニ出テ死ナン事ヲ強テ請フ、是ニ依テ小沢水右衛門・松岡清右衛門ヲ彼三人ニ差シ副エ、駿府(駿河国安倍郡)ニ赴ムカシメント欲スルノ処ニ、大御所(家康)ノ老臣等飛使ヲ越後ニ馳テ忠輝ニ告テ云ク、大御所ノ御憤リ以ノ外也、此上ハ速ニ領国ヲ退キ東国藤岡(上野国緑埜郡)ニ蟄居シテ、年ヲ経テ免許ヲ嘆キ訴エラレ宜シカルヘキノ旨ヲ達ス、是ニ依テ下手人ヲ駿府ニ遣ハスニ及ハス、忠輝頓テ藤岡ニ閑居ス、其節、大御所御不予ニ依テ在国ノ諸大名各駿府ニ来リ集ル、時ニ忠輝本多上野介正純ニ内意ヲ窺テ云ク、大御所御不予ニ依テ御城下マテ参府セン事御勘気ノ身トシテ其憚リ多シ、三島(伊豆国君沢郡)・蒲原(駿河国庵原郡)ノ辺マテ窃ニ来テ、御不例ヲ窺ヒ奉リ度ノ旨ヲ云ヒ遣ハス、正純(本多)私ノ思慮ニ及ヒ難キニ依テ、此旨ヲ大御所ノ台聴ニ達ス、其意ニ任スヘキノ由ヲ命セラル、ニ依テ、正純(本多)此御旨ヲ奉テ蒲原辺マテハ来駕苦シカルマシキノ由ヲ返答ス、是ニ依テ忠輝急ニ彼駅マテ來ルノ処ニ日ヲ経スシテ大御所薨御アリ、一七日過テ後、公(秀忠)ヨリ上使ヲ忠輝ニ賜テ曰ク、大御所御在世ノ時、御勘気赦免ノ事吾レ是ヲ度々愁訴スルト云共、敢テ御許容ナシ、先君赦サレナキノ上ハ其憚リ有リ、早ク藤岡ニ帰リ百箇日ヲ経テ江戸ニ参府スヘキノ由ヲ命セラル、是ニ依テ忠輝藤岡ニ帰ル、公江戸ニ還御ノ後、松平半四郎重則(後内膳正ニ任シ、又大隅守ニ改ム、)・近藤平右衛門秀用ヲ上使トシテ藤岡ニ赴ムカシメ命有テ曰ク、駿府ニ於テ仰出サル、趣、参府ノ事百箇日ヲ経ン事ハ余リ延引ニ及フ、先ツ江戸ノ別野ニ来テ御旨ヲ待ツ

越後信濃没収は大御所の遺命

忠輝伊勢に赴く

へキノ由ナリ、忠輝命ニ従ヒ江戸ニ来テ別野ニ蟄居ス、時ニ命有テ曰ク、領スル所ノ越後・信濃両国ヲ放サル、ノ間、勢州浅間ニ退キ閉居スヘシ、是大御所ノ御遺命タルノ故、是非ニ及ハサルノ由、台命ニ依テ忠輝言テ曰ク、遠ク勢州マテ赴クニ及ハス、願クハ御赦ルサレヲ蒙リ、此地ニ於テ生害ヲ遂ケ、大御所御在世ノ間ノ御憤リヲ止メ奉ラント請フ、公此旨ヲ聞召シテ敢テ其儀ニ及ハス、一端ノ御懲シメノ為ニト仰置ル、ノ事ナリ、御旨ニ任セ早ク彼地ニ赴クヘキノ台命ニ依テ、此上ハ忠輝遅滞ニ及ハス、江戸ヲ発シテ勢州ニ赴ク、時ニ相国寺(山城国愛宕郡)ノ茶入、浪游ノ刀、是天下ノ名物ナリ、差シ上ケ度ノ旨老臣等マテ是ヲ達ス、公命有テ曰ク、云フ所ノ二ツノ物ハ是大御所ヨリ汝(松平忠輝)ニ賜ル所ノ物ナリ、何国マテモ身ヲ放サス是ヲ持ツヘキノ由仰ニ依テ、忠輝為ン方ナク彼二ツノ宝物ヲ以テ、土井大炊頭利勝ニ預ケ置キ、従士僅ニ十二人、柾木左京・千本掃部・久世左近・長谷川権右衛門・近藤十郎左衛門・富永九兵衛・戸田釆女・山田大蔵・明石志摩・戸田角弥・河村七左衛門・浅井左内等、其外歩卒少々是ニ従フ、然リト云ヘ共、宿々関々ニシテ江戸ヨリノ御下知タルノ由ヲ云テ、或ハ二人或ハ三人所々ニ於テ押留ルノ間、相従フ者五六輩ニハ過キス、途中ノ警固トシテ近藤平右衛門秀用ヲ差シ副ヘラル、忠輝配所勢州浅間金剛(度会郡)證寺ニ到テ閉居ス、浅間山ニ於テハ魚肉ヲ食セス、平右衛門秀用(近藤)是ヲイタハリ江戸ニ帰テ台命ヲ窺ヒ金剛證寺ヲ改メ麓ニ下リ妙高庵ニ居ラシム、其後中山勘解由ヲ上使トシテ勢州浅間ニ赴ムカシメ配所ヲ改メ飛騨国ニ移サル、其後又飛州ヲ転シテ信州諏訪ニ移サレ蟄居ス、越後国検使トシテ佐久間河内守(政実)・横田甚右衛門(尹松)・山田十大夫(重利)・山本新五左衛門(重成)・村瀬左馬助(重治)・山代(城)宮内(忠久)等越後国ニ赴ク、信濃国検使トシテ安(阿)部四郎五郎(正之)是ニ赴キ河中島四郡ノ事ヲ沙汰ス、

越後・信濃二州在番ノ面々ニ仰出サル、趣、

越後信濃諸城
在番の次第

在番之次第

一、高田之城本丸（越後国頸城郡）　酒井左衛門尉（家次）

一、同二之丸　牧野駿河守（忠成）
　　　　　　　堀丹後守（直寄）

一、同三之丸　真田伊豆守（信之）
　　　　　　　仙石兵部少輔（忠政）

一、河〔川〕中嶋之城（信濃国更科郡）　小笠原右近大夫（忠実）

一、松平大隅守城（越後国三条城）（重勝）　保科肥後守（正光）

一、山田隼人正城（越後国長岡城）（勝重）　諏訪因幡守（頼水）

一、松平筑後守城（越後国糸魚川城）（信直）　溝口伯耆守（宣勝）

元和二年七月五日

一、今度在番中人返之儀停止事

一、其所之者ハ其所に可留之、但主従相対次第可任覚悟事

一、未進方又者年季ニ差置男女之事、令棄破之上者其在所に可相留事

右之趣可相守此旨者也、

元和二年七月五日

覚

一、夏成先納之事

一、代官・郡奉行・町奉行者如前々可有之事

一、弓・鉄炮并玉薬・長柄之外に武具城に残置可申否（マヽ）事

一、在々札立可申否（マヽ）事

一、御朱印衆事

一、奉公人之家、在番衆江相渡可申否（マヽ）事、附戸・立具以下散申間敷否（マヽ）事

在番中法度

条々

一、喧嘩口論令停止畢、若於有違犯之輩者、双方可令斬罪、万一令荷担者其咎可重於本人事

一、不可押買狼藉、并不可伐採竹木事

元和二年七月五日　　　　　　　　　　　　　　備後守(酒井忠利)

年貢米の制

口米

口銭

*家康の神号奏達

是月　武州ニ於テ食邑七千石酒井備後守忠利ニ加賜セラル、本多三弥正重、(佐渡守正信弟、)下総国相馬郡ニ於テ采地ヲ加賜セラレ、旧領統テ一万石ヲ領ス、

是月　横山甚左衛門正次、公ニ奉仕ス、

定

一、年貢米升目之事、従当納壱俵ニ付而三斗七升にかねを払可相納事

一、年貢米壱俵ニ付而、口米目粃共ニ壱升宛可納之事

一、銭方者百文ニ付而、三文宛之口銭可取納事

右条々御領所并至私領之百姓迄、堅可申触者也、仍如件、

元和二年七月日

対馬守(安藤重信)

大炊頭(土井利勝)〔助〕

公ノ台命ヲ奉テ大御所御神号、奏達ノ事ニ依テ天(南光坊)海僧正京師ニ赴ク、途中ノ警衛トシテ御歩行衆一組ヲ差シ副ヘラル、

東武実録　巻第二

イギリス船着岸の法制
*関東渡船場の制

元和二丙辰年　自八月至十二月

八月十八日　江州ノ地二千石水野備後守分長（大御番頭、）ニ加賜セラル、旧領并テ一万二千石ヲ領ス、

同二十日　異国船着岸ノ制法ヲ仰出サル、

条々

一、自伊祇利須（イギリス）至日本国渡海之商船、於平戸（肥前国松浦郡）可売買、（他所不許之、）縦雖遭風濤之難至本邦之地者、不可有異儀并諸役免除事

一、船中資財賄所目録可寄召事

一、不可有押買狼藉事

一、彼国人若有病死之輩者、其荷物不可有相違事

一、船中之商客於有罪科者、任其国法可随船主意事

元和二年辰八月二十日

是月　上州大胡（勢多郡）・伊勢崎（同上）ニ於テ、食邑三万二千石酒井雅楽頭忠世ニ加賜セラル、

是月　横山興知、（後土佐守ニ任ス、）采地五千石ヲ賜ル、

是月　信州ノ検使安部〔阿〕四郎五郎正之、河〔川〕中島（信濃国更科郡）ノ事ヲ沙汰シ畢テ江戸ニ帰ル、

是月　東国ノ関所エ　仰出サル、御条目

覚

一、白井渡（上野国群馬郡）

一、厩橋（上野国勢多郡）

一、五料（上野国那波郡）

一、一本木（武蔵国埼玉郡）

一、葛和田（武蔵国幡羅郡）

一、河股（武蔵国埼玉郡）

一、古河（下総国葛飾郡）

一、房川渡（下総国葛飾郡）

一、栗橋（下総国葛飾郡）
一、関宿（下総国葛飾郡）
一、七里ケ渡（下総国葛飾郡）
一、府川（下総国相馬郡）
一、神崎（下総国香取郡）
一、小見川（下総国香取郡）
一、松戸（下総国葛飾郡）
一、市川（下総国葛飾郡）

一、相定船場之外脇にて濫に往還之もの渡すへからさる事

女人手負等抑留

一、女人・手負其外不審成ものはいつれの船場にても留置、早々至江戸可申上、但酒井備後守（忠利）手形於有之者、無異儀可通事

一、隣郷へ里かよひのもの前々之船渡所を可渡之、女人手負之外不苦ものをは其所之給人又者代官之手形を以可相渡事

一、酒井備後守手形雖有之、本船場之外者女人手負又者不審成もの一切不可渡事

一惣別江戸へ相越ものあらたむへからさる事

右之条々於相背者可被処厳科者也、

元和二年八月日

対馬守（安藤重信）
大炊頭（土井利勝）〔助〕
備後守（酒井忠利）
上野介（本多正純）
雅楽頭（酒井忠世）

九月十八日　小栗又市郎忠政卒ス、六十二歳、

同二十九日　仰出サル、ノ趣、

*喧嘩口論等の定

定

一、喧嘩口論有之時、至其場一切不可出合事

一、科人斬罪之刻、申付もの丶外至其場不可出向事

一、町中火事出来之節、至下々ニ迄一切不可馳集、

但為奉公人之所者、其親子兄弟縁者不苦也、
其外縦雖為知音不可出合事
右之條々堅相定之訖、若於有違背輩者、忽可
処厳科者也、

元和二年辰九月廿九日

家康の神号勅許

是月 天海(南光坊)僧正京師ヨリ江戸ニ帰リテ大神君(家康)御神号ノ事、伝奏ヲ以テ叡聞ニ達スルノ処ニ、勅許有ヘキノ旨ヲ申上ル、公(秀忠)大ニ御喜悦有リ、

家光付属の諸士

是月 公(秀忠)ノ命ニ依テ家光公エ附属セラル、ノ輩統テ六十一人

中根伝七郎(正成)後大隅守ニ任ス、
稲垣藤七郎(重太)後若狭守ニ任ス、
神尾内記(元勝)後備前守ニ任ス、
井上清兵衛(政重)後筑後守ニ任ス、
秋山三四郎(正重)後修理亮ニ任ス、
鯰江甚九郎(和甫)後宮城ニ改メ、越前守ニ任ス、
酒井五郎助(忠知)後因幡守ニ任ス、
宮﨑左馬助(時重)後備前守ニ任ス、
三枝宗四郎(守恵)後土佐守ニ任ス、
松平清三郎(昌長)
戸塚作右衛門(忠之)
松平友之助(直次)後新五左衛門ニ改ム、
鵜殿新三郎(長直)
植村権兵衛(直宗)
高田藤五郎(安政)後庄右衛門ニ改ム、
安藤伝十郎(定智)
玉虫助大夫(重茂)
牧野太兵衛(長重)後助右衛門ニ改ム、
内藤久五郎(直政)
倉橋三五郎(政厚)後長右衛門ニ改ム、
田村助太郎(長衛)
土屋左門(知貞)後忠兵衛ニ改ム、
中野吉兵衛(重弘)

水野伝蔵(近之)
渡辺兵九郎(重)後吉左衛門ニ改ム、
加藤勘右衛門(正信)
門奈伝八郎(重忠)後助左衛門ニ改ム、
伊達庄兵衛(房次)
小川宗三郎(頼勝)後宗左衛門ニ改ム、
永田四郎三郎(直時)
松平采女(正吉)後五左衛門ニ改ム、
戸田藤五郎(重宗)
戸田又久(直次)
戸田数馬(政重)後宗左衛門ニ改ム、
保々長兵衛(則貞)
河田助兵衛(政親)
菅原左衛門
大久保右衛門八(忠政)
山角藤兵衛(勝成)
菅沼作十郎(定則)

市岡太左衛門(定次)
菅沼宗六郎(勝利)後次郎右衛門ニ改ム、
大野平兵衛
三枝新九郎(守秋)
多田三吉(正信)後新左衛門ニ改ム、
渡辺忠四郎(成綱)
曾我弥五八郎(後助)
本多山三郎(学澄)後四郎兵衛ニ改ム、
早川五郎兵衛(好勝)
伊勢作十郎(貞時)
佐野右衛門八(政成)後外記ニ改ム、
芝山甚太郎(正信)
梶川小十郎(分好)後半左衛門ニ改ム、
坪内久太郎(行定)
成瀬長次郎後七左衛門ニ改ム、
河村善七郎(重勝)後善右衛門ニ改ム、
小沢権之丞(忠秋)

渥美九郎兵衛（正勝）後久兵衛ニ改ム、
浅羽孫三郎（幸正）
朝比奈弥一郎（泰澄）
遠山久四郎（安次）後清右衛門ニ改ム、

右大将頼朝卿（源）駿州富士郡富士野ノ狩ノ時、曾我五郎時宗〔致〕カ十番切ヲ画カケル御座敷ニ於テ、右ノ面々勤番ス、世ニ是ヲ十番切ノ間御番衆ト云フ、六十一人ヲ四組トス、四組共ニ四人ノ筆頭ヲ定メラレ、此四人ノ者一人宛其一組ヲ支配ス、四番共ニ番頭ハ是ナシ、一番ハ松平清三郎、故有テ自殺スルノ後稲垣藤七郎其跡役ヲ勤ム、二番ハ戸塚作右衛門、病死スルノ後中根伝七郎其跡役ヲ勤ム、三番ハ松平友之助、四番ハ鵜殿新三郎、各筆頭ノ役ヲ勤ム、

四人の筆頭

公ノ鈞〔鈞〕命ニ依テ酒井備後守忠利・青山伯耆守忠俊・内藤若狭守清次、家光公ニ奉仕ス、

家光付年寄

是秋 石川主殿頭忠総美濃国大垣（安八郡）ノ城采地五万石ヲ転シテ、豊後国日田・玖〔珠〕数・速見郡ニ於テ食邑六万石ヲ賜ル、加賜一万石、

十月三日 仰出サル、ノ趣、

たばこ作等の禁*

条々

一、たはこ作もの町人ハ五十日、百姓ハ三十日、自分之兵粮にて籠舎たるへき事

一、同売候もの同前事

一、同作候在所ハ、為過料百姓一人に付而鳥目百文宛可出事

一、同作候所之代官、為過銭五貫文出へき事

一、道橋之儀如前々可申付之、若令油断悪所於有之者、其所之代官為過料五貫文可出事

右之条々堅所被仰出也、仍下知如件、

元和二年辰十月三日

安藤対馬守（重信）
土井大炊頭（利勝）〔助〕
酒井備後守（忠利）
本多上野介（正純）
板倉伊賀守（勝重）

十一月七日　佐久間河内守政実卒ス、五十六歳、

同十五日　恒岡源兵衛資久始テ公(秀忠)ニ謁ス、同九年ヨリ将軍家(家光)ニ奉仕ス、

同十九日　西尾豊後守光教卒ス、七十三歳、嗣子ナキニ依テ、外孫三人ヲ養テ子トシテ家督ヲ分ケ与ル、

同二十九日　織田勝法師信良、内大臣信雄男、従五位下ニ叙シ、侍従ニ任シ、兵部少輔ト号ス、

十二月十二日　別所孫次郎新造ノ風呂屋ヲ建テ始テ風呂ヲ焼キ、伊藤掃部助(治明)・桑山左衛門佐(一直)ヲ招テ是ヲ馳走ス、左衛門佐(桑山一直)ハ其夜佐久間大膳亮(勝之)カ娘嫁娶ノ事ニ依テ、左衛門佐ハ大膳亮カ甥也、申ノ剋ニ至テ暇ヲ告ケ彼宅ニ赴ムカントス、時ニ別所(孫次郎)桑山(一直)カ袖ヲヒカエ婚礼ノ剋限イマタ遅カラスト云テ、又盃ヲ出シテ頻リニ酒ヲス、ムル事数盃ニ及ヒ、亭主ノ別所モ客ノ伊藤(治明)モ乱酔ス、左衛門佐ハ婚礼ノ座ニ赴ク以前タルニ依テ是ヲ慎テ沈酔セス、然ル所ニ別所カ

同六日　清水平左衛門正親卒ス、六十歳、

同二十五日　織田辰之助信則、上野介信包男、従五位下ニ叙シ、侍従ニ任シ、刑部大輔ト号ス、

同二十六日　下野国日光山(都賀郡)ニ東照大権現ノ御廟社御建立有リ、是日天海僧正(南光坊)縄張ヲス、本多上野介正純・藤堂和泉守高虎ヲ以テ奉行トス、日根野織部正(吉明)・本多藤四郎(政盛)・山代(城)宮内(忠久)・糟谷新三郎等是ニ副フ、奥平九八郎後美作守ニ任シ忠昌ト号ス、下野国宇都宮(河内郡)ノ城主、・小笠原左衛門佐政信下総国古河(葛飾郡)ノ城主、・松平丹波守康長常陸国笠間(茨城郡)ノ城主、・水谷伊勢守勝隆常陸国下館(真壁郡)ノ城主、此外那須皆川(下野国都賀郡)ノ領主等人夫ヲ卒シテ登山ス、是皆日光山近境ノ領主タルニ依テ仰付ラル、者ナリ、来年ノ夏四月以前ニ御廟社造畢アルヘキノ由仰出サル、ニ依テ、昼夜怠タラス造営ノ事ヲ勤ム、

是月　江城ノ北神田ノ堀ヲホリ土手ヲ築ク、安倍(阿、以下同ジ)四郎五郎正之是ヲ監ス、

織田信則従五位下侍従叙任

家康の廟社建立

*織田信良従五位下侍従叙任

*別所孫次郎伊藤掃部等乱酔し刃傷

*別所悪口す

*別所孫次郎切腹

云ク、松倉豊後守(重政)・堀丹後守(直寄)二人ニ領地ヲ加賜セラル、是去ル大坂ノ役軍功ヲ賞セラル、ノ由ヲ聞ク、怯弱ナル豊後守(松倉重政)ニ四万石ノ領地ヲ加賜セラレハ、吾等コトキノ軍忠ノ者ニハ十万石ノ采地ヲ賜テモ猶不足ナル由ヲ悪口ス、掃部助(伊藤治明)ハ豊後守ト好交ノ友ナリ、是ニ依テ掃部助カ云ク、別所カ云フ所ハ乱酒ノ酔狂カ又武夫ノ道ヲ知ラサル悪言ナリ、松倉(重政)ト吾レ深志ノ友タル事ヲ知テ是ヲ云フハ無礼ナリ、然リト云ヘ共今日ハ一座ノ狂言ニナシテ止マン、重テ此言アラハ必堪忍スヘカラスト云フ、別所聞テ掃部助何ヲカ云フ、臆病第一ノ松倉ト親シマンニハ其志シ松倉ニ同シカルヘシ、友ハ類ヲ以テ娶ルト云フ、然ラハ汝モ怯弱ノ者ナルヘシト悪口ヲ吐ク、是ニ依テ伊藤持タル扇ヲ採リ直シ別所カ頭ヲウツ、別所一言ヲ云ハス脇指九寸五分ヲ抜テ掃部助ヲ突ク、左衛門佐(桑山)別所ヲ押エ留テ二人ノ間ニ分ケ入ル、時ニ酌ヲトル別所カ小童短刀ヲ以テ後ヨリ掃部助ヲ一刀切ル、左衛門佐又彼レヲ押エ留ルノ処ニ、別所カ子孫之丞及ヒ家人等数十人走リ集リ終ニ伊藤ヲ切リ殺ス、左衛門佐モ右ノ手ノ指ニ疵ヲ被ル、掃部助カ家人等此騒動ヲ聞テ玄関ヨリ内ニ乱レ入ラント欲ス、時ニ左衛門佐出向テ闘諍既ニ事畢テ掃部助ハ異儀ナシ、此上汝等狼藉ニ及ハ、主ノ掃部助カ身ノ上宜シカルマシキノ由ヲ制シ止ル、是ニ依テ掃部助カ従者等漸ク鎮ル、佐久間大膳亮此変ヲ聞テ別所カ家ニ馳セ来ル、左衛門佐始終ノ事ヲ佐久間ニ語ル、則大膳亮(佐久間)奉行所ニ馳セ赴テ此ノ由ヲ達ス、掃部助カ親族等別所ト桑山心ヲ并テ伊藤ヲ殺害スルノ由ヲ訴ル、此事実儀ニアサルノ故ニ左衛門佐暫ク閉居スルト云ヘ共、頓テ赦免ヲ蒙リ恙ナシ、佐久間大膳亮・野々村四郎右衛門(御使番)二人ヲ検使トシテ其夜別所孫次郎切腹ス、孫次郎カ子掃部助カ子二人共ニ追放セラル、

掃部助実ハ金森法印(長近)カ子也、伊藤ノ家ヲ継クニ依テ其氏ヲ改ム、

成田長忠卒し同家断絶

*松平忠良美濃大垣城五万石拝領

京極高広従五位下侍従叙任

同十八日　成田左衛門尉長忠卒ス、（長忠カ男新十郎長邦父ニ先立テ早世ス、長邦カ男新五郎房長時ニ二歳、幼年タルニ依テ長忠カ二男左馬助氏宗ヲ以テ当時ノ後嗣トシテ、新五郎十五歳ニ成長セン迄長忠カ遺領一万石ヲ預リ、烏山ノ城（下野国那須郡）ニ居ル、然ル処ニ同八年氏宗頓死ス、故障有テ烏山ノ城ヲ召シ放サル、新五郎房長是ヲ訴ルト云ヘ共終ニ果サス、爰ニ於テ成田ノ家断絶ス、）

同二十六日　松平越前守忠宗（伊達）、（松平陸奥守正宗（政）（伊達）カ男、）侍従ニ任ス、

是月　京極丹後守高知カ子高広、諸大夫ニ任スヘキノ旨ヲ願ヒ訴ル、其望ミ公（秀忠）ノ台聴ニ達ス、命有テ曰ク、諸大夫ハ是ヲ願フト云フ共、不足ノ所ヲ存スヘキカノ由、仰ヲ蒙リ従五位下ニ叙シ、侍従ニ任セシメ給フ、

是冬　安倍弥一郎信盛、御書院番ノ組頭及ヒ御歩行頭両役ヲ兼勤ム、

是冬　新庄越前守直定、御奏者番トナル、

是年　宗対馬守義成江戸ニ参府シテ公（秀忠）ニ謁ス、時ニ台命ニ依テ侍従ニ任ス、（去歳正月三日父対馬守義知卒ス、義成其家督ヲ継テ対馬守ト号ス、）

是年　三宅康信、（惣右衛門康貞男、）従五位下ニ叙シ、越後守ニ任ス、

是年　佐久間左兵衛勝年、（大膳亮勝之男、）従五位下ニ叙シ、信濃守ニ任ス、（後因幡守ニ改ム、）

是年　関兵部氏盛、（関長門守養子、実ハ関主馬男、）従五位下ニ叙シ、安芸守ニ任ス、

是年　松平甲斐守忠良、下総国関宿（葛飾郡）ノ城采地四万石ヲ転シテ、濃州大垣（安八郡）ノ城食邑五万石賜ル、（加賜一万石、）

是年　松平伊予守忠昌、信州河中島（川）（更科郡）ノ城采地十二万石賜ル、

是年　小笠原右近大夫忠政、信州松本（筑摩郡）ノ城采地八万石ヲ改メ、播州明石（明石郡）ノ城食邑十万石ヲ賜ル、（加賜二万石、）

是年　酒井左衛門尉家次、（始名宮内少輔、）上州高崎（群馬郡）ノ城食邑五万石ヲ転シテ、越後國高田（頸城郡）ノ城采地十万石ヲ賜ル、

是年　松平丹波守康長、常陸国笠間（茨城郡）ノ城采地三万石ヲ転シテ、上州高崎ノ城五万石ヲ賜ル、

是年　佐久間備前守忠次、信州飯山（水内郡）ノ城采地三万

石ヲ賜リ、御咄ノ衆ノ列ニ加ル、

是年 松倉豊後守重政、肥前国高来(高来郡)采地六万石ヲ賜リ、新タニ城ヲ築テ高来ノ城ト号シ、是ニ居城ス、(今ノ島原ノ城是ナリ、)

是年 稲垣平右衛門重綱、(後摂津守ニ任ス、)越後国苅羽郡ニ於テ食邑二万石ヲ賜ル、

是年 牧野駿河守忠成、上州大胡(勢多郡)ヲ転シテ越後国長嶺(頸城郡)ヲ賜ル、忠成城ヲ新タニ築テ是ニ居ル、

是年 前田大和守利孝ニ上州七日市(甘楽郡)ニ於テ、采地一万石ヲ賜ル、

是年 堀丹後守直寄、越後国長岡(古志郡)ノ城采地八万石ヲ賜ル、

是年 永井信濃守尚政ニ武州菖蒲(埼玉郡)・江州志賀郡ニ於テ、食邑四千石加賜セラル、(是ヨリ先キ采地千石ヲ領ス、)

是年 木下宮内少輔利房ニ備中国賀陽郡采地二万五千石ヲ賜ル、

是年 松平越中守定綱ニ下総国(マヽ)河内領(常陸国河内郡)・下津間(下妻)(同真壁郡)ノ庄食邑三万石ヲ賜ル、

是年 北条出羽守氏重、相州甘縄(鎌倉郡)ヲ転シテ遠州久野(磐田郡)采地一万石賜ル、

是年 坂部三十郎広勝、総州結城(真壁郡)領ノ内采地二千石加賜セラル、

是年 久永源兵衛重勝、食邑二千石加賜セラル、

是年 喜多見五郎左衛門勝重(勝忠)、摂州瀬川村(豊島郡)・鹿塩村(武庫郡)ニ於テ五百石加賜セラレ、旧領并テ千石ヲ領シ江州一国ノ奉行トナル、

是年 酒井大膳亮勝吉、始テ公ニ謁シ食邑七百石ヲ賜ル、

是年 大久保四郎左衛門忠成、(後玄蕃頭ニ任ス、)御書院番ノ組頭トナル、

是年 水野元綱、(後備後守ニ任ス、)采地千石ヲ賜ル、

是年 松平志摩守重成、御歩行頭トナル、

是年 新庄内匠直次、始テ公ニ謁ス、(元和六年将軍(家光)家ニ附属ス、)

是年 天野長信、(後豊前守ニ任ス、)御納戸頭トナル、

*喜多見勝重近江国の国奉行となる

*大久保忠成書院番組頭となる

*松平重成歩行頭となる

是年　松平定房、（後美作守ニ任ス、隠岐守定勝五男、）始テ江戸ニ参勤ス、

是年　兼松源兵衛正成、（御使番、）公ノ台命ヲ奉テ参議義（徳川）直ニ属ス、（父修理亮正吉先年ヨリ義（徳川）直ニ奉仕スルニ依テ、父正吉カ領地ヲ正成ニ賜テ、正成カ旧領七百石ヲ以テ其子又四郎正尾ニ賜リ家光公ニ奉仕ス、）

是年　喜多見半三郎重恒、下総国ニ於テ采地三百石ヲ賜ル、

是年　谷出羽守衛友、御咄ノ衆ノ列ニ加ル、

谷衛友秀忠の御咄衆となる

是年　大神君（家康）ノ御遺言タルノ由、公ノ命ニ依テ滝川豊前守忠往参議中将義直ニ属ス、外孫与三右衛門直政ヲ養子トス、（同八年ヨリ直政公ニ奉仕ス、）

是年　土屋辰之助数正、（民部少輔忠直二男、後大和守ニ任シ又但馬守ニ改ム、）始テ公ニ謁ス、

是年　柳生七郎三厳、（後十兵衛ニ改ム、）始テ公ニ謁ス、

是年　大神君薨御ノ後、駿州府（安倍郡）城ニ在ル所ノ御財宝及ヒ諸器ヲ以テ、参議義直・参議頼（徳川）宣・少将頼（徳川）房三人ノ公達ニ分ケ賜ル、此中金銀数万両ハ駿州久能山（有渡郡）ノ倉庫ニ納メラル、本多上野介正純台命ヲ奉テ江戸ヨリ駿州ニ赴キ是ヲ沙汰ス、

駿府城の財物三家分与

是年　山田清大夫重次・門奈助左衛門宗勝二人、伏見ノ奉行トナル、（二人共ニ元和七年ヨリ駿府町奉行ヲ勤ム、）是年ヨリ駿州久能山大権現ノ御本社拝殿・本地堂・神楽堂・御供所・楼門・鳥居等御建立アリ、参議中将頼宣造営ノ事ヲ勤ム、

*山田重次門奈宗勝伏見奉行となる

東武実録　巻第三

元和三丁巳年　自正月至十二月

正月朔日　列侯以下江戸ノ城ニ登テ公(秀忠)ニ謁シ新正ヲ祝ス、

同十日　年始ノ嘉儀トシテ

禁裏エ　白銀百枚・蝋燭千挺

院御所エ　白銀五十枚・蝋燭五百挺

女院ノ御所エ　白銀五十枚

国母ノ御方エ　白銀五十枚

白銀二十枚　長橋ノ局

黄金十両　広橋大納言(兼勝)

黄金十両　三条大納言(三条西実条)

白銀三枚　秋篠大弼(忠治カ)

白銀三枚　岩倉木工頭(具堯)

同十四日　江戸天徳寺(武蔵国荏原郡)焼亡、紫衣勅許ノ綸旨・大神君(家康)御朱印・本尊来迎仏焼失ス、是ヨリ先キ武州川越(入間郡)ノ城主大道寺常若丸三貫文ノ地ヲ天徳寺ニ寄附ス、其後元和元年大神君五十石ノ寺領ヲ天徳寺ニ寄附セラレ、御朱印ヲ賜ル、

是月　内藤信広、豊前守信成二男、従五位下ニ叙シ、市正ニ任ス、

是月　長谷川縫殿助正尚、奉仕御書院番ヲ勤ム、

二月十一日　花房助兵衛職之卒ス、六十九歳、

同二十一日　家康公ニ勅シテ東照大権現ノ神号ヲ賜ル、

同二十三日　松平筑後守康親、初名右京亮大御番頭、卒ス、五十一歳、

三月六日　最上駿河守家親侍従卒ス、三十六歳、

同九日　東照(家康)大権現ニ勅シテ贈正一位ヲ賜ル、

同十五日　大権現ヲ駿州久能山(有渡郡)ヨリ野州日光山(都賀郡)ニ改メ葬ル、是神君(家康)ノ御遺命ニ依テナリ、

是日　寅ノ剋、天海僧正(南光坊)・本多上野介正純・土井大炊頭利勝・松平右衛門大夫正久・板倉内膳正重昌・秋元但馬守泰朝等三百余騎ヲ従エ、雑兵一千人駿州久能山ニ登ル、天海僧正手ツカラ鋤鍬ヲ取

*家康東照大権現の神号を賜る

*家康の神柩久能山を発す

江戸天徳寺焼亡

ル、是大職冠(藤原鎌足)葬リヲ改ムル旧例也、本多上野介正
純・土井大炊頭利勝・松平右衛門大夫正久・板倉
内膳正重昌・秋元但馬守泰朝・成瀬隼人正正成・
安藤帯刀直次・中山備前守信吉・榊原内記照久等
是ニ従フ、

同十六日　霊柩三島(伊豆国君沢郡)ニ到ル、此所ニ両日御逗留、

同十七日　公増上寺(武蔵国豊島郡)ニ御参詣アリ、途中ニ於テ大
橋長左衛門重保、剃髪シテ後龍慶ト号ス、訴状ヲ捧ケ、摂州大
坂ノ役ノ事ヲ阿部備中守正次ヲ以テ言上シテ云ク、
慶長十九年大坂兵乱ノ時、人皆片桐市正直盛(且元)叛逆
アルノ由ヲ云フ、是ニ依テ秀頼心ヲ直盛ニ隔ル故
ニ、市正(片桐且元)己カ宅地ニ楯籠ル、弟主膳正貞隆及ヒ畠
山民部(政信)・毛利兵吉(重次)・矢野十左衛門・西川八右衛
門・永井助十郎・伊東(橘)伊左衛門・大橋長左衛門(重保)等
片桐ト好ミ有ルニ依テ是ニ応ス、然リト云ヘ共、
其後秀頼其疑ヲ散シテ直盛ヲ許ス、重保(大橋)モ亦其難
ヲ免ル、大神君・公両君大坂御進発ノ時市正・主(片

秀忠増上寺参詣
大橋重保秀忠に訴状を捧ぐ

桐貞隆)膳正台命ニ依テ、備前島(摂津国東成郡)ノ陣ニ加ル、重保モ又是
ニ従フ、翌年大坂再乱ノ後市正・主膳正及ヒ畠山
民部・毛利兵吉・矢野十左衛門・西川八右衛門・
永井助十郎・伊東伊左衛門等召シテ麾下ニ属シ本
領ヲ賜ル、時ニ重保ハ備前島ノ備ニ於テ疵ヲ被リ
是ヲ保養スルノ故ニ、其列ニ預カラサルノ由ヲ訴
フ、阿部備中守正次此旨ヲ台聴ニ達ス、其後遂ニ
重保ヲ召シテ麾下ニ属ス、

同十八日　霊柩小田原(相模国足柄下郡)ニ到ル、此所ニ一日御逗留、

同二十日　霊柩中原(相模国大住郡)ニ到ル、

同二十一日　霊柩武州府中(多摩郡)ニ到ル、此所ニ三日御
逗留、

同二十四日　霊柩仙波(武蔵国入間郡)ニ到ル、

同二十五日　酒井備後守忠利、天海僧正ヲ請シテ
論議法問アリ、

是日　大神君ノ姫君、浅野但馬守長晟室、江戸ヲ出輿、紀州
若山(和歌)(海部郡)ニ赴キ給フ、

同二十六日　天海僧正自ツカラ衆僧ヲ請シテ法華読誦、

同二十七日　霊柩忍(武蔵国埼玉郡)ニ到ル、

同二十八日　霊柩佐野(下野国安蘇郡)ニ到ル、本多上野介正純新タニ神殿ヲ造テ、霊柩ヲ請シ入レ奉ル、

同二十九日　霊柩鹿沼(下野国都賀郡)ニ到ル、悪日タルニ依テ逆施アリ、此所ニ御逗留、

是月　日光山東照大権現ノ御本社・本地堂・回廊・御供所・御厩造畢、

四月四日　未ノ刻、霊柩日光山座禅院ニ入ル、公(秀忠)日光山御社参ニ依テ仰出サル、ノ趣、

家康の霊柩日光座禅院へ
日光社参供奉法度

条々

一、今度御供之時脇道すへからす、并於町通ニ家際左右除之神妙に可有供奉事

一、路次中御着座之刻、馬よりをり馬ハ其所に置、供之ものを通し、其次に馬を通し、其後諸道具を通へき事、附、御座所へ御供之儀、当番衆之外可為無用、若此旨に背におゐてハ過料として銀子壱枚可出事

一、自然如何様之儀出来候とも、番頭・組頭下知なくして其身之事ハ勿論、下人等に至迄不可出合事

一、馬上之際に召つるゝ歩ものゝ事、馬取二人、沓持壱人、草履取壱人、持鑓壱本此外若党をめしつるへき事

一、騎馬之中へ乗替之馬引入へからす、若相交者あらハ銀子壱枚可出之、但有御用御召之人之馬ハ可為各別事

一、御供之時、馬之口とらする事并馬に声かくるに付而ハ、銀子壱枚可出之事

一、御目付之面々并諸奉行過料可出儀、見のかし聞のかし於令用捨者、銀子壱枚右之輩可出之事

一、諸道具入込に通る間敷事
一、御とまりへ御着座之時者、於町中ニ笠頭巾可取事
一、於町通ニ馬之口洗へからす、并馬に声かくへからさる事
一、何茂組頭無之分者、日行事を定御殿に相詰へき事
右可相守此旨也、
元和三年四月日

同八日　霊柩ヲ奥ノ院廟塔ニ納ム、

日光遷宮

此度日光遷宮ニ依テ、下向ノ門跡・月卿雲客
梶井法親王最胤
正覚院権僧正証誠
広橋大納言（兼勝）
三条大納言（三条西実条）
日野大納言（資勝）

被物殿上人

西園寺中納言（公益）〔大〕
冷泉中納言（為満）
西洞院宰相（時慶）
奉幣使　清閑寺宰相（共房）
宣命使　中御門宰相（尚長）
阿野宰相（実顕）
奉行　広橋頭弁（兼賢）
奉行　烏丸右中弁（光賢）
正親町少将（季俊）
水無瀬少将（兼俊）
北畠少将（親顕）
藤谷少将（為賢）
藤右衛門佐（高倉永慶）
高倉少将（藪嗣良）
東坊城（長維）
綾小路侍従（高有）

竹内刑部少輔(孝治)
樋口侍従(信孝)
平松侍従(時庸)
土御門左衛門佐(久脩)
唐橋民部少輔(在村)
壬生極﨟(孝亮)

東照社法会*

差次蔵人
清蔵人(賢忠)

堂供養着座

広橋大納言
三条大納言

法華万部供養*

日野大納言
四辻宰相(季継)
奉行　柳原頭左中弁(茂光)
奉行　竹屋左少弁(光長)

秀忠日光山に到る

同十一日　公日光御登山、
同十四日　神ヲ仮ノ殿ニ移シ奉ル、勅使阿野宰相実顕登山シテ、正一位東照大権現ノ宣命ヲ読ム、
公御参詣、
同十五日　公御登山、
同十六日　神ヲ假ノ殿ヨリ正殿エ遷シ奉ル、
是日　両伝奏、次ニ公卿・殿上人公ニ謁ス、其次暫ク左(在)テ梶井法親王最胤御対顔、
同十七日　本社ニ於テ法会アリ、公御登山、御束帯、奉幣大沢少将(基宿)、御簾藤右衛門佐、御太刀吉良左兵衛督(義弥)、御剣酒井下総守(忠正)、御裾永井信濃守(尚政)是ヲ役ス、
同十八日　本地薬師堂供養、
同十九日　奥ノ院・廟堂供養、
同二十日　此日ヨリ二十二日ニ至テ法華読誦、一万部衆僧三千五百口、法会ノ時導師天海僧正、咒願ハ正覚院権僧正豪海、証誠梶井法親王最胤是ヲ勤ム、公御着座、広橋大納言・三条大納言着座ス、阿野宰相実顕・中御門宰相宣衡・清閑寺宰相共房・諸門跡・卿・相・雲客登山、布施被物禄物等

甚タ多シ、其差アリ、

秀忠江戸還御

同二十一日　公(秀忠)日光山ヨリ江戸ニ還御、其後是月

家光公日光御登山、

日光山廟社造営奉行自害

日光山御廟社造営ノ事、本多上野介正純・日根野織部正吉晴(明)、台命ヲ奉テ是ヲ監ス、本多藤四郎正盛(政)・山代(城)宮内(忠久)・糟谷新三郎奉行ス、然ル処ニ糟谷ハ造営最中ニ病死ス、或夜藤四郎(本多政盛)・宮内(山城忠久)二人相議スヘキ事有テ、日根野(吉明)カ旅宿ニ会合シテ夜深更ニ及テ帰ラント欲スルノ処ニ、藤四郎ト宮内口論シテ藤四郎カ刀ノ鞘トモニ是ヲ持テ宮内ヲ打倒ス、宮内寄宿ニ帰リ其夜ノ旨趣ヲ書置テ自害ス、是ヲ聞テ藤四郎モ同ク自殺スヘキノ処ニ、遷宮ニ奉行ナキ事ヲ思テ其期ヲ待遷宮畢テ後遂ニ自殺ス、四十一歳、本多隼人正養子、実ハ内藤四郎左衛門正成三男、

日光登山の門跡等賜物

此度日光登山ノ門跡・月卿雲客江戸ニ参向、各賜モノアリ、

白銀千枚　梶井法親王(最胤)

白銀五百枚　広橋大納言(兼勝)
白銀五百枚　三条大納言(三条西実条)
白銀二百枚　日野大納言(資勝)
白銀二百枚　西園寺大納言(公益)
白銀二百枚　冷泉中納言(為満)
白銀百枚　阿野宰相(実顕)
白銀百枚　中御門宰相(尚長)
白銀百枚　西洞院宰相(時慶)
白銀百枚　清閑寺宰相(共房)
白銀百枚　四辻宰相(季継)
白銀百枚　広橋弁(兼賢)
白銀百枚　柳原弁(茂光)
白銀五十枚　竹屋弁(光長)
白銀五十枚　烏丸弁(光賢)
白銀五十枚　東坊城(長維)
白銀五十枚　藤右衛門佐(高倉永慶)
白銀五十枚　水無瀬少将(兼俊)

*最上家親遺領
*最上家仕置条々

白銀五十枚　北畠少将(親顕)
白銀五十枚　土御門左衛門佐(久脩)
白銀五十枚　正親町少将(季俊)
白銀五十枚　竹内刑部少輔(孝治)
白銀五十枚　高倉少将(嗣良)
白銀五十枚　園少将(基音)
白銀五十枚　綾小路少将(高有)
白銀五十枚　樋口侍従(信孝)
白銀五十枚　平松侍従(時庸)
白銀五十枚　藤谷少将(為賢)
白銀五十枚　唐橋民部少輔(在村)
白銀五十枚　壬生極薦(孝亮)
白銀五十枚　差次蔵人
白銀五十枚　清蔵人(賢忠)

五月三日　立花弥七郎種次、(後主膳正ニ任ス、主膳正直次男、)始テ公(秀忠)ニ謁ス、

同八日　今度勅使日光(下野国都賀郡)登山ノ御礼トシテ、大沢少将基宿(兵部少輔)、ヲ禁裏江遣ハサル、

同九日　是春最上駿河守家親卒ス、其子源五郎義俊ニ父家親カ遺領ヲ賜ル、時ニ仰出サル、ノ趣、

条々

一、駿河守(最上家親)跡職為相続申付上者、出羽守(最上義光)・駿河守如仕置可致沙汰事

一、家中縁辺之事、二千石以上者可得上意、二千石以下者不可及沙汰、但雖為小身依其仁令言上可申付事

一、公事批判之儀、駿河守如時代可申付之、雖然相談之上不能分別儀於有之者可言上事

一、出羽守・駿河守申付諸奉行等、為私不可改替、若又於欠如ニ者可得上意事

一、出羽守・駿河守勘当之者至領内、従最前不立入輩当代又不可許容事

一、知行加増之事、并新参之者相抱之事、源五郎

幼少之間者得上意可隋其旨事

一、企徒党不可申合事

右可相守此旨者也、

元和三年五月九日

最上源五郎(義俊)とのへ

＊秀忠前田利常邸渡御

同十三日　公(秀忠)松平筑前守(前田)利常カ家ニ渡御アリ、御太刀守家・御刀一文字・御脇指平野藤四郎、御暑衣百、御袷百、御単物百、御小袖百、八丈島三百端、白銀三千枚、利常ニ賜ル、太刀守家・刀貞宗・脇指新身藤四郎、馬一匹、鞍ヲ置、小袖百、袷百、白糸百斤、紅糸百斤、綿千把、巻物百巻、繻子緞子、黄金三百枚、利常是ヲ献ス、猿楽七番上覧アリ、三番過テ小袖唐織猿楽大夫ニ与フ、其余ノ役者等ニ小袖ヲ与へ、舞台ニ鳥目五百貫是ヲ積ミ与ル、利常カ家臣九人御前ニ出テ拝謁ス、時ニ太刀・袷ヲ献ス、各白銀御単物ヲ賜ル、差アリ、

＊東海道宿駅の制

同二十日　酒井雅楽頭忠世・土井大炊頭利勝・安藤対馬守重信等東海道領主ノ輩ニ連書〔署〕ヲ以テ触レ遣スノ趣、

急度令啓候、路次筋木銭之儀、一人ニ京銭四文、馬一疋ニ八文之積ニ宿賃相済すへし、其通ニ諸宿々へ可被申触候、次ニ旅人自分之薪を焼候ニ付而者、木銭ともに右之半分可出之、就中先年如被仰出候、料足えらひ不申候様ニ堅可被申付候、謹言、

五月廿日

安藤対馬守(重信)
土井大炊頭(利勝)〔助〕
酒井雅楽頭(忠世)

＊上洛供奉法度

公御上洛ニ依テ仰出サル、趣、

条々

一、今度御供之時、脇道すへからす、并町通ニをゐて家のきわ左右を除て可令供奉事

一、喧嘩口論火事其外如何様之儀雖為出来、番頭・組頭無下知して其身之事者勿論、至下人等迄不可出合、若於違背之族者可為曲事、

一、路次中御着座之刻、馬よりをり馬は其所に置、供之者を通し、其次に馬をとをし、其後諸道具を可通事

一、御着座之時、当番之外御供すへからさる事

一、目付之面々并番頭・諸奉行之儀者不及沙汰、縦如何様之者申といふとも、御法度之旨不可違背事

一、馬上之際召つれ候かちもの丶事、馬取二人、沓持壱人、草履取一人、持鑓壱本、此外若党を可召列事

一、騎馬之中へ乗替之馬引入へからす、但有御用被為召候ものハ可為各別事

一、組頭無之分者、仲間として日行事を定、殿中へ可相詰事

一、御供之時、馬の口とらせ并高声すへからさる事

一、諸道具入ましり通すへからさる事

一、於町通ニ馬之口洗へからす、并馬に声をかけへからさる事

一、小荷駄馬ハ右之方を通すへし、但山坂にてハ小荷駄を山の方へつけて可通事

一、御着座之刻、於町中笠頭巾とるへき事

右之趣相背輩於有之者、為過料銀子壱枚可出之、若目付之輩・番頭・諸奉行可出過料之儀を、見のかし聞のかし於令用捨者、銀子二枚右之面々可出之者也、

元和三年巳五月廿六日

＊上洛中奉公人等覚

覚

一、路次にて沓うち候時、主人をあをくへからさる事

一、宿札有之所へたといあき候とても、断なくしてはいるへからさる事

一、身なりかふきたるものめしつれ候事無用事

一、路次中沓・鞍以下、其外何ニても買物いたし候時、売主合点不致事か又悪銭を出し通る事、堅いたすましき事

一、路次中宿にて如御定木賃を出し、請取との亭主より手形を取可罷立事

右可相守此旨也、

元和三年巳五月廿六日

是月　村上次郎左衛門三正、（三右衛門吉正男、）始テ公ニ謁ス、

六月　公（秀忠）御上洛、

同二十一日　福島左衛門大夫正則、参議ニ任シ、従三位ニ叙ス、

*嶋津家久参議任官

*徳川義直同頼宣権中納言任官

*松平忠直参議任官

福島正則従三位参議叙任

*長谷寺法度

七月朔日　内藤若狭守清次卒ス、四十一歳、

同三日　本多三弥正重卒ス、七十三歳、其子正貫、（三弥正重カ養子、実ハ長坂太郎左衛門重吉カ男、後豊前守ニ任ス、）ニ家督ヲ賜ル、

同十八日　松平大隅守家久（嶋津）、（嶋津兵庫頭義弘カ男、）参議ニ任ス、（元右近衛権中将、）

同十九日　義直（徳川）権中納言ニ任ス、（元参議中将、）

是日　頼宣（徳川）権中納言ニ任ス、（元参議中将、）

是日　松平三河守忠直、（中納言秀康卿ノ男、）参議ニ任ス、（元右近衛権少将、）

是日　丹羽勘助氏信、（勘助氏次カ男、）従五位下ニ叙シ、式部少輔ニ任ス、

是日　立花主膳正直次、（左近将監鑑連男、）卒ス、四十六歳、

同二十一日　酒井河内守重忠卒ス、六十九歳、其子雅楽頭忠世父重忠カ家督厩橋（上野国勢多郡）ノ城食邑三万三千石ヲ賜リ、政務ノ沙汰ヲ聞ク、

是日　長谷寺（大和国式上郡）ノ御制法ヲ仰出サル、

長谷寺法度

一、為学問住山之所化、不満二拾年者不可執法幢事

一、坊舎并寺領為私不可有売買事

一、所化衆不用能化之命、非法於有之者、可追放寺中事

右堅可相守此旨者也、

元和三年七月廿一日

小池坊ニ被下

是月 山崎甲斐守家治因幡国若桜(八東郡)ノ城ヲ改メ、備中国成羽(川上郡)ノ城ヲ賜ル、

是月 建部内匠頭政長摂州尼崎(川辺郡)ヲ改メ、播州林田(揖東郡)采地一万石賜ル、

是月 里見安房守忠義カ伯耆国倉石(吉、以下同ジ)(久米郡)ノ城、関長門守一政カ同国黒坂(日野郡)ノ城ヲ没収セラル、里見忠義始安房国ヲ領ス、大久保相模守忠隣蟄居ノ時彼縁者タルニ依テ、安房国ヲ除カレ伯耆国倉石ノ城食邑四万石ヲ賜ル、爰ニ於テ又倉石ヲ没収セラレ、別地ヲ賜ハラントス有テ遂ニ果サス、安倍(阿)四郎五郎正之検使トシテ組ノ与力軽卒ヲ従ヘテ伯州ニ赴キ、里見安房守(忠義)・関長門守(一政)カ没収ノ所領、加藤左近大夫貞泰・亀井豊前守政矩カ代地ノ事等ヲ沙汰シ畢テ伏見(山城国紀伊郡)ニ帰ル、

八月朔日 越智長大夫吉次、始テ公(秀忠)ニ謁ス、

同八日 大村丹後守喜前卒ス、四十八歳、

*朝鮮国使節入洛

同二十一日 公御代替ノ賀儀トシテ朝鮮国ノ正使通政大夫呉允謙、副使通訓大夫朴梓、従事官通訓大夫李景稷来朝シテ入洛ス、大徳寺ヲ以テ旅館トス、時ニ公ハ伏見ニ御在城有リ、

同二十六日 宗対馬守義成朝鮮ノ三使ヲ引テ伏見ノ城ニ登リ拝礼ス、献物アリ、

*後陽成上皇崩御

是日 後陽成院、在位二十五年、諱周仁、陽光院ノ太子、母勧修寺内大臣晴季女新照洞院、崩ス、泉涌寺(山城国愛宕郡)ニ葬ル、

同晦日 浅野但馬守長晟カ室、大神君(家康)ノ御娘、始蒲生飛驒守秀行ニ嫁ス、紀州若山(和歌)(海部郡)ニ於テ逝去、行年二十九歳、正清院ト号ス、

洛陽新黒谷（山城国愛宕郡）（金戒光明寺）ニ葬ル為メニ、後年芸州広島（佐伯郡）ニ正清寺ヲ建ル、

是月　市橋下総守長勝、越後国三条（蒲原郡）ノ城采地四万三千石ヲ賜ル、加賜ニ万石、其子長政後下総守ニ任ス、ニ別ニ食邑三千石ヲ賜ル、

九月五日　朝鮮ノ三使伏見（山城国紀伊郡）ノ城ニ登リ帰国ノ暇ヲ賜ル、賜モノ差アリ、義成（宗）ニモ同ク暇ヲ賜リ呉服・白銀ヲ拝戴ス、

是日　知積院（山城国愛宕郡）ノ御制法ヲ仰出サル、

知積院法度

一、為学問住山之所化不満二十年者、不可執法幢事

一、所化中不聴能化之命非法之儀於有之者、可追放寺中事

一、所化中結徒党公事之者棟梁人可追放之、若棟梁不知之者上座一人可擯出之事

右堅可相守此旨者也、

元和三年九月五日

同六日　春日ノ社（大和国添上郡）ニ寺社領ヲ賜ル、

春日社社領*

春日社領并興福寺

一、千五百五拾四石二斗余　神供田　但社家方

一、千六百五拾壱石八斗余　焼明田　但禰宜方

一、千四百九拾五石二斗　一乗院領

一、九百五拾壱石七斗余　大乗院領

一、二百八拾石　喜多院家領

一、二百九拾石　院家中領

一、七千七百二拾壱石余　諸院諸坊

一、三千四百七拾五石九斗余　五師領 神宮領

一、千石　学問領・五師領

一、千七拾壱石　修理方・五師領

一、千百九拾五石三斗余　祈禱所六ケ之屋并会式法事入用、

一、三拾三石二斗余　禰宜屋敷

一、三百八拾石　衆徒方

一、拾九石九斗　辻将監并正宝院廊承仕屋敷、

都合弐万千百拾九石五斗余

右可全社納、但五師預分支配等可相守別紙目録之旨者也、

元和三年九月六日

春日社社僧法度

同七日　春日ノ社僧ニ仰出サル、趣

春日御供御修理祭礼諸下行并学問領五師預分

一、高五千五百八拾七石五斗余大和国所々

一、納方寺務并喜多院権別当以指図、一年替従寺中三人宛中坊五師時之触口出合百姓前物成相究、春日御唐院新坊納之相符可付置事

一、御師供者一ヶ月五十七石二斗七升宛以納俵、来月分者前之月廿八日何茂立合可相渡事

一、所々破損御修理之事、当寺務喜多院権別当其外役人不残出合令相談可相究事

一、諸方江音信物、右同前事

一、御勘定毎年十月廿一日出合可相極事

一、御五師田共高百五十石分、随其物成可為五師領事、付口米可為五師代官結事

一、衆僧三人現米一人ニ付十石宛可遣之事

一、承仕四人現米一人ニ付三石宛可遣事

右条々堅可被相守此旨者也、

元和三年九月七日

安藤対馬守(重信)
土井大炊頭(利勝)(助)
板倉伊賀守(勝重)
本多上野介(正純)

高野山寺中法度

同十二日　金剛峯寺(紀伊国伊都郡)衆徒中エ仰出サル、御条目、

高野山寺中法度

一、衆徒・行人諸公事任往古之掟可為各捌事

一、衆徒方領内之人足、竹木可為一職進退、但山上山下之諸伽藍造営之時者、二万千石之人足等分出之可召仕事、付於人足之着到者従双方出奉行・行人方、人足之着到者従衆徒取之、衆徒方人足之着到者従行人方可取之、

一、春巌寺者依為公儀之寺、修造之材木并薪等此中如有来惣山中雖為何之山林可伐取事

一、春巌寺二千石之内千石者住持検校諸賄之料、千石者衆徒中碩学衆八人可有配分、若八人之内欠如之時者、学侶之中器量之学者任臈次彼諸可令昇進事、付無量光院加増者可為当住一代也、

諸伽藍破壊の時

一、諸伽藍破壊之時者、従衆徒行人方へ申送可令修造之、出入之算勘者対衆徒可遂之、諸伽藍無簡別以千石之修理免可造営事

右条々任去慶長六年五月廿一日先判之旨、弥堅可相守此旨者也、

元和三年九月十二日

金剛峯寺衆徒中

*秀忠江戸還御

是月　公(秀忠)京師ヨリ江戸ニ還御、

*秀忠女千姫本多忠刻に嫁す

*坂崎直盛千姫略奪を図る

是月　公ノ御長女、始豊臣ノ秀頼ニ嫁ス、後天樹院殿ト号ス、本多中務大輔忠刻美濃守忠政カ男、母三郎信康主ノ娘、ニ嫁セシメ給ヒ、勢州(桑名郡)桑名ノ城ニ入輿アリ、江戸御首途ノ時坂崎出羽守(直盛)是ヲ妨ケント欲ス、其事成ラス、是ニ依テ気乱レテ髪ヲキル、家人等ニ至ルマテ皆是ヲ下知シテ剃髪シ、兵器ヲ整エ出輿ヲ奪ヒ取ラント欲ス、然ル所ニ出(坂崎直盛)羽守沈酔シテ倉庫ニ入テ眠ル、時ニ家臣坂崎勘兵衛倉庫ノ口ヲ閉テ是ヲ執事ニ告ル、是ニ依テ兵士ヲシテ出羽守カ宅地ヲ囲マシム、出羽守遂ニ自殺ス、坂崎(直盛)カ領地監使トシテ柳生又左衛門(宗矩)・小笠原市左衛門(長房)・駒井右京(親直)石州ニ赴ク、

是月　土岐頼行、山城守定義男、後山城守ニ任ス、始テ公ニ謁ス、

秀忠駿河竜泉寺に寺領寄進*

幕府江戸山王社に社領寄進

秀忠放鷹

是月 大村民部少輔純頼、父丹後守嘉前カ遺領肥前国(彼杵郡)大村二万七千九百石余賜ル、

十月十八日 戸田藤右衛門政次、(与五右衛門忠勝男、)始テ公(秀忠)ニ謁ス、

十一月五日 河野勝右衛門盛政卒ス、七十五歳、

同十三日 江戸山王ノ社ニ社領百石ヲ寄附セラレ、御朱印ヲ賜ル、

山王領武蔵国(豊島郡)浅生(麻)郷之内百石事、令寄附之訖、全社納永不可有相違之状如件、

元和三年十一月十三日

是ヨリ先キ大神君(家康)天正十九年十一月社領五石山王ノ社ニ寄附アリ、此後寛永十二年六月十七日大猷院殿(徳川家光)五百石ノ地ヲ以テ山王ノ社ニ寄附セラレ統テ社領六百石、

是月 公御放鷹トシテ越谷(武蔵国埼玉郡)・東金(上総国山辺郡)ニ渡御有リ、

十二月十三日 立花弥七郎種次、(後主膳正ニ任ス、)台命ヲ奉テ、父主膳正直次カ家督ヲ継ク、

同十八日 公御脇指(別所正宗)ヲ松平陸奥守(伊達)正宗(政、以下同ジ)ニ賜ル、

同十九日 松平十左衛門長正、(外祖父松平右京長次養子、実ハ田中彦次郎忠吉男、)家光公ニ奉仕ス、

同二十三日 公駿河国(安倍郡)竜泉寺ニ寺領三百石ヲ寄附セラル、(是ヨリ先キ慶長九年三月十九日大神君(家康)寺領三十石御寄附アリ、)酒井雅楽頭忠世・本多上野介正純・井上主計頭正就・安藤帯刀直次・彦坂九兵衛光正是ヲ奉ル、

是月 公松平三左衛門輝政(池田)カ娘ヲ御養女トシテ、松平美作守忠宗(伊達)(陸奥守正宗カ男、後越前守ト号シ又陸奥守ニ改ム、)ニ嫁セシメ給フ、台命ニ依テ丸毛内匠利久姫君ノ御方ニ附属ス、時ニ采地千石利久ニ加賜セラル、

是月 松平内匠知乗、公ノ御側ニ奉仕ス、時ニ食禄五百俵賜ル、

是月 酒井忠重、(左衛門尉家次カ三男、)従五位下ニ叙シ、長門守ニ任ス、

是月 松平忠左衛門勝隆、(大隅守重勝カ三男、)従五位下ニ叙シ、出雲守ニ任ス、是年勝隆食邑三千石ヲ加賜セシ、

ラル、

是年　松平石見守輝澄（池田）、松平三左衛門輝政カ四男、従四位下ニ叙ス、

是年　森右近大夫忠広、美作守忠政男、従四位下ニ叙シ、侍従ニ任ス、

森忠広従四位下侍従叙任

是年　諏訪小太郎忠澄、因幡守頼水カ男、従五位下ニ叙シ、出雲守ニ任ス、

是年　朝倉藤十郎宣正、六兵衛在重男、従五位下ニ叙シ、筑後守ニ任ス、後駿河大納言忠（徳）長卿ノ臣トナル、

是年　御上洛ノ時伏見（山城国紀伊郡）ニ於テ鈞（欽）命ヲ奉テ、有馬中務少輔忠郷名ヲ兵部大輔ニ改ム、安藤對馬守重信台命ヲ伝ル、

是年　松平（池田）新太郎、元和九年御諱ノ字ヲ賜テ光政ト号ス、播磨国ヲ改メ、因幡・伯耆二州食邑統テ三十二万石ヲ賜ル、

池田光政因伯二州拝領

是年　本多美濃守忠政、勢州桑名（桑名郡）ノ城食邑十万石ヲ改メ、播州姫路（餝東郡）ノ城十五万石賜ル、忠政カ嫡子中務大輔忠刻別地ニ食邑十万石ヲ賜テ、父子共ニ姫路ノ城ニ住ス、二男甲斐守政朝ニ同州龍野（揖西郡）城采地五万石賜ル、

本多忠政播磨姫路転封

是年　藤堂和泉守高虎ニ山城・大和二州ニ於テ食邑五万石加賜セラル、旧領統テ三十二万三千石ヲ領ス、

是年　松平隠岐守定勝、勢州桑名ノ城采地十一万石賜ル、是ヨリ先キ慶長十二年ヨリ伏見ノ城代ヲ勤メ五万石ヲ領ス、嫡子河内守定行別ニ遠州懸川（佐野郡）ノ城采地三万石ヲ領ス、爰ニ於テ父子共ニ桑名ノ城ニ移リ住ス、

*松平定勝桑名城拝領

是年　松平丹波守康長、上州高崎（群馬郡）ノ城采地五万石ヲ転シテ、信州松本（筑摩郡）ノ城食邑七万石賜ル、

是年　松平安房守信吉、伊豆守信一カ養子、実ハ松平与次郎忠吉カ男、常陸国土浦（新治郡）ノ城采地四万石ヲ転シテ、上州高崎ノ城食邑五万石賜ル、

是年　西尾丹後守忠永西尾隠岐守吉次養子、実ハ酒井河内守重忠カ三男、ニ常州土浦ノ城采地二万石ヲ賜ル、

是年　松平大隅守重勝、下総国関宿（葛飾郡）ノ城食邑二万六千石賜ル、慶長十七年命ヲ奉テ松平上野介忠輝（総）主ノ家老トナリ、越後国三条ノ城ヲ守ル、重勝カ跡役大御番頭二男淡路守重長是ヲ勤ム、元和二年忠輝主勢州ニ蟄居ノ後重勝ヲ召シテ幕下ニ属ス、

*松平重勝下総関宿城拝領

是年　池田備中守長幸、(備中守長吉男、)因幡国鳥取(邑美郡)ノ城采地五万五千石ヲ転シテ、備中国松山(上房郡)ノ城食邑六万五千石賜ル、

脇坂安元信濃飯田城拝領

是年　脇坂淡路守安元、伊予国大洲(喜多郡)ノ城采地五万三千石ヲ改メ、信濃国飯田(伊那郡)ノ城食邑五万石、上総国一ノ宮(長生郡)ニ於テ五千石賜ル、

加藤貞泰伊予大洲城拝領

是年　加藤左近大夫貞泰、伯州米子(会見郡)ノ城ヲ転シテ、伊予国大洲ノ城采地六万五千石賜ル、

戸田氏鉄摂津尼ヶ崎城拝領

是年　戸田左門氏鉄、江州膳所(滋賀郡)ノ城三万石ヲ転シテ、摂州尼ヶ崎(川辺郡)ノ城食邑五万石賜ル、

是年　本多縫殿助康俊、三州西尾(幡豆郡)ノ城食邑二万石ヲ改メ、江州膳所ノ城采地三万石賜ル、

是年　松平将監成重ニ三州西尾ノ城領地二万石賜ル、(加賜一万石、)

是年　永井右近大夫直勝、常陸国笠間(茨城郡)ノ城食邑三万二千石賜ル、(後柿崎・土浦ニ於テ加賜五千石、)

是年　阿部備中守正次、上総国大多喜(夷隅郡)ノ城食邑三万石ヲ転シテ、相州小田原(足柄下郡)ノ城采地五万石賜ル、

是年　亀井豊前守政矩、因幡国鹿野(気多郡)ノ城ヲ改メ、石見国津和野(鹿足郡)ノ城食邑四万三千石ヲ賜ル、(領地員数元ノ如シ、)

是年　土岐山城守定義、総州相馬郡采地一万石ヲ転シテ、摂州高槻(島上郡)ノ城領地二万石賜ル、時ニ公役ヲ以テ高槻ノ城ヲ改メ築カシメ給フ、花房五郎左衛門(職則)・益島左内・長野内蔵丞・多羅尾久八郎(光雅)是ヲ監ス、

是年　高木主水正正次、江州ニ於テ采地二千石加賜セラル、

是年　中納言頼宣卿(徳川)ノ臣安藤帯刀直次、遠州懸川ノ城主トナリ食邑二万石ヲ領ス、(加賜一万石、)是公(秀忠)ノ台命ニ依テナリ、

*井上正就奉行人となる

是年　井上主計頭正就、(半右衛門清秀カ男、)台命ニ依テ奉行人ニ列ス、

是年　高力摂津守忠房御奏者番トナル、

*阿部忠吉大番頭となる

是年　阿部左馬助忠吉大御番頭トナル、

＊伏見城三年番廃止

＊内藤信正伏見城代となる

是年　坂部三十郎広勝、足軽（五十人）ノ頭トナル、

是年　土井甚太郎正次、（本氏三浦、母土井大炊頭利勝カ妹ナリ、母ノ氏ニ因テ土井ト号ス、実ハ三浦五左衛門正重カ男也、元和九年土井ヲ改メ三浦ト号シ、後志摩守ニ任ス、）命ニ依テ名ヲ左兵衛ニ改ム、酒井雅楽頭忠世是ヲ執ス、時ニ忠世刀（左文字）ヲ正次ニ与ル、

是年　池田左門長治、（時ニ十四歳、後帯刀ニ改ム、）始テ家光公ニ謁ス、

是年　阿部小平次忠秋、（後豊後守ニ任ス、）御膳番ヲ勤メ、食禄三百俵賜ル、（忠秋九歳ヨリ家光公ニ奉仕ス、）

是年　公天王寺御再興アリ、片桐市正直盛（且元）・赤井豊後守忠泰、（御使番、）是ヲ奉行ス、

是年　京極丹後守高知、在国ノ御暇ヲ賜ルノ時、御馬（ウスキヌト号ス、）ヲ賜ル、

是年　幕下ノ諸士五年以来ノ勤番欠ナキ輩ニ、其労ヲ褒セラレ賜モノアリ、野々山新兵衛兼綱等黄金ヲ賜ル、

是年　大久保助左衛門忠益卒ス、七十一歳、

是年　富永孫六郎重師公ニ奉仕ス、

是年　伏見ノ城（山城国紀伊郡）三年在番止テ、一年代リトナル、今年大御番頭高木主水正正次・阿部左馬助忠吉是ヲ勤ム、（慶長十二年ヨリ去年ニ至テ番頭一人宛是ヲ勤ム、）

是年　内藤紀伊守信正城州伏見ノ城ノ城代トナリ、采地ヲ加賜セラル、

東武実録　巻第四

元和四戊午年　自正月至十二月

正月朔日　江戸ノ城正旦ノ賀儀例ノ如シ、

江戸城奥方法度

同二日　御奥方ノ御法度仰出サル、御壁書、

壁書

一、奥方へ御普請掃除以下万御用之儀候者、天野孫兵衛・成瀬喜右衛門・松田六郎左衛門（定勝）をめしつれまいるへき事

一、御つほね（局）よりをく（奥）へ男女出入すへからさる事

一、手判なくして女上下ともに出入すへからす、晩暮六つ時過候者、御門より外へ出入すへからさる事

一、走入之女あるにおゐてハ断次第返し可申事

一、御たい（台）所仕置之儀ハ天野孫兵衛・成瀬喜右衛門・松田六郎左衛門両三人、一日一夜つゝ可為勤番、諸事善悪之沙汰を申付へし、若御下知をそむき不届の族あらは、用捨なく言上あるへし、令遠慮申上さるにおゐてハ、両三人曲事たるへき事

右条々御壁書如件、

元和四年正月朔日

同十五日　高力隆長、後左近大夫ニ任ス、摂津守忠房カ男、始テ公（秀忠）ニ謁ス、

同二十日　黒沢木工助重久卒ス、其子定幸重久カ養子、実ハ諏訪部宗右衛門定吉カ男、後木工助ト号ス、ニ養父重久カ家督ヲ賜ル、

伊勢まね勧進禁止*

同二十九日　酒井雅楽頭忠世・本多上野介正純・土井大炊頭利勝・安藤対馬守重信、台命ヲ奉テ、勢州山田（度会郡）ノ奉行ニ申シ遣ス趣、

急度申入候、御伊勢殿と申、まね勧進之者数多下国仕候、就者宇治山田神官又者年寄中へ被申渡、まね勧進之者無之様尤ニ候、

元和四午年正月二十九日

安対馬（安藤重信）
土大炊（土井利勝）
本上野（本多正純）
酒雅楽（酒井忠世）

右ノ趣京都板倉伊賀守勝重ニ申遣ス、

急度申入候、愛岩（宕、以下同ジ）勧進まね山伏多候間、愛岩寺家衆へ被申渡、まね山伏無之様尤ニ存候、恐々、

元和四年正月廿九日

安対馬守
土大炊頭（助）
本上野介
酒雅楽頭

板倉伊賀守殿（勝重）

猶以、愛岩山伏者札ニ而成とも無紛之様尤ニ候、其外者此方ニ而茂改可申候、伊勢へも右之通申越候、以上、

愛宕まね山伏禁止

＊山岡景以山田奉行となる

＊紅葉山東照宮造畢

＊池田光政初入国

二月　松平新太郎（池田光政）御暇ヲ賜テ始テ入国ス、時ニ公ヨリ御腰物国俊御馬一疋ヲ新太郎ニ賜ル、

三月十三日　朽木与五郎友綱、朽木牧斎二男、公ニ奉仕ス、

同十五日　酒井左衛門尉家次、始名宮内大夫、江戸ニ於テ卒ス、五十五歳、

閏三月五日　本多備前守紀定、豊後守康重二男、上州白井（群馬郡）食邑一万石賜ル、

同七日　松平大膳大夫忠重、江戸紅葉山堀普請ヲ勤ム、

同二十一日　山岡主計頭景以、勢州山田奉行トナル、是ヨリ先キ長野内蔵允此役ヲ勤ル事慶長六年ヨリ此年ニ至ル、

四月十七日　東照大権現（家康）ノ社ヲ江戸ノ城西ノ丸郭内紅葉山ニ御建立造畢ニ依テ、此日遷宮アリ、公御社参アリ、御束帯、

同日　片山与安法印赦免ヲ蒙リ、信州高嶋（マヽ）郡ヨリ江戸ニ帰参シ、公（秀忠）ニ謁ス、時ニ命有テ曰ク、汝大（家

越後村上城主村上義明改易

神(康)君ノ寵殆傍人ニ越タリ、其上御薬ノ事ヲ諫メ言ス事、忠志浅カラサルノ由御旨ヲ蒙ル、元和二年正月大神君駿州田(益津郡)中ニ御放鷹アリ、此所ニ御滞座ノ時、夜半ニ及ンテ俄ニ御痰涎御胸ニ滞テ甚タ危急ナリ、爰ニ於テ与(片山)安法印御薬ヲ献ス、御快然在テ駿府ノ城ニ還御ノ後、御腹中ニ塊有テ時々痛マセ給フ、寸白ノ虫ノ由ヲ命セラレテ、日々ニ万病円ヲ召シ上ラル、時ニ与安申シ上テ云ク、徒ニ大毒ノ剤ヲ召上ラレハ御積ヲ除ク事ハ無シテ、却テ御元気ヲ破ラルヘキノ旨ヲ申上ルト云ヘ共御許容ナシ、時ニ公御側ノ輩ヲ召シテ万病円ヲ数日召シ上ラル、ト云ヘ共、其験シナシ、彼御薬ヲ止サセ給フヘキ事ヲ言上スヘキノ由ヲ命セラル、近臣等猶予シテ申シ上ル事ヲ得ス、是ニ依テ公与安法印ニ命シテ此御旨ヲ大神君ノ上聞ニ達セシム、此言ト命ニ背キ信州高嶋郡ニ配流セラル、

同二十一日 新庄越前守直定、御奏者番、卒ス、五十七歳、其子直好、後越前守ニ任ス、父直定カ家督ヲ継テ常州麻(茨城郡)生二万七千三百石ヲ領ス、

是月 村上周防守義明越後国村上(岩船郡)ノ城領地九万石ヲ没収セラレ、丹州篠山(多紀郡)松平周防守康重ニ預ケラル、安(阿)倍四郎五郎正之検使トシテ村上ニ赴キ是ヲ沙汰ス、是ヨリ先キ、去歳義明(村上)カ家人河野庄右衛門ト云フ者、江戸義明カ屋敷ニ於テ夜中ニ殺害セラル、其殺ス者何人ト云フ事ヲ知ラス、義明是ヲ僉(詮、以下同ジ)議スルト云ヘ共、其事分明ナラス、庄右衛門(河野)カ子権兵衛頻リニ義明ニ愁訴シテ此事ヲ果サス、義明カ従士ニ兼松与三郎ト云フ者アリ、是ハ去々年庄右衛門カ所為ニ依テ、義明カ死罪ニ行フ冨永次郎左衛門カ孫ナリ、此遺恨アルニ依テ庄右衛門ヲ殺ス事与三郎(兼松)タルヘキノ旨、権兵衛(河野)是ヲ推察スルト云ヘ共、其証拠ナキニ依テ決定スル事ヲ得ス、然ル処ニ庄右衛門害ニ遭ノ時側ニ居ル女アリ、此女ヲ糺明スルノ処ニ、其夜河野(庄右衛門)ヲ殺ス者大概見知レルノ由ヲ云フ、爰ニ於テ義明カ家人等十歳以上ノ者ノ(マヽ)ヲ集テ一人宛是ヲ彼女ニ見セシム、兼松与三郎ヲ以テ是ヲ指ス、兼テノ推察彼女ノ云所、此上ハ疑フヘカラスト兼松(与三郎)カ罪ニ究テ是ヲ生害ス、兼松カ母及ヒ妻子妹等越後国村上ニ在リ、権兵衛是ヲ義明ニ乞請ケ、村上ニ於テ是ヲ磔ニス、又此春三月六日ノ夜、義明カ従者魚住角兵衛ト云フ者

ノ村上ニ於テ害ニ遭フ、其殺ス者ノ分明ナラス、是河野権兵衛カ殺害スルノ由人皆是ヲ疑フ、角兵衛カ弟和右衛門江戸ニ来テ此事ヲ義明ニ訴ル、義明止ム事ヲ得ス、村上ヨリ権兵衛ヲ江戸ニ招テ僉議ニ及フト云ヘ共、其事決シ難シ、是ニ依テ和右(魚住)衛門河野ト対決ヲ願ヒ望ム、河野権兵衛ハ彼レカ祖先ヨリ公儀ニシロシ召サル、者ナリ、此故ニ義明私トシテ其対決ヲ聞ク事ヲ憚リ、河野(権兵衛)・魚住(和右衛門)二人ヲ遂ニ奉行所ニ出シテ諍論ス、義明カ家人等皆以テ河野ヲ疑フト云ヘ共、河野弁舌人ニ勝レタル者ナリ、是ニ依テ遂ニ河野諍ヒ勝テ理トナル、義明毎度従者ニ事有テ剰エ其裁許正シカラス、家中不平ナルヲ以テ遂ニ采地ヲ召シ放サル、(前ノ周防守嗣子ナキ故、戸田武蔵守カ子外孫タルニ依テ是ヲ養テ嗣子トス、今ノ周防守是ナリ、戸田武蔵守ハ慶長五年濃州関ヶ原ノ役石田三成ニ与シ大神君ノ御敵トナル者ノナリ、)

堀直寄越後村上城拝領

堀丹後守直寄ニ越後国長岡(古志郡)城采地八万石ヲ転シテ、同州村上ノ城食禄九万石賜ル、(後検地ノ高一万石、統テ十万石ヲ領ス、)牧野右馬允忠成越後国長嶺(頸城郡)ヲ改メ、同国長岡城・古志・三嶋・蒲原三郡ノ内采地七万三千石を賜ル、

*越後国国替条目

五月八日　越後国所替ニ依テ、水野多宮・井上新左衛門ヲ彼国エ遣ハサル、時ニ仰出サル、御条目、

条々

一、武具其外諸道具替地之所へ可罷越事
一、竹木一切剪採へからさる事
一、先納可返置事
一、未進分可棄破事
一、借物互之一札次第たるへき事
一、種借し之事、従蔵取出無紛於借付者可返済事
一、未進方に取つかふ男女之事、未進同前可棄破事
一、家僕之儀、主従相対次第事
一、其年之切米取切候者、如約束可勤奉公、但切米令返済者可任其者之覚悟事

右可相守此旨者也、

五月八日　安対(安藤重信)

本上(本多正純)

水野多宮殿

井上新左衛門殿

一、今度御国替之衆百石ニ付而壱疋壱人ニ而二日路可相送之、并奉公人之儀不寄上下国替之所迄令供、主人ニ相対之上可令帰国候、主人又無違乱可返遣候、此旨被仰出候間、被得其意可被申付候也、

五月八日　安対

本上

水野多宮殿

井上新左衛門殿

同十二日　松平孫大夫忠政卒ス、七十二歳、

*陸奥より上京の座頭四人殺害さる

*鍋嶋直茂卒す

同十三日　榊原内記照久、従五位下ニ叙ス、

同十六日　丸毛兵左衛門利政始テ公(秀忠)ニ謁ス、

是月　奥州ヨリ官途ノ為メ上京スルノ座頭四人、参宮ヲ志シ勢州ニ赴クノ処ニ、伊勢国ノ内国府村(鈴鹿郡)ト平野村(同郡)ノ間ニ於テ、彼座頭四人共ニ殺害シテ官金ヲ奪ヒ取ル、惣検校是ヲ奉行人ニ訴ル、是ニ依テ生害ノ所近隣ニ高札ヲ立テ、属託ノ黄金三十枚是ヲ副、

一、伊勢之内国府村・平野村之間ニ而、従奥州官途ニ上る座頭四人切申之間、申出るにをゐては、縦令同類たりといふとも其科をゆるし、御褒美として此金三十枚可被下者也、

元和四年五月日

六月三日　鍋嶋加賀守直茂卒ス、八十一歳、

同五日　藤掛美作守永勝、(織田右馬允男、故有テ氏ヲ藤掛ニ改ム、)卒ス、

六十一歳、

同二十二日　近藤信濃守正成、近藤織部正重勝カ養子、実ハ堀左衛門督秀政カ七男、卒ス、三十一歳、

同二十四日　榊原内記照久、従四位下ニ叙ス、

是月　一柳蔵人直頼、監物直盛カ三男、始テ両君（秀忠・家光）ニ謁ス、

七月十八日　大嶋久左衛門光俊卒ス、四十八歳、

八月四日　松平上野介康忠、上野介源斎男、母清康君御娘、卒ス、八十五歳、

加藤忠広の家臣ら諍論

同七日　加藤肥後守忠広カ家臣等相ヒ分レテ諍論アリ、甲方ハ加藤右馬允・下川又左衛門・並河志摩守・森下儀大夫・庄林隼人・加藤与左衛門・加藤平左衛門・中村将監・斎藤伊豆及ヒ棒庵等、乙方ハ加藤美作、其子丹後・加藤寿林・中川周防・和田備中・玉目丹波忠広外舅等三十二人、共ニ江戸ニ来テ是ヲ訴ル、此日公（秀忠）ノ命ヲ奉テ、酒井雅楽頭忠世カ家ニ於テ執事・奉行人等列会シテ其訴論ヲ聞ク、肥後国ノ検使安倍四郎五郎（阿、以下同ジ）正之・朝比奈源六郎其座ニ列ス、

同八日　此日モ亦忠世（酒井）カ宅ニ於テ忠広（加藤）カ家臣等ノ諍論ヲ聞ク、執事・奉行人相集テ是ヲ評議スルト云ヘ共甲乙決シ難シ、是ニ依テ其訴論ノ両詞ヲ記シテ台覧ニ入ル、

＊秀忠加藤忠広が臣甲乙双方の討論を聴く

同十日　加藤肥後守忠広及ヒ其家臣等甲乙双方ヲ営中ニ召シテ、各登城ス、公先ツ安倍四郎五郎正之ヲ召シテ彼レカ訴論ノ事ヲ問ヒ給テ後、大広間ニ出御在テ其訴ヲ自ラ聞給フ、酒井雅楽頭忠世・本多上野介正純・土井大炊頭利勝・安藤対馬守重信・井伊掃部頭直孝・藤堂和泉守高虎其外奉行・役人等伺候ス、其余群士御広縁ニ列居ス、忠広及ヒ家臣等ヲ御前ニ召ス、閑斎・永喜（林信澄）訴牒ヲ読ム、甲乙左右ニ分レ一牒読ミ終ル毎ニ諍論ス、甲方カ云ク、美作守（加藤）父子猥ニ国務ヲ妨ケ恣ニ貪ル、皆是私ノ為ニシテ忠広カ為メニ非ス、乙方是ヲ弁ヘ屢詰シ屢弁ル事殆ト数回ニ及フ、玉目丹波ハ忠広カ

外舅タリ、故ニ忠広丹波(玉目)ト同意ノ思ヒ乙方ニ有リト云ヘ共、年少シテ国ノ政事ヲ弁ヘス、是ニ依テ終日黙然タリ、甲方又云ク、丹波(玉目)守新ニ大船二艘ヲ造リ、初ハ運送ノ用ナリト云ヘ共、寅卯両年大坂撃乱ノ時、兵船トシテ是ヲ大坂ニ合力センノタメナリ、又斎藤采女ハ秀頼(豊臣)乳母ノ子ナリ、然ルニ采女(斎藤)肥後国ニ在リ、潜ニ彼レヲ大坂ニ遣ス、是内通ノ為メナリ、又横江清四郎肥後ヨリ大坂ニ忍ヒ登リ、頓テ帰リ来テ肥後ノ諸士ニ語テ曰ク、大坂ノ一戦ニ秀頼大ニ勝利ヲ得、東国勢悉ク敗走ス、故ニ家康公ハ京師二条ノ城ニ退キ給ヒ、秀忠公ハ軍ヲ引テ伏見ニ御籠城アリ、両君(家康・秀忠)ノ敗亡久シカルマシキノ由ヲ告ル、丹波守是ヲ聞テ甚タ悦フ、国中ノ諸士大ニ疑フ、此時奉行人等御前ヲ窺ヒ頻リニ詰問ス、丹波守父子等弁答ニアタハス、安倍四郎五郎カ言フ所甲方ト異詞ナシ、右馬允(加藤)・棒庵等能ク訴ル、是ニ依テ弥勝タリ、公入御アリ、列居ノ面々皆退出ス、

同十一日 横江清四郎及ヒ其党橋本掃部助・同作大夫三人斬罪セラル、其余乙方ノ輩皆所々ニ配流セラル、忠広年少シテ未タ政事ヲ弁ル事ナキカ故ニ其科軽シ、是ニ依テ赦免在テ領国ヲ除カレス、甲方右馬允等ヲシテ元ノ如ク国政ヲ聞カシメ給フ、

九月十一日 朽木植綱(稙、以下同ジ)、(後民部少輔ニ任ス、卜斎カ三男、)始テ家光公ニ奉仕ス、(時ニ植綱十四歳、)

同十三日 大河内休心、(俗名金兵衛秀綱、)卒ス、七十三歳、

同十九日 杉浦彦左衛門親次卒ス、八十三歳、

同二十八日 釣(欽)命ニ依テ、箱根山(相模国足柄下郡)別当職トシテ生徳院入寺ニ付テ、仰出サル、趣、

*箱根山別当職

筥根山別当之儀生徳院被仰付候間、有来住(仕)物以下相渡可有仏法興隆者也、

元和四年九月廿八日

安対(安藤重信)

土大(土井利勝)

本上（本多正純）
酒雅（酒井忠世）

筥根山
　衆僧中

*秀忠放鷹

猿楽配当米

十月十二日　猿楽配当米ノ事仰出サル、ニ依テ、連判ノ書牒ヲ以テ諸大名ニ触レ遣ス、

急度申入候、猿楽配当米之事知行高二十万石ニ二十石出申候間、於江戸松風助右衛門・江並（紅林）弥右衛門方へ従去巳歳被渡候而、手形可被取置由可被申付候、恐々、

十月十二日

伊喜（伊丹康勝）
松右（松平正綱）
安対
土大
酒雅

是日　松前伊豆守慶広、始名民部大輔、又志摩守ニ改ム、卒ス、七十三歳、

十一月　公（秀忠）越谷・葛西（下総国葛飾郡）・千葉（下総国千葉郡）・東金（上総国山辺郡）・船橋（下総国葛飾郡）所々ニ御放鷹アリ、

是月　戸川主水正正安カ子安平、後主水正ト号ス、家督ノ御礼トシテ城ニ登リ公ニ謁ス、

十二月三十日　土井左兵衛正次、後ニ三浦志摩守ニ任ス、下総国矢作ノ郷神崎村（香取郡）ニ於テ采地七百石余ヲ賜ル、

是日　近藤織部重直、信濃守正成カ男、公ニ謁ス、父正成カ領地一万石ノ内、信州河中嶋（川）（更科郡）五千石ヲ重直ニ賜リ、其余ノ五千石ハ堀美作守親良ニ賜ル、後ニ重直カ領地河中嶋五千石ヲ転シテ、同州伊奈郡ノ内ヲ賜ル、領地員数元ノ如シ、

同十八日　本多主膳正正家卒ス、六十一歳、

同十九日　本願寺門跡ヨリ一荷一種ヲ献ス、是ニ依テ御内書ヲ賜ル、

同二十三日　南部重直、信濃守利直カ男、従五位下ニ叙シ、

山城守ニ任ス、

同二十七日 松平康政、（周防守康重カ男、）従五位下ニ叙シ、左近大夫ニ任ス、

同二十八日 嶋津忠興、（右馬頭以久三男、）従五位下ニ叙シ、右馬頭ニ任ス、

是日 大久保甚左衛門忠直、（鉄炮同心頭、）布衣ニ任ス、

是月 公（秀忠）所々ノ御鷹狩終テ江戸ニ還御アリ、

是年 諏訪因幡守頼水、信州筑摩郡ニ於テ采地五千石加賜セラル、旧領二万五千石并テ三万石ヲ領ス、（後新発ノ地二千石、）

喜多見勝重堺政所となる

是年 喜多見五郎左衛門勝重、（後若狭守ニ任ス、）泉州堺（大鳥郡）ノ政所及ヒ河内・摂津・和泉三箇国ノ奉行職ヲ役ス、

是年 稲葉十左衛門、（修理亮カ男、）始テ両君（秀忠・家光）ニ謁ス、（父修理亮豊後国（マヽ）木付郡ノ内一万五千石ヲ領ス、慶長九年修理亮卒ス、時ニ十左衛門僅ニ二歳、幼年タルニ依テ十左衛門カ伯父稲葉彦六郎ニ修理亮カ領地ヲ預ケラル、是ヨリ十左衛門京師ニ幽居シテ去歳江戸ニ来リ、此年両君ニ謁スル者ノナリ、）

是年 公（秀忠）藤堂和泉守高虎カ家ニ渡御、猿楽上覧、賜モノアリ、

是年 日向半兵衛政成与力ノ士十騎附属セラル、（始足軽五十人、）

*徳川義直邸出火

是年 中納言義直（徳川）卿、（後大納言ニ任ス、）宅ヨリ出火、桜田・愛宕下ニ至テ大小名ノ居宅此類火ニ多ク焼失ス、

是年 水野備後守分長・牧野内匠頭信成、組ノ士ヲ引テ伏見在番ヲ勤ム、

是年 大久保忠重、（後四郎左衛門ト号ス、玄蕃頭忠成カ男、）始テ公ニ謁ス、（同八年御書院番ヲ勤ム、）

東武実録　巻第五

元和五己未年　自正月至七月

正月朔日　江戸ノ城歳旦ノ賀儀例ノ如ク、諸士参賀ス、

同七日　中西伊予守元安卒ス、

同十四日　土岐山城守定義卒ス、四十歳、

二月十日　仰出サル、御制法、

条々

一季居禁止

一、武士之面々、侍之義ハ不及申ニ至中間・小者迄、一季居一切不可抱置事

付一季居之請人に不可立、但堪忍次第と有之者不可苦事

人売買禁止

一、人売買一切停止たり、若ミたりの輩有之者、其科之軽重をわかち或者死罪、或者籠舎過怠たるへき事

付口入宿主同罪之事

一、年季之事三年に限へし、三年過は可為曲事、

一、於町中自然火事出来之時、至奉公人下々迄一切出合へからさる事

一、手負たるもの不可隠置事

一、主なし宿借りの事、請人之手形を町奉行所へ差上、両人之裏判にて宿を可借事

一、辻立・門立すへからさる事

附、顔をふかくつゝミかくす輩有之者、可為曲事、

たばこ栽培売買禁止*

一、たはこ作事、同売買、最前被仰出候御書付之趣、堅可為停止事

右可相守此旨者也、

元和五年未二月十日

奉公人欠落の覚*

覚

一、暇こはすして欠落仕候者、当主人へ相届可召

返、但御陣・御上洛・御普請之時者堪忍仕、
罷帰候而可断、併曲事いたし欠落仕候もの丶
儀為各別之条、可令言上候、又在々所々江引
籠罷在輩者、其所之代官に可相断事
一、欠落者請人之事、右申定候切米程請人より主
人江可出之事
一、御陣・御上洛・御普請之砌、欠落仕候もの別
而曲事也、依之請人よりたつね出し、主人之
方へ可相渡、若於不相叶ニ者、請人之方より
為過料、右約束之切米一倍主人之方へ可出之、
過銭於不出者、百日可為籠舎事
一、欠落者ニ他所にて取替出し候者、取替出し候
人之損たるへし、請人なく人を抱候事越度た
る故、如斯なり、但請人有之抱置におゐては、
請人之方より彼出し候取替程宛前後之主人へ
可出之、たしかならさるもの丶請人にたち候
事依為曲事也、
一、公儀之御法度相背、欠落仕候重科之者、請人
之事、本人をとらへ可出之、於不相叶者、請
人可為成敗事

元和五年二月十日

*稲葉正成松平忠昌を後見

三月十八日 細川玄蕃頭興元、兵部太輔(マヽ)藤孝男、卒ス、五十
七歳、其子興昌、後玄蕃頭ニ任ス、父興元カ家督ヲ継ク、
是月 酒井宮内大輔忠勝越後国高田(頸城郡)ノ城采地十万
石ヲ転シテ、信州松城(代)(埴科郡)ヲ賜ル、領地員数元ノ如シ、
高田ノ城食邑二十四万石松平伊予守忠昌権中納言秀康(結城)卿ノ
二男、ニ賜ル、時ニ公(秀忠)稲葉佐渡守正成ヲ召テ命有テ
曰ク、汝麾下ニ奉仕ス、然ルニ今忠昌(松平)弱年ニシテ
大禄ヲ賜リ国政ヲ安堵セス、正成老成ノ人タリ、
忠昌ニ副テ高田ニ赴キ国務ヲ議スヘシ、然ラハ正
成高田ニ在リト云フトモ、猶幕下ニ在ル如クナラ
ン、久ク高田ニ置クヘカラサルノ由御旨ヲ蒙ル、
時ニ越後国糸魚(魚)井川(頸城郡)ニ於テ食邑一万石ヲ正成ニ賜リ、

忠昌ニ従テ高田ニ在リ、

秀忠伊達政宗邸渡御

是春　公松平陸奥守正宗（政、以下同ジ）（伊達）カ宅ニ渡御アリ、先ツ数寄屋ニ入御、御茶過テ後広間ニ出御、猿楽上覧有リ、正宗ニ賜モノ其数多シ、其子美作守忠宗（後陸奥守ニ任ス、）ニ御腰物包永ヲ賜ル、

四月十六日　松平源太郎正村、（壱岐守正朝二男、）始テ公（秀忠）ニ謁ス、

同二十日　秋田伊豆守俊季、（城介実季男、）公ノ鈞（欽）命ヲ奉テ名ヲ河内守ニ改ム、

秀忠上洛首途

五月八日　公（秀忠）御上洛トシテ江戸ノ城御首途アリ、

是日　本多清兵衛正次、家光公ニ謁ス、

同十五日

覚

一、屋鋪（敷）之内に町人并無主置候事堅停止ニ候、来廿二日方御検使候間、右之者共置候屋敷者、可被召上旨也、

五月十五日

是月　公御入洛、

*福島正則減転封

六月　福嶋左衛門大夫正則参議御制法ヲ背ニ依テ、安芸・備後二州ヲ没収セラレ、信州河中（川）島（更科郡）ニ謫セラル、其子備後守忠勝同所ニ配流、（同年忠勝配所ニ於テ卒ス、）此時公伏見（山城国紀伊郡）ニ御在城有リ、久世三四郎広宣・坂部三十郎広勝ヲ両使トシテ江戸ニ赴ムカシム、時ニ命有テ曰ク、汝等江戸ニ至テ正則（福嶋）ニ御旨ヲ告クヘシ、若シ正則異儀ニ及ハ、松平下総守忠明・松平式部大輔忠次・鳥居左京亮忠政・奥平九八郎（忠昌）・最上源五郎義俊等兵ヲ発シテ是ヲ誅伐スヘシ、御謀略ノ御書二通ヲ以テ手カラ自カラ久世（広宣）・坂部（広勝）ニ賜リ、且ツ奉書ヲ持シメ江戸ニ馳ス、

*広島城普請曲事

福嶋左衛門大夫正則ニ賜ル奉書ノ趣、

今度広嶋（安芸国佐伯郡）普請之事、被背御法度之段曲事ニ被思

召候処、彼地可有破却之旨依御訴訟ニ、構置本丸其外悉可被破捨之由被仰出候、然処ニ上石計取除、其上以無人送数日之儀、重畳不届之仕合ニ思召候、此上者両国被召上、両国為替地津軽(陸奥国津軽郡)可被下之由被仰出之候也、謹言、　所領没収

六月二日

安藤対馬守
重信
板倉伊賀守
勝重
土井大炊頭(助、以下同ジ)
利勝
本多上野介
正純
酒井雅楽頭
忠世

福嶋左衛門大夫殿(正則)

同日　本多彦左衛門清政、高木甚太郎清方カ男也、清政カ従弟本多甚九郎正近天正三年三州長篠ノ役ニ忠死ス、嗣子ナキニ依テ大神君(家康)ノ命ニ依テ清政従弟正近カ家督ヲ継テ、本多ト号ス、卒ス、六十三歳、

同九日　重テ奉書ヲ正則ニ賜ル、

就国替之儀為上使牧野駿河守(忠成)・花房志摩守(正成)被差遣之候、上意之趣委細両人可為演説候、謹言、

六月九日

安藤対馬守
重信
板倉伊賀守
勝重
土井大炊頭
利勝
本多上野介
正純
酒井雅楽頭
忠世

福嶋左衛門大夫殿

公(秀忠)ノ台命ヲ奉テ酒井忠世・本多正純・土井利勝・板倉勝重・安藤重信等、牧野駿河守忠成・花房志摩守幸家(正成)ニ三箇条ノ書付ヲ遣ス、

覚

一、左衛門大夫(福嶋正則)御請次第酒井宮内少輔(忠勝)・本多縫殿(康俊)助広嶋へ可被遣候事

一、左衛門大夫内儀何方へ成共、彼覚悟次第可差遣事

一、金銀米銭其外家財等、左衛門大夫所存次第以両国之船可運送之、并家中之輩妻子家財等相違有間敷事

六月九日

安藤対馬守　重信
板倉伊賀守　勝重
土井大炊頭　利勝
本多上野介　正純
酒井雅楽頭　忠世

牧野駿河守殿
花房志摩守殿

久世三四郎広宣・坂部三十郎広勝両使トシテ江戸ニ至テ諸将ヲ集メ台命ノ赴(趣)ヲ告ル、是ニ依テ牧野忠成・花房幸家(正成)二人、福嶋左衛門大夫正則カ江戸ノ宅(愛岩山ノ麓ニ在リ、)(宕)ニ赴キ、奉書ヲ正則ニ渡シテ御旨ヲ告テ曰ク、公儀ヲ窺スシテ広嶋ノ城新タニ石壁ヲ築キ城池ヲホリ、其郭内ヲ繕フ事、大神君(家康)ノ御遺法ヲ背ク、其罪遁レ難シ、早ク二州ヲ捧ケ城ヲ渡スヘシ、其身江戸ニ在リ広嶋海陸数百里ヲ隔ツ、遠境ニシテ其意通シ難シ、書翰ヲ以テ広嶋ノ城ヲ避ケ渡サン事ヲ城ヲ守ル家人等ニ申シ遣スヘキノ旨、両使是ヲ演ル、正則異儀ニ及ハス命ニ従ヒ、国ヲ退キ城ヲ渡スヘキノ旨、手書ヲ以テ家人等ニ遣ハス、江戸御留守居ノ諸将等両使ト相議シテ、正則若シ異変ノ事アラハ速ニ是ヲ誅伐スヘシト、兵ヲ集テ正則カ宅地ヲ囲ムト云へ共、正則命ニ応シ異儀ナキニ依テ其事ニ及ハス、

*正則広島開城の手書を認む

在番中人返*
広島城受取上使

正則改易ノ事ニ依テ、家光公ヨリ鯰江甚右衛門和甫、忠長主（徳川）（後越前守ニ任ス、）ヨリ本多新七郎御使トシテ江戸ヲ発シ伏見ニ赴ク、時ニ伏見ニ於テ甚右衛門和甫台命ニ依テ鯰江ヲ改メ宮城ト号ス、永井右近大夫直勝・安藤対馬守重信安芸・備後二州ヲ請取ル、上使トシテ伏見ヲ発シ芸州ニ赴ク、加藤左馬助嘉明・毛利甲斐守秀元安芸・備後両国ノ地利ヲ知ルニ依テ、直勝・重信ニ差副ヘラル、其外南海・山陽ノ諸将ヲ相向ケラル時ニ、御朱印ヲ諸将ニ賜ル、

条々

一、今度差遣之人数次第之事、如書付之可令覚悟、其外諸事上使之可任差図事

一、在々所々不可放火、并不可押買狼籍（藉）事

一、猥不可伐採竹木、但於小屋具ニ者不及沙汰、雖然古所寺院等可除之事

一、喧嘩口論堅令停止畢、若有違犯之輩者、双方可令死罪、万一令荷担者、其科可重於本人之事

一、今度在番中人返之儀、停止事

一、其所之者ハ其まゝ可指置之、但主従相談之上ハ可任覚悟事

一、百姓男女之事、年貢未進方、一季居ともに以令棄破可相留其在所事

右堅可相守此旨者也、

元和五年六月十二日

加藤左馬助（嘉明）との
森美作守（忠政）との
本多美濃守（忠政）との
松平阿波守（蜂須賀至鎮）との
松平宮内少輔（池田忠雄）との
生駒讃岐守（正俊）との
松平土佐守（山内忠義）との

同十九日　川井平太夫久吉卒ス、六十三歳、福嶋正則台命ニ従ヒ備芸二州、広嶋ノ城ヲ退キ渡スヘキノ旨、家人等ニ云ヒ遣ハスノ手書、牧野主馬助・東条伊豆守(長頼)是ヲ持シテ芸州ニ赴ク、時ニ中川半左衛門(忠勝)・渡辺半四郎(宗綱)二人ヲ上使シトテ、牧野・東条ニ差副ラル、備芸二州ノ検使永井右近大夫直勝・安藤対馬守重信ニ奉書ヲ賜ル、

*広島城受取の諸侍

一、安芸・備後両国辞退之旨、福嶋左衛門大夫・同備後守(忠勝)御請申ニ付而、即牧野主馬芸州広嶋へ就相越、東条伊豆守差添遣候事

一、三原城池田備中守(長幸)・山崎甲斐守(家治)被仰付候間、雖不及申候諸法度無違乱之様ニ堅可申渡事

一、広嶋へ之御人数彼地形可然所、城際一二里程引退在之而、最前両人如承之城中請取之上、番所見計番勢可差置事

一、松平長門守(毛利秀就)・堀尾山城守(忠晴)人数茂可為如先条事

一、其元御仕置相済之上、於不入人数者、各以相談帰国可被申付候事

右之旨得上意如斯被仰含候、中川半左衛門・渡辺半四郎被差遣候者也、

六月廿日

土井大炊頭　利勝
本多上野介　正純
酒井雅楽頭　忠世

安藤対馬守(重信)殿
永井右近大夫(直勝)殿

芸州広嶋城請取之諸侍

本丸　酒井宮内少輔
本多縫殿助

以来者本丸・二丸共ニ在番

本多美濃守(忠政)

定

一、諸侍妻子并諸道具、何之地へ成共存分次第可引越事

附、自然可遣之所令気遣不能許容者、従両人切手可出之事

一、町中仕置之儀者

本多美濃守

安藤対馬守

永井右近大夫

此三人相談之上可申付候事

一、宿賃之儀兼而可為如定事

一、備中国迄者各常之仕置ニ而可罷越事

一、安芸国へ相越儀者可被相待左右事

六月廿二日

土井大炊頭
利勝

本多上野介
正純

酒井雅楽頭
忠世

安藤対馬守殿

永井右近大夫殿

上使安藤重信等開城を諭す*

安藤対馬守重信・永井右近大夫直勝、備中国笠岡(小田郡)ニ至テ使ヲ広嶋ニ発シ、城ヲ退キ渡スヘキノ旨ヲ福嶋カ家人等ニ云ヒ遣ス、時ニ正則カ従士吉村又右衛門・大橋茂右衛門軽卒百余人各鉄炮ヲ持、ヲ卒シ、隠〔音〕戸ノ瀬戸(安芸国安芸郡)ニ広嶋ヨリ行程七里、出向フ、上使安藤重信・永井直勝鈞〔欽〕命ヲ演ル、吉村・大橋言テ云ク、台命敢テ背クヘカラス、然リト云ヘトモ、広嶋ノ城ヲ守諸卒等城ヲ退散スヘキノ旨、正則カ手書ヲ一覧セスンハ、台命ニ従ヒ難キ由ヲ申スノ旨ヲ云フ、両使聞テ正則ハ武州江戸ニ在テ遙ニ数百里ノ海陸ヲ隔ツ、今此旨ヲ云ヒ遣ハスト云フ共速ニ通シ難シ、幸ニ正則カ嫡子備後守忠勝(福嶋)京師建仁寺ニ旅宿ス、江戸ヨリ京ハ其近キ事百余里ナリ、忠勝ニ是ヲ云ヒ遣ハサハ彼カ手書広嶋ニ至ルヘキ事疾カラン、

大橋・吉村是ヲ聞テ云ク、備後守忠勝ハ最モ正則カ嫡子タリト云ヘ共、未タ其家督ヲ受ス、是ニ依テ安芸・備後二州ハ今正則カ領国ニシテ、忠勝イマタ是ヲ領知セス、然ルニ其領主ヲサシ置、忠勝カ手書を以テ証文トシ、両国ヲ上使ニ渡スヘキニ非スト云テ、広嶋ノ城ニ楯籠リ防戦ヲ遂ケント促ス、城ヲ守ルノ兵士等統テ四千余人、此外

三原ノ城ハ(備後国御調郡)　梶田出雲守是ヲ守ル、
鞆ノ城ハ(備後国沼隈郡)　大崎玄蕃是ヲ茂ル、
神辺ノ城ハ(備後国安那郡)　福嶋丹波是ヲ守ル、
三吉〔次〕ノ城ハ(備後国三次郡)　尾関監物是ヲ守ル、
東条ノ城ハ(備後国奴可郡)　長尾隼人是ヲ守ル、

両使重信(安藤)・直勝(永井)及ヒ此地ニ集ル諸将等、既ニ兵ヲ発シテ城ヲ攻ント欲ス、広嶋ノ城ヲ守ル弱兵等多勢城ヲ囲ム事ヲ聞、是ニ臆シテ狭間ヲクヽリ塀ヲ乗リ越エ城外ニ北〔逃〕ケ出ル者ノ七十三人、

福嶋正則の配所を信濃に改む*

上使牧野等正則の手書を持参す

牧野主馬・東条伊豆守二人、正則カ手書ヲ持シテ広嶋ニ至ル、安藤重信・永井直勝等伏見(山城国紀伊郡)ヨリノ御下知ヲ聞テ、牧野・東条ヲ二人城ニ入ルヽ、城ニ籠ル所ノ諸士正則カ手書ヲ披見スルニ、安芸・備後両国辞退ス、二州ノ城城速ニ退キ渡スヘキノ旨ナリ、是ニ依テ正則カ家人等異儀ナク城々ヲ退ス、備芸二州ノ諸城両使是ヲ請取ル、広嶋ニ逗留スル事二十日余、二州ノ事ヲ沙汰シ畢テ帰路ニ赴ク、

同二十四日　松平宗兵衛忠貞、(主殿助家忠二男、)伏見ニ於テ卒ス、三十二歳、

七月二日　福嶋左衛門大夫正則始ハ津軽ニ配流セラル、ノ旨ニテ、彼地ニ於テ食邑四万五千石ヲ賜ルノ処ニ、其所ヲ転セラレ、越後・信濃二州ニ於テ食禄ノ員数津軽ノ如ク賜テ、配所ヲ信州河中〔川〕嶋(更科郡)ニ改メラル、時ニ奉書ヲ正則(福嶋)ニ賜ル、

一筆令啓候、津軽者為遠境之間、酒井宮内少輔(忠勝)・牧野駿河守(忠成)、右両人知行所近所以津軽之高

年貢未進分棄破*

家僕*

嶋津義弘卒す*

国替条目

四万五千石可被下之旨被仰出候、委細者寺沢志(広高)摩守・牧野駿河守・花房志摩守(正成)従此三人可相達候、謹言、

七月二日

土井大炊頭(助) 利勝

本多上野介 正純

酒井雅楽頭 忠世

福嶋左衛門大夫殿

同二十一日 是年国々所替ニ依テ仰出サル、ノ趣、

国替条々

一、武具其外諸道具、替地之所へ取越へき事

一、竹木一切不可剪採事

一、先納返し置へき事

一、種借し之事、蔵より取出し無疑借シつくるにおゐてハ、返弁すへき事

一、借物ハたかひの一札次第たるへき事

一、未進分、棄破すへき事

一、未進方に取つかふ男女之事、未進同前に棄破すへき事

一、家僕之儀、主従相対次第之事

一、其年之切米取きり候者、約束のことく奉公勤へし、但、切米返済せしめは、其もの覚悟に任へき事

右可相守此旨者也、

元和五年七月廿一日

是日 嶋津兵庫頭義弘、参議、卒ス、八十五歳、時ニ薩摩守家久、後大隅守ニ改ム、京師ニ在リ、暇ヲ賜テ薩州ニ帰国ス、

同二十二日 福嶋正則配所ノ領地ヲ転セラル、ニ依テ、重而奉書ヲ賜ル、

急度申入候、先度被仰出越後国魚沼郡之内知行二万五千石、於信州河〔川〕中嶋(更科郡)二万石以上四万五千石被下之候、就其井上新左衛門・市川茂(満友)左衛門被差遣之候条、至彼国早々家来被差越可被請取之候、謹言

七月廿七日　土井大炊頭〔助〕利勝
板倉伊賀守勝重
本多上野介正純
酒井雅楽頭忠世

福嶋左衛門大夫殿

＊秀忠鎮圧を命ず

同二十八日　台命ヲ奉テ安倍〔阿、以下同ジ〕四郎五郎正之・大久保四郎左衛門忠成、(後玄蕃頭ニ任ス、)肥後・日向両国ノ境椎〔日向国臼杵郡〕葉山(一名那須山、)ニ赴カント欲ス、此山嶮難ニシテ往還安カラス、其道相良左兵衛長毎カ所領珠麻郡(肥後国ノ内ニ在リ、)ヨリ通路アリ、是ヨリ先キ豊臣秀吉朱印ヲ彼山中那須久太郎・同紀之助・同左近ニ賜ル、三人ノ輩毎年使ヲ以テ俊鷹献ス、其後、大神(家康)君天下一統ノ時、又御朱印ヲ賜テ山中無事ナリ、爰ニ於テ

＊椎葉山の豪族那須弾正蜂起

那須弾正ト云フ者アリ、山中ニ蜂起シテ其党ヲ促シ久(那須)太郎ヲ殺ス、是ニ依テ山中大ニ乱ル、相良左兵衛長毎此事ヲ屡伏見ニ註進ス、執事・奉行人等是ヲ台聴ニ達ス、時ニ老臣等ヲ召シテ彼山中徒党ノ者ノ誅戮ノ事ヲ御評議アリ、安倍四郎五郎正之先年肥後国ノ検使ニ赴キ、彼所ノ事ヲ相知ルニ依テ、正之ヲ召シテ是ヲ問ヒ給フ、正之九箇条ノ謀略ヲ記シテ是ヲ献、公(秀忠)是ヲ台覧有テ土井大炊頭利勝ニ命有テ曰ク、頃日ノ評議可ナラス、正之彼所ノ地利ヲ知テ言フ所ヲ御許容アルヘキノ御旨ナリ、是ニ依テ安倍四郎五郎正之・大久保四郎左衛門忠成ヲ両使ニ定メラレ命有テ曰ク、両使彼地ニ至テ相良長毎カ兵ヲ用ユヘシ、若シ多勢ヲ促ス事アラハ、有馬左衛門佐直純又肥後・薩摩ニ告ヘシ、其

余豊後・日向ノ兵士皆汝等カ意ニ任セ指揮スヘキノ旨台命ヲ蒙ル、

東武実録　巻第六

元和五己未年

八月朔日自八月至十二月　椎葉山(日向国臼杵郡)ノ両使安倍(阿、以下同ジ)四郎五郎正之・大久保四郎左衛門忠成、今日伏見(山城国紀伊郡)ヲ発シテ九州ニ赴ク、

那須弾正等未麻に赴く*

同四日　水野日向守勝成和州郡山(添下郡)ノ城采地六万石ヲ転シテ、備後国福山(深津郡)食邑十万石賜ル、公役ヲシテ新タニ城ヲ築テ是ニ居ラシム、

水野勝成備後福山転封

同七日　椎葉山ノ両使正之(阿倍)・忠成(大久保)豊州ニ至ル、

同十四日　椎葉山ノ両使相良左兵衛佐長毎カ居城(人吉城)未麻(珠、以下同ジ)(肥後国球磨郡)ニ着ク、豊州ヨリ先立テ書ヲ椎葉山ニ遣シテ云ク、両使鈞(欽)命ヲ奉テ、山中ノ訴論及ヒ鷹ノ巣・田畠等ノ事ヲ沙汰スヘキノ由ニテ其地ニ赴ク、然ル所ニ山中嶮難ニシテ人馬ノ通路自由ナラス故ニ、其地ニ至テ沙汰セン事アタハス、山中十五歳ヨリ以上六十歳以下ノ者速ニ未麻ニ来ルヘキノ旨ヲ云ヒ遣ハス、山中ノ悪徒等其謀略ヲ察シテ是ニ応セス、難所ヲ要害ニ構テ是ヲ守ル、両使再ヒ書ヲ椎葉山ニ遣シテ云ク、台命ニ従カハサルノ者ノハ、兵ヲ山中ニ発シテ悉ク誅伐スヘシト云フ、是ニ於テ一揆ノ本人那須弾正其党三十余人、山中ヲ出テ未麻ニ赴ク、

幕府上使肥後国珠麻に到着

同十五日　亀井豊前守正矩伏見ニ於テ卒ス、三十歳、

同十八日　山中ノ悪徒等未麻ニ到ル、人在テ先立テ是ヲ両使ニ告ル、両使窃ニ人数ヲ遣ハシテ彼レ等カ帰道ヲ差シ塞キ、悪徒等ヲ謀テ招キ集メ、其刀剣ヲ脱カシメ是ヲ搦捕リ、朱印ヲ賜ル者ト一揆ノ徒党ヲ分テ二隊トシテ、其夜窃ニ一揆ノ悪徒等十九人ヲ斬罪ス、

同二十三日　夜半ニ及テ大久保忠成・安倍正之未麻ヲ発シテ椎葉山ニ赴ク、山中ニ入ル道三筋アリ、是ニ依テ兵士ヲ三隊ニ分テ是ニ赴ク、其道嶮峻ニシテ山高ク道細シ、或ハ蔦葛ニ取ツキ或ハ刀ヲ肩

一揆鎮圧

テ攀上ル、若シ路ヲ誤ル者ノハ忽チ深谷ニ陥ル、漸ク四日ヲ経テ椎葉山ニ至リ、山中二十六村ノ男女一千余人ヲアツメ其名ヲ記テ是ヲ搦捕リ、其邪正ヲ分テ悪徒ノ者百四十余人是ヲ誅戮ス、女子自殺ノ者ノ殆二十人、爰ニ於テ朱印ヲ賜ル族大ニ悦テ山中悉ク安堵ス、

同二十九日　嶋津兵庫頭義弘去月二十一日卒スルニ依テ、薩摩国エ上使トシテ花房五郎左衛門職利ヲ遣ハサル、時ニ御書ヲ薩摩守家久(嶋津)ニ下サレ、白銀千枚ヲ香奠ニ賜ル、

香典銀子千枚

意真(惟新)(嶋津義弘)死去之旨無是非仕合、心底之程令察候、仍香奠銀子千枚遣之候、花房五郎左衛門(職利)委細可述候、謹言、

八月廿九日

松平薩摩守(嶋津家久)殿

花房(職利)是ヲ持シテ薩州ニ赴ク、十月六日薩州ノ地ニ着クト云ヘ共、洪水ニ依テ滞留シ、同十日鹿児島(薩摩国鹿児島郡)ニ到ル、

九月二日　椎葉山ノ両使山中ヲ出テ、日向国細島(臼杵郡)ニ至リ是日舟ヲ発シテ伏見ニ赴ク、

春日社祭礼の勤役*

同十七日　春日ノ祭礼社役ノ事ニ依テ、中坊左近(秀政)及春日役者中エ奉書ヲ賜ル、

春日祭礼御旅所仮屋之材木、并雉鳥千二百・狸二百二十・兎二百三十、如先規毎年為大和一国中相勤候様ニ堅可被申付候、恐々謹言、

元和五年九月十七日

安藤対馬守(重信)
土井大炊頭(利勝)(助)
板倉伊賀守(勝重)
本多上野介(正純)
酒井雅楽頭(忠世)

中坊左近殿

春日役者中

同二十一日　岡道琢始テ公ニ謁ス、

是月　土岐頼行、後山城守ニ任ス、摂州高槻（島上郡）ノ城采地二万石ヲ改メ減シテ、下総国相馬郡食邑一万石賜ル、此所ハ祖父藤蔵定政カ旧領タルニ依テ也、是春父山城守定義卒ス、頼行幼年タルニ依テ領地ヲ減セラル、トモ云ヘ共、頼行成長ノ後終ニ采地ヲ加賜セラル、

竹千代権大納言任官の礼*

松平家信摂津高槻城拝領

是月　松平紀伊守家信三州形ノ原（宝飯郡）ヲ転シテ、摂州高槻ノ城食邑二万石賜ル、

是月　高力摂津守忠房武州岩付（槻）（埼玉郡）ノ城采地二万石ヲ改メ、遠州浜松（敷知郡）ノ城食邑三万石賜ル、外ニ寛永十一年五千石加賜、

是月　朱印ヲ金地院（崇伝）ニ賜ル、

定

一、任元和元年七月之先判之旨、鹿苑蔭涼之諸法度、出世之官資、入院之規式等守旧規如先判可被沙汰状如件、

元和五年己未九月日

金地院

十月十五日　竹千代（家光）君御任官ノ事、忠長（徳川）・頼房（徳川）官位勅許ニ依テ、御礼トシテ大沢少将基宿、兵部大輔、御使トシテ京師ニ赴ク、時ニ禁裏エ御太刀一腰・白銀五百枚、国母（中和門院、近衛前子）ノ御方エ白銀二百枚ヲ献セラル

竹千代事被任権大納言之段、叡慮忝仕合、其外両人任官同前之儀ニ候、仍為御礼太刀一腰・銀子五百枚令進上候、宜様可有奏達、猶大沢少将（基宿）可為演説候、恐々謹言、

十月十五日　御諱（秀忠）

広橋（兼勝）殿

三条（三条西実条）殿

このたひ竹千代その外両人（徳川忠長・頼房）官ゐ（位）の事、仰出され

候、まことにかたしけ（忝）なき事にて候、国母様へもよきやうに申され候へく候、祝儀としてしろ（白）かね（銀）二百まい（枚）しん（進）上候、此よし（由）心得候てひろう（披露）あるへく候、かしく、

ひて（秀）忠

勾当内侍とのへ

松平重勝駿府城代となる

渡辺茂駿府城在番

*秀忠関東所々に放鷹

是月　松平大隅守重勝、下総国関宿（葛飾郡）ノ城食邑二万石ヲ転シテ、遠州横須賀（城東郡）ノ城ヲ賜リ、領地員数元ノ如ク、駿河国府（安倍郡）ノ城ノ城代トナル、渡辺山城守茂、大御番頭、組ノ士ヲ引テ駿府ノ城番トナル、其子監物忠、山城守カ養子、実八戸田与五右衛門カ男、別ニ采地千石ヲ賜テ山城守（渡辺茂）ニ差シ副ヘラレ、父ト同ク駿府ノ城ヲ守ル、

是月　小笠原左衛門佐政信、総州古河（葛飾郡）ノ城采地二万石ヲ転シテ、同国関宿ノ城食邑二万七百石余ヲ賜ル、

是月　奥平九八郎（忠昌）、後美作守ニ任ス、下野国宇都宮（河内郡）ノ城采地十万石ヲ転シテ、下総国古河ノ城食邑十一万石賜ル、

是月　酒井雅楽頭忠世、上州里見（碓氷郡）ニ於テ采地一万石加賜セラル、

是月　酒井備後守忠利、武州ノ内ニ於テ食邑一万石加賜セラレ、統テ三万七千石ヲ領ス、

十一月五日　長田平右衛門白久、金平白茂カ男、公（秀忠）ニ奉仕ス、

同十一日　松平市太夫忠次卒ス、四十歳、

同十三日　大村民部少輔純頼卒ス、二十八歳、其子純信後因幡守ニ任ス、ニ父純頼カ家督ヲ賜ル、

是月　公東国所々ニ御放鷹アリ、下総国市川（葛飾郡）ニ於テ鉄炮ヲ放チ給テ雁ニ中ル、時ニ浅原又三郎是ヲ捕ラント水ニ入テ忽チニ凍死ス、公是ヲ憐ミ給フ、家光公ヨリ御使トシテ土井左兵衛正次、後三浦志摩守ト号ス、東金（上総国山辺郡）ニ赴ク、台命ニ依テ内藤左馬助政長東金ニ供奉ス、時ニ政長ヲ御旅館ニ召シテ采地五千石加賜

セラレ、御脇指則重ヲ政長ニ賜ル、

十二月十二日　石川四郎兵衛重久卒ス、二十八歳、

同二十六日　仰出サル、御条目、

*人身売買等条目

*長年季禁止

条々

一、人をかとは〔か脱カ〕し売候もの死罪事

一、人を買取それより先へ売候もの百日の籠舎、其上過銭其分限を越て可掛申、若不出者は死罪事

一、人売買御制禁之上者、雖為或者譜代或者家子、売候あたい程売人・買人従双方可出之、即売られ候ものハ取はなし可任其身之覚悟事

一、かとはされ〔か脱カ〕売られ候ものハ其本主へ返すへし、若主人なき者ハ是も其身存分次第事

*欠落の者

一、人商売之儀、久敷仕候ものハ可行死罪、但一夜之宿は紀明之上、依其罪可為曲事、

*陣上洛の普請

一、人之売買口入之儀、かとはかし売候時の口入可為死罪、若又譜代・家之子以下之口入者、其品をわかち籠舎又者可為過怠事

一、長年季之事、御停止之上自然濫之輩有之者、其者之分限により過料たるへし、

一、暇を乞捨にして欠落之者は、当主人へ相届可召返、但御陣・御上洛・御普請役之時者、令堪忍罷帰候上可召返、併致曲事令欠落者は各別之条、其趣を主人へ相断、若於無承引者奉行所迄可申届、又者在々所々に引籠有之ものハ、其所之地頭代官へ相届可召返事

一、請人之事其品により走者を主人之方へ可相渡事、但下請之證文於有之者、下請にかゝり可申事

一、欠落之者請人ハ、右申定之切米一倍請人之方より可出之、但不出之にをゐてハ可為籠舎、其上者主人次第事

一、御陣・御上洛・御普請役之砌、於令欠落ニ者

別而曲事也、然上請人より尋出し主人之方へ可相渡、若於不叶者請人より為過料右約束之切米二倍主人之方へ可出之、於不出者籠舎其上主人次第事

一、欠落之もの侘所にて取替を出すにおゐてハ、其仁之損たるへし、但請人有之者請人之方より取替程つゝ前後之主人へ可出之事

一、公儀之相背御法度、欠落仕有重過者之請人者、本人を尋出し主人へ可相渡、於不叶者可為死罪事

元和五年未極月廿六日

右之趣於江戸如斯被仰出者也、

＊夜毎白気また彗星あり

同晦日　鍋島元茂、信濃守勝元カ長子、従五位下ニ叙シ、紀伊守ニ任ス、

是月　細川越中守忠興、参議従三位、剃髪シテ三斎ト号ス、

是月　遠山久兵衛友政卒ス、六十四歳、

＊細川忠興剃髪

＊徳川頼宣国替を望む

是冬　坂部三十郎広勝、与力ノ月俸トシテ上総国大多喜ニ於テ采地二千石賜ル、

是冬　亀井豊前守政矩カ男大力、後能登守ニ任シ茲政ト号ス、父政矩カ家督ヲ賜ル、時ニ大力三歳、

是年　夏ヨリ冬ニ至テ東南ノ雲間ニ夜毎ニ白気アリ、牛角ノ如ニシテ数十丈、又彗星火炎ノ如ク東北ニ有リ、

是年　真田信政、伊豆守信幸カ男、(之)従五位下ニ叙シ、内記ニ任ス、

是年　中納言頼宣卿(徳川)後大納言ニ任ス、ノ家臣安藤帯刀直次・水野対馬守重仲等願ヒ訴エテ云ク、頼宣卿ノ領国ヲ他州ニ改メ転セラルヘキ事ヲ請フ、執事等此旨ヲ公(秀忠)ノ台聴ニ達ス、命有テ云ク、頼宣今領スル所ノ駿遠二州ハ是大神君(家康)ノ御賢慮有テ頼宣ニ賜リ置所也、何ンソ我レ今マ是ヲ改メン、直次(安藤)・重仲(水野)等重テ誓詞ヲ呈シテ訴テ云ク、頼宣頻リニ是ヲ願フ、全ク私ノ旨ニアラサルノ由ヲ言ス、此年福

島左衛門大夫正則安芸・備後両国ヲ除カル、是ニ依テ紀伊国采地三十七万石ヲ転シテ、安芸国及ヒ備後半国四十万六千石余ヲ浅野但馬守長晟ニ賜リ、広嶋ノ城ニ居ラシム、爰ニ於テ、頼宣卿請フニ任セ駿河・遠江二州ヲ転シテ紀伊国及ヒ勢州ノ地ヲ副エ頼宣ニ賜ル、食邑五十五万五千石其数ニ足ル、

浅野長晟広島城拝領

是年　青山伯耆守忠俊、武州岩付（槻）（埼玉郡）ノ城食邑四万五千石賜ル、

是年　本多上野介正純ニ下野国宇都宮（河内郡）ノ城・佐野・江州ノ地統テ食邑十五万石賜ル、

本多正純宇都宮城拝領

是年　本多出羽守正胤ニ采地一万石賜ル、

是年　井伊掃部頭直孝ニ江州ノ地五万石加賜セラル、

是年　松平下総守忠明、摂州大坂（東成郡）ノ城采地十万石ヲ改メ、和州郡山（添下郡）ノ城食邑十二万石賜ル、是ニ依テ内藤紀伊守信正大坂ノ城代トナル、（是ヨリ先キ伏見ノ城代、）爰ニ於テ伏見ノ城番止テ大坂ノ在番始ル、松平豊前守勝政・松平石見守康安、（二人共ニ大御番頭、）組ノ士ヲ引テ、此年ヨリ大坂ノ城ニ在番ス、（是年ヨリ後大御番頭二人宛毎年此城ニ勤番ス、）

内藤信正大坂城代となる

大坂在番始まる

是年　松平越中守定綱、下総国下津間（妻）（常陸）（真壁郡）ノ庄ヲ改メ、遠州懸川（佐野郡）ノ城、佐夜（野）郡原ノ庄・曽我ノ庄食邑三万石賜ル、（領地員数元ノ如ク、）

是年　小出大和守吉英、泉州岸（南郡）ノ和田ノ城采地五万石ヲ改メ、但馬国出石（出石郡）ノ城ヲ賜ル、（領地員数元ノ如ク、）

是年　松平周防守康重、丹州篠山（多紀郡）ノ城采地五万石ヲ転シテ、泉州岸ノ和田ノ城ヲ賜ル、（領地員数元ノ如シ、後検地ノ高一万石ヲ加ヘテ六万石ヲ領ス、）

是年　松平安房守信吉、（伊豆守信一カ養子、実ハ松平与次郎忠吉カ男、）上州高崎（群馬郡）ノ城采地五万石ヲ改メ、丹波国篠山ノ城ヲ賜ル、（領地員数元ノ如ク、）

是年　安藤対馬守重信、下総国小見川（香取郡）食邑三万五千石ヲ転シテ、上州高崎ノ城采地五万三千石ヲ賜ル、

是年　古田大膳大夫重治、勢州松坂（飯高郡）ノ城采地五万

五千石ヲ転シテ、石見国浜田(那賀郡)ノ城ヲ賜ル、(領地員数元ノ如ク、内五千石ハ丹波国ノ中ニ於テ賜ル、)

是年 丹羽五郎左衛門長重ニ食邑一万石加賜セラル、(慶長五年、長重石田三成ニ志ヲ通ス、是ニ依テ浪遊ノ身ト成リ、翌年江戸ニ来テ芝ノ辺ニ閉居シ、赦免ノ事ヲ愁訴ス、公先年ノ旧約ヲ忘レサセ給ハス、一旦敵対ノ罪ヲ宥メラレ、召シテ麾下ニ属シ常陸国古渡(河内郡)ニ於テ食禄一万石ヲ賜リ、今又一万石ヲ加賜セラル、并テ二万石ヲ領ス、)

是年 小出信濃守吉親、(後対馬守ニ転任ス、)但馬国出石ノ城采地三万石ヲ改メ、丹波国園辺(船井郡)ノ城食邑三万石ヲ賜ル、

是年 青山大蔵少輔幸成、常陸国ニ於テ采地一万石加賜セラレ、御書院番・御花畠・小十人組統テ三組ノ頭ヲ兼役シテ、評定ノ席ニ列ス、

是年 永井信濃守尚政、上総国ニ於テ食邑一万石加賜セラル、

是年 駒木根長次郎政次、食禄七百石加賜セラル、

是年 杉浦忠左衛門親俊ニ采地ヲ加賜セラレ、旧領統テ五百石ヲ領ス、(天正十八年ヨリ御納戸ノ役ヲ勤ム、)

*板倉重宗京都所司代となる

是年 板倉伊賀守勝重老衰ニ依テ、其子周防守重宗ヲ父勝重ニ相副エラレ、京都ノ所司代ヲ勤ム、

*植村康勝大番頭となる

是年 植村帯刀泰勝、大御番頭トナル、(元和九年公ノ命ニ依テ将軍(家光)家ニ奉仕ス、)

是年 服部権大夫台命ヲ奉テ、今切(遠江国浜名郡)ノ関所ヲ守テ在番ス、

青山幸成書院番等の頭となり評定の席に列す

*鳥居成次徳川忠長に属す

是年 村瀬左馬助重治、(始磯貝小三郎ト号ス、後村瀬ニ改メ左馬助ニ任ス、)公ノ台命ニ依テ頼房ニ属ス、其子小三郎ニ父左馬助カ領地二千石ヲ賜テ家光公ニ奉仕ス、

是年 公ノ命ニ依テ鳥居土佐守成次、忠長(徳川)主ニ属ス、

是年 小野麻右衛門・佐橋甚兵衛大御番ノ組頭トナル、

是年 深津弥七郎正貞、御膳奉行トナル、

*山口直之伏見奉行となる

是年 山口駿河守直之、城州伏見ノ奉行トナル、(是ヨリ先キ、門奈助左衛門宗勝・山田清大夫重次二人、此役ヲ勤ム、)

是年 土屋辰之助数直、(後ニ大和守ニ任シ又但馬守ニ改ム、)公ノ鈎〔鈞〕命ヲ

奉テ家光公ニ奉仕ス、

是年　京師知恩院ヲ造営アリ、宮城丹波守豊盛是ヲ奉行ス、（翌年豊盛京都ニ於テ卒ス、造営イマタ成ラス、是ニ依テ其孫主膳豊嗣、祖父豊盛ニ相続テ奉行ヲ勤ム、川勝信濃守・五味金右衛門是ニ副フ、）

是年　平野遠江守長泰卒ス、七十歳、其子権平長勝父長泰カ家督ヲ継ク、

是年　渡辺孫三郎勝、上使トシテ肥後国ニ赴ク、（来年九月肥後国ニ於テ卒ス、）

東武実録　巻第七之上

元和六庚申年　自正月至閏十二月

諸大名登城新正を賀す

正月朔日　御家門ノ面々、在府之諸大名・幕下ノ諸士、城ニ登テ新正ヲ祝ス、

同五日　年始ノ賀儀トシテ禁裏エ御太刀馬代、白銀百枚、蝋燭千挺ヲ献セラル、

為年始之御祝儀、御太刀一腰、御馬一疋、銀子百枚并蝋燭千挺進上之、宜預奏達候、恐々謹言、

正月五日　御諱（秀忠）

広橋殿（兼勝）
三条殿（三条西実条）

家光正三位叙位

是日　家光公（徳川）、正三位ニ除シ給フ、

是日　佐々木庄五郎、公（秀忠）ニ奉仕ス、

家光権大納言任官

同十一日　家光公、権大納言ニ任シ給フ、諸士城ニ登テ是ヲ賀ス、

是日　松平掃部忠隆従五位下ニ除シ、兵庫頭ニ任ス、忠隆ハ主殿助家忠カ四男ナリ、兄庄九郎忠一、元和元年摂州大坂ノ役ニ戦死ス、彼レカ先祖ヨリ忠一ニ至リ相継テ四代君ノ為ニ忠死ス、公是ヲ憐ミ給テ後嗣ヲ問ハセ給フト云ヘ共、忠一嗣子ナキニ依テ、弟忠隆ヲ召シテ忠一カ後嗣トシテ御側ニ奉仕シ、昼夜ノ勤仕怠ル事ナシ、忠隆ハ是隼人正忠冬カ父也、

同十四日　西尾丹後守忠永、西尾隠岐守吉次カ養子、実ハ酒井河内守重忠カ三男、卒ス、三十七歳、

同二十六日　織田常真（信雄）先年拝領ノ黄鷹捉ル所ノ鶴一羽ヲ献ス、是ニ依テ御内書ヲ賜ル、

同二十八日　日向伝右衛門政次、半兵衛政成カ男、始テ公ニ謁ス、

二月七日　本多縫殿助康俊卒ス、

*秀忠内書を以て女院御所を見舞う

同二十二日　女院（新上東門院）ノ御所御腫物気ニ依テ、御内書ヲ両伝奏エ遣ハサル、

女院御方御腫物心之由、千万無心許御事候、様子具為可承之申達候、謹言、

二月廿二日　御諱(秀忠)

広橋殿

三条殿

蜂須賀至鎮卒す

*久能山東照社神領寄進

京都火事

同二十六日　松平阿波守至鎮(蜂須賀)卒ス、三十五歳、

同晦日　松平宮内少輔忠雄(池田)、石壁御普請ノ為角石平石栗石等目録ヲ以テ献上ス、是ニ依テ奉書ヲ忠雄ニ賜ル、

是日　京師焼亡、

是月　西尾丹後守忠永カ遺領常州土浦(新治郡)ノ城采地二万石、其子右京亮忠照後丹後守ニ任ス、ニ賜ル、

三月四日　洛陽焼亡、

同五日　去月二十六日松平阿波守至鎮(蜂須賀)卒去ニ依テ、公(秀忠)御哀傷ノ御書ヲ父蓬庵(蜂須賀家政)ニ賜リ、香奠トシテ白銀五百枚ヲ下サル、

阿波守(蜂須賀至鎮)不慮之仕合絶言語候、心底之程察覚候、

仍為香奠銀子五百枚遣之候、可述口上ニ候也、

三月五日

蓬庵

同十二日　渡辺半兵衛真綱卒ス、八十歳、

同十五日　駿州久能山(有渡郡)東照大権現ノ社ニ神領ヲ寄附セラル、

東照大権現駿河国久能社領之事

都合三千石

此内

千石　神供領

弐百石　社僧領

千八百石　神主領

以上、

右件之在所者、当国有渡郡之内所々十六ケ村目録在別紙事、奉寄進之訖、永代令停止検断使者

也、（但犯過人出来者非制之限、）者榊原大内記照久全令神納事、

社役等可勤仕之状如件、

元和六年三月十五日

是日　東叡山無量寿寺喜多院（武蔵国入間郡）ニ寺領ノ御朱印ヲ賜ル、

喜多院に寺領寄進

武蔵国東叡山無量寿寺喜多院領、入東郡仙波郷五百石之事可有全寺納、並寺中門前屋敷境内山林竹木等令免許之訖、永代可為検断使不入之地、若於背制法輩出来者各別也、者守此旨仏法興隆不可有怠慢之状如件、

元和六年三月十五日

同十七日　市橋下総守長勝卒ス、六十四歳、其子長政越後国三条（蒲原郡）ノ城ヲ改メ、江州・河州両国ニ於テ、采地二万石ヲ賜ル、

摂州大坂（東成郡）ノ城修築成ルニ依テ、其功ヲ褒セラレ各奉書ヲ賜ル、参議ノ輩侍従以下ノ面々、修築ノ速カナルト遅滞アルト奉書ノ文章ヲ三段ニ分ケ賜ル、

*幕府大坂城普請助役の諸大名に奉書を賜る

参議ノ輩ニ賜ルノ奉書、

今度大坂普請之儀、入精候故早速令出来候段悦覚候、下々苦労之程察入候、猶面之刻可申聞候、謹言、

侍従及ヒ諸大夫ノ面々修築速ニ成ル輩ニ賜ルノ奉書、

今度大坂普請之儀、入精候故早々令出来候段悦覚候、下々苦労之程察思召候也、

修築其功遅ク成ル輩ニ賜ルノ奉書、

今度大坂普請之儀、入精令出来候段悦思召候也、

同十八日　今村伝四郎（正長）・石丸六兵衛（定政）監使トシテ、

羽州最上(村山郡)ニ赴ク、翌年四月江戸ニ帰ル、

是日　石川八大夫春吉、始テ公ニ謁ス、

是月　本多下総守俊次ニ父康俊カ遺領江州膳所(滋賀郡)ノ城食邑三万石賜ル、

四月朔日　藤堂和泉守高虎カ所労快気ニ依テ、弥以保養仕ルヘキノ旨奉書ヲ賜ル、

同二十二日　仰出サル、奥方土戸ノ懸札、

此土戸より内へ奥方御番衆・御侍衆・御たい所衆・御小人・御下男此外無御用者一切不可参者也、

元和六年四月廿二日

同二十四日　酒井讃岐守忠勝、公(秀忠)ノ命ヲ奉テ大納言家(家光)ニ奉仕ス、

同二十九日　高台院、太閤秀吉政所、袷単物目録ヲ以テ献上ス、是ニ依テ御内書ヲ賜ル、

是月　松平忠英本氏蜂須賀後阿波守ニ任ス、ニ父阿波守至鎮カ遺領阿波・淡路二州、食邑二十五万六千九百石賜ル、

是月　公ノ台命ヲ奉テ水野備後守分長頼房(徳川)ニ属ス、采地一万五千石ヲ賜ル、其子元綱後備後守ニ任ス、ニ父分長カ本領三州新城(設楽郡)食邑一万石ヲ賜テ麾下ニ奉仕ス、

五月五日　公(秀忠)西ノ丸エ来臨、御茶湯アリ、御鎖ノ間ニ出御在テ、御薄茶召シ上ケラル、ノ時、了雲御台子ノ茶道ヲ勤ム、公是ヲ褒シ給ヒテ御単物・御帷子・黄金ヲ了雲ニ賜ル、

同八日　公ノ姫君(徳川和子)、女御入内トシテ江戸御首途、酒井雅楽頭忠世・土井大炊頭利勝供奉ス、時ニ公ヨリ黄金五十枚宛忠世・利勝ニ賜ル、板倉周防守重宗是ニ副フ、外科伯安(会谷宗祐)、阿部摂津守信盛、御歩行頭、其余供奉ノ輩多シ、阿茶ノ局、後一位、及ヒ侍女数多是ニ従フ、此日大納言家ヨリ御使トシテ土井左兵衛正次神奈川ノ御旅館ニ到ル、姫君ノ御方ヨリ暑衣ヲ正次ニ賜ル、

*秀忠西の丸渡御
幕府奥方土戸の懸札を発布

*秀忠の女和子入内により江戸首途

酒井忠勝家光に奉仕

是月 遠山刑部少輔秀友父久兵衛友政カ遺領、濃州(恵那郡)苗木采地一万五百石余ヲ賜ル、

六月五日 戸田七内光定卒ス、八十四歳、

同十五日 高木喜左衛門政信卒ス、二十八歳、

同十八日 公ノ姫君(徳川和子)女御入内、酒井雅楽頭忠世・土井大炊頭利勝、禁裏エ献物ヲ捧ク、伝奏広橋大納言兼勝・三条(三条西)大納言実条ヲ勅使トシテ忠世・利勝ニ御太刀ヲ賜ル、女御ヨリ又賜モノアリ、

幕府和子入内により禁裏へ献物を捧ぐ

七月六日 松平伊予守忠昌生見霊ノ嘉儀トシテ、黄金十両ヲ献スルニ依テ御内書ヲ賜ル、

同七日 加藤式部少輔明成素麺十曲物ヲ献ス、是ニ依テ奉書ヲ明成ニ賜ル、

八月朔日 松平伊豆守信吉卒ス、嫡子山城守忠国家督ヲ継ク、

同六日 浅野但馬守長晟カ居城、芸州(佐伯郡)広島ノ城、去ル五月ノ洪水ニ櫓・石垣崩レ、外郭ノ塀悉ク破レ損スルニ依テ右ノ趣註進ス、以前ノ如ク修覆致スヘキノ由仰出サル、

安芸広島城洪水により破損

去五月之洪水ニ居城二之丸角櫓・石垣共崩、二・三之丸惣構之塀破損所多候之由、板倉伊賀(勝重)守方迄被申越候趣達高聞候処、如前々可被申付候旨上意候間、可被得其意候也、

八月六日

安対(安藤重信)
土大(土井利勝)
本上(本多正純)
酒雅(酒井忠世)

浅野但馬守(長晟)殿

同九日 佐々木中務大輔高定、左京大夫義賢男、卒ス、七十四歳、

同二十一日 頼房(徳川)左近衛権中将ニ任シ、同日参議ニ任ス、中将旧ノ如ク正四位下ニ除ス、

*徳川頼房正四位下中将参議叙任

同二十二日 忠長(徳川)主、公ノ御二男、従三位ニ除シ、同日参

*徳川忠長従三位参議叙任

議ニ任ス、（元無官、）

同二十八日　蜂須賀蓬庵（家政）・松平千松（正鎮）（後阿波守ニ任ス、）ニ連札ノ奉書ヲ賜リ、漸ク寒天ニ向其上千松久々ニテ帰国タルノ間、領国ニ於テ越年仕、来年ニ至テ参勤ノ節ヲ窺ヒ、参府致スヘキノ由ヲ仰出サル、

水野忠元卒す*

是月　立花左近将監宗茂、（後飛騨守ニ改ム、）奥州南郷（白河郡）采地二万五千石ヲ改メ、筑後国柳川（山門郡）ノ城食邑十万千六百石余ヲ賜ル、

公ノ姫君（徳川和子）御入内ニ依テ、一万石以上ノ諸大名樽肴ヲ献ス、領地ノ多少ニ依テ差アリ、

畿内西国洪水

増上寺普光観智国師寂す*

是月　畿内西国洪水、

九月四日　松前志摩守公広、大鷹一連ヲ献スルニ依テ、奉書ヲ賜ル、

同十五日　宮原右京亮義知、（勘五郎義久カ男、母武田勝頼女、大神君（家康）ノ命ニ依テ義久ニ嫁ス、）始テ公ニ謁ス、

同十九日　対馬侍従義成、（宗対馬守、）縁組ノ儀仰出サル、御礼トシテ、小袖五・虎皮二枚ヲ献ス、

同二十日　水野日向守勝成、畳ノ表五百畳ヲ献スルニ依テ奉書ヲ賜ル、

是日　秋田侍従義隆、（佐竹修理大夫、）大鷹一連ヲ献ス、

是月　京極修理亮高三ニ丹後国田辺（加佐郡）ノ城、食邑三万五千石賜ル、

十月六日　水野監物忠元卒ス、

同十日　岩城但馬守貞隆卒ス、三十八歳、（岩城左京大夫常隆養子、実ハ佐竹修理大夫義重二男、）貞隆嗣子ナキニ依テ、弟忠次郎宣隆ヲシテ家督ヲ継カシム、（宣隆ハ佐竹修理大夫義重四男也、）

同十二日　浅野但馬守長晟、三原酒三樽ヲ献ス、

十一月二日　増上寺（武蔵国豊島郡）ノ住持普光観智国師、（源誉（存応）上人、）寂ス、行年七十五歳、（在住三十七年、）

同十二日　加藤肥後守忠広、葡萄酒二壺ヲ献ス、是ニ依テ奉書ヲ忠広ニ賜ル、

同二十二日　小島忠兵衛賢広、始テ公（秀忠）ニ謁ス、

同二十七日　花房五郎左衛門職利卒ス、四十一歳、

是日　大久保五郎八郎元政卒ス、三十一歳、

伊達政宗領国の鮭等を献ず

十二月五日　仙台宰相正宗〔政〕、（伊達）松平陸奥守、領国ノ鮒并雉・生鱈ヲ献スルニ依テ、御内書ヲ賜ル、

同八日　水野日向守勝成カ居城、備後国福山（深津郡）ノ城修築成ル、是公役ヲ以テ築シメ給フ、是ニ依テ御礼トシテ白銀百枚・呉服十、使者ヲ以テ是ヲ献スルニ依テ、奉書ヲ賜ル、

同十二日　渡辺孫左衛門久勝卒ス、四十八歳、

松平重勝卒す

同十四日　松平大隅守重勝、駿府（駿河国安倍郡）ノ城ニ於テ卒ス、七十二歳、其子丹後守重忠父重勝カ家督ヲ継ク、

同二十六日　内藤仁左衛門政次、仁兵衛忠政カ四男、始テ公ニ謁ス、

同二十八日　西郷孫六郎正員、西郷弾正左衛門家員カ三男也、家員カ嫡子孫九郎忠員早世スルノ間、二男出羽守康員其家督ヲ継クト云ヘ共、康員又卒去スルノ故、三男孫六郎正員其家督ヲ継ク、従五位下ニ除シ、若狭守ニ任ス、是年房州長狭郡ニ於テ食禄ヲ加賜セラル、

是日　高台院（豊臣秀吉室）ノ御方ヨリ歳暮ノ賀儀トシテ、呉服三重ヲ献上ニ依テ、御内書ヲ賜ル、

閏十二月八日　松平忠直、左馬允忠頼カ三男、従五位下ニ除シ、淡路守ニ任ス、

*秀忠東国所々に放鷹

是月　公（秀忠）東国ノ地所々ニ御放鷹アル事例年ノ如シ、

是年　松平知乗、和泉守家乗カ三男、従五位下ニ除シ、内匠頭ニ任ス、

是年　本多重也、豊後守康重カ三男、従五位下ニ除シ、丹後守ニ任ス、

是年　松平隠岐守定勝、勢州長島（桑名郡）ノ城采地七千石加賜セラル、桑名ノ外、

是年　有馬玄蕃頭豊氏、丹波国福知山（天田郡）ノ城采地八万石内二万石ハ摂州有馬郡、ヲ転シテ、筑後国久留米（御井郡）ノ城食邑二十一万石賜ル、

是年　稲垣平右衛門重綱、後摂津守ニ任ス、越後国三条（蒲原郡）ノ城采地三千石加賜セラル、旧領統テ二万三千石ヲ領ス、

是年　分部左京亮光信、江州高島郡大溝ニ於テ食邑二万石余賜ル、

是年　三宅越後守康信、勢州亀山（鈴鹿郡）ノ城采地一万二千石賜ル、（加賜二千石、）

是年　松平出雲守勝隆ニ采地三千石加賜セラル、

松前公広松前の金山拝領

是年　松前志摩守公広ニ松前ノ地金山ヲ賜ル、土井大炊頭利勝鈞（鈫）命ヲ伝ル、

是年　本多備前守紀定、（豊前守康重二男、）大御番頭トナル、

是年　細井金兵衛勝久、（御鉄炮足軽頭、）卒ス、七十七歳、其子勝吉、（後金兵衛ト号ス、）父勝久カ跡役ヲ勤ム、

是年　江戸ノ城大手ノ御門石垣十三町余、及ヒ枡形一箇所、松平陸奥守（伊達）正宗（政、以下同ジ）（伊達）是ヲ築ク、時ニ正宗在国ス、其子美作守忠宗父正宗ニ代テ是ヲ勤ムル事怠ラサルノ由上聞ニ達シ、其労ヲ褒セラレ召シテ忠宗登営ス、御腰物（大倶利伽羅慶光）ヲ賜ル、

江戸城三の丸虎口の石垣普請

是年　江戸ノ城三ノ丸ノ虎口石壁ヲ築ク、安倍（阿）四郎五郎正之是ヲ奉行ス、（今年ヨリ来年ニ至テ成就ス、）伊豆・相模・駿河三箇国ニ人夫ヲ遣ハシ、石ヲ江戸ニ運フ、

是年　江戸北ノ丸造作アリ、松平大膳大夫忠重是ヲ奉行ス、

是年　大坂ノ城石壁諸大名ニ命シテ是ヲ築カシム、

是年　小出与平次有宗、（後大隅守ニ任ス、）始テ両君ニ謁ス、

是年　参議頼房（徳川）常州水戸ニ於テ、疱疾ヲ患ル、片山宗哲公（秀忠）ノ命ニ依テ水戸ニ赴キ薬ヲ用ヒ、大験ニシテ快気アリ、是ニ依テ宗哲不日ニ江戸ニ帰ル、公其医術ヲ美賞セラル、

是年　石野六左衛門広吉、武州忍（埼玉郡）ヨリ江戸ニ来テ、公ニ奉仕ス、（広吉幼少ノ時榊原式部大輔（康政）カ家ニ在リ、其後菅沼小大膳（定利）ニ属ス、慶長六年大神君（家康）エ召シ出サレ旗下ニ属シ、武州忍ノ城番ヲ勤ム、）

小浜光隆大坂船手役となる

是年　寺沢堅高、（後兵庫頭ニ任ス、志摩守広高カ男、）始テ公ニ謁ス、

是年　小浜民部光隆、摂州大坂船手ノ役トナル、

堀田正盛家光に初目見

是年　堀田三四郎正盛、（後ニ出羽守ニ任シ亦加賀守ニ改ム、勘左衛門正利男、）始テ大納言家（徳川家光）ニ謁ス、時ニ加賜二千石、旧領并テ五千石ヲ領ス、

是年　小出尹貞、（後越中守ニ任ス、大隅守三尹二男、）始テ両君（秀忠・家光）ニ謁ス、（寛永二年御小姓組ヲ勤番シ、食禄三百俵ヲ賜リ、寛永八年御近習ニ奉仕シ、采地五百石賜ル、）

是年　井戸三十郎覚弘、始テ公ニ謁ス、寛永七年ヨリ御書院番ヲ勤ム、

東武実録　巻第七之下

元和七辛酉年（自正月至十二月）

正月十一日　奥平大膳大夫家昌カ嫡子、（時ニ十四歳、）公（秀忠）ノ御前ニ於テ元服ス、御諱ノ字ヲ賜テ忠昌ト号シ、従五位下ニ叙シ美作守ニ任ス、時ニ御腰物（左文字）ヲ忠昌ニ賜ル、

郷中山論水論*

松平忠政秀忠御前で元服

是日　松平摂津守忠政カ男、（時ニ十四歳、）公ノ御前ニ於テ元服ス、御諱ノ字ヲ賜テ忠隆ト号シ、従五位下ニ叙シ飛驒守ニ任ス、時ニ御腰物（左文字）ヲ忠隆ニ賜ル、

徳川義直邸より出火

同二十四日　黎明尾張中納言義直（徳川）卿ノ家ヨリ出火、諸大名ノ宅二十四宇類火ニ焼失ス、

同二十八日　夜中京都室町焼亡、

松平忠国福知山城城番を勤む*

二月二日　仰出サル、ノ趣、

覚

一、何方茂知行悪敷持成候地頭へハ、一往茂ニ往茂理候而、其上悪敷持成候をハ可申上候、若明知行之儀も其触口之役ニ請取、其向寄之代官可申付事

一、郷中にて百姓等山問答・水問答ニ付而、弓鉄炮にて互ニ喧嘩いたし候ものをハ、其一郷可致成敗事

一、井堤築候人足之儀者、其手寄次第何茂郷中不残やとひ候てつかせ可申事

一、御蔵入之高不足之所者、先縄打之ものに大久保石見守（長安）ものを尋差添之、水帳を以坪入いたし、不足之所をハ引取候而、有高を以可相定之事

元和七年酉二月日

同十七日　宮崎太郎左衛門安重卒ス、六十三歳、

同二十六日　松平山城守忠国、丹波国福知山（天田郡）ノ城番ヲ勤ム、（去歳有馬玄蕃頭豊氏筑後国久留米（御井郡）ノ城ヲ賜リ、福知山ノ城ヨリ是ニ移ル、今ニ至テ福知山城主ナキ故ナリ、）

＊松平忠輝生母茶阿逝す

＊安藤重信卒す

三月　福島左衛門大夫正則カ屋地及ヒ造作ノ料トシテ白銀千枚、松平宮内大輔忠雄(池田)ニ賜ル、

是春　松平陸奥守正宗(政)(伊達)、其子美作守忠宗(伊達)カ家類火ニ焼失ス、是ニ依テ白銀一万千六百枚、其子忠宗ニ白銀四千六百五十枚賜ル、

四月三日　佐久間久七郎頼直、始テ公(秀忠)ニ謁ス、寛永二年ヨリ御小姓組ヲ勤メ、食禄三百俵ヲ賜ル、

五月二日　佐野彦大夫正吉卒ス、九十三歳、

同三日　細川内記忠利、後越中守ニ改ム、休暇ヲ賜リ、領国下着ニ依テ、御礼トシテ使者ヲ以テ胴服五ヲ献ス、是ニ依テ奉書ヲ忠利ニ賜ル、

同四日　小笠原右近大夫忠政、蚊屋二釣ヲ献スルニ依テ、奉書ヲ忠政ニ賜ル、

同五日　大田原政継、後出雲守ニ任ス、出雲守増清カ男、始テ公(秀忠)ニ謁ス、

是日　川口久助宗次、孫作宗信カ男、公ニ奉仕ス、

同十五日　坂浄珍法印卒ス、三十九歳、

六月五日　生駒左近大夫正俊卒ス、三十六歳、

同十二日　松平上総介忠輝ノ母儀(家康側室茶阿)逝ス、朝覚院ト号ス、墳墓ヲ伝通院(武蔵国豊島郡)ニ建ツ、又武陵吉水ニ宗慶寺(武蔵国豊島郡)ヲ立ル、

同二十日　栗原忠兵衛清次、大坂(摂津国東成郡)ニ於テ卒ス、三十二歳、

同二十五日　美作侍従忠広、森美作守、領国下着ニ付テ使者ヲ以テ曝布二百端、干鰹一箱ヲ献ス、是ニ依テ奉書ヲ忠広ニ賜ル、

是日　松平宮内少輔忠雄帰国ニ依テ、使者ヲ以テ胴服五ヲ献ス、奉書ヲ忠雄ニ賜ル、

同二十七日　有馬玄蕃頭豊氏、儒珍十巻、杉原紙十束ヲ献上スルニ依テ、奉書ヲ豊氏ニ賜ル、

同二十九日　安藤対馬守重信卒ス、六十五歳、其子右京進重長、重信カ外孫、是ヲ養テ子トナス、実ハ本多藤四郎男、父重信カ家督ヲ継テ、上州高崎(群馬郡)ノ城采地五万三千石ヲ賜ル、

是月　内藤信照、紀伊守信正男、従五位下ニ叙シ、豊前守ニ任ス、

毛利秀就帰国

七月二日　松平(毛利)長門守秀就、休暇ヲ賜リ帰国ス、御礼トシテ使者ヲ差シ上ケ纁珍三十巻ヲ献ス、是ニ依テ奉書ヲ秀就ニ賜ル、

同四日　松平千松(後の定盛)、纁珍三十巻・熨斗一箱ヲ献ス、

同六日　松平伊予守忠昌、七夕ノ賀儀トシテ黄金十両・柳樽三荷・鯖百刺ヲ献スルニ依テ、奉書ヲ忠昌ニ賜ル、

同十九日　南部信濃守利直、巣鷹二聯ヲ献ス、

是月　生駒小法師高俊(後壱岐守ニ任ス)、父正俊カ遺領讃岐国十七万三千石ヲ賜ル、

是月　松平左近将監成重、三州西尾(幡豆郡)ノ城食邑二万石ヲ転シテ、丹波国亀山(桑田郡)ノ城食邑二万二千二百石賜ル、

三河西尾城引渡の覚書

是月　本多下総守俊次、江州膳所(滋賀郡)ノ城采地三万石ヲ転シテ、三州西尾ノ城ヲ賜ル、(領地員数元ノ如シ)、堀三右衛門(直之)・徳山五兵衛(直政)引キ渡シノ検使トシテ西尾ニ赴ク時ニ、仰出サル、趣、

覚

一、今度御国替之衆百石ニ付壱疋一人にて二日路可相送之、并奉公人之儀不寄上下国替之所まて令供、主人相談之上可令帰国、主人者無相違可返遣事

一、年貢未進方に取つかひ候男女之儀、二十ケ年過候者可為譜代事

一、未進方に取つかひ候者、其所に残置候男女、縦主人之所にて生れ候子成とも七歳迄者、其父母につくへき事

一、未進にて無之者、親兄弟譜代にくれ候男女之事、遂穿鑿於無其紛者、譜代勿論事

一、去年未進之儀、正月より四月中ハ先地頭可為所務、五月以後者棄破事

元和七年七月廿八日

土大(土井利勝)
本上(本多正純)

酒雅（酒井忠世）

東国大風

八月三日　東国大風吹テ増上寺（武蔵国豊島郡）ノ山門破レ倒ル、

同六日　石野新蔵広次、武州忍（埼玉郡）ノ城ニ於テ卒ス、三十四歳、新左衛門広光カ男ナリ、広光天正三年三州長篠ノ役、菅沼小大膳康助ニ属シテ戦功アリ、是ニ依テ始テ麾下ニ属シ康助カ組ニ附ラル、康助卒シテ後、彼レカ従士等幕下ニ故アルノ輩忍ノ城ヲ守ル、命ニ依テ広光其隊長ト成テ忍ノ城ヲ守リ、諸士ヲ指揮ス、慶長十八年四月十三日広光卒ス、六十二歳、

同七日　田中筑後守忠政卒ス、嗣子無キニ依テ筑後守カ領地ノ内僅ニ二万石ヲ以テ、弟久兵衛吉興ニ賜ル、

秀忠東金に放鷹*

是月　岡部内膳正長盛、丹波国亀山（桑田郡）ノ城采地三万四千石ヲ転シテ、同州福知山（天田郡）ノ城食邑五万石賜ル、松平山城守忠国此城ヲ長盛ニ渡ス、今春二月ヨリ忠国福知山ノ城番ヲ勤ム、

暹羅国人来朝

是月　暹羅国人来朝、

九月十三日　市橋三四郎長吉始テ両君（秀忠・家光）ニ謁ス、酒井雅楽頭忠世・酒井讃岐守忠勝是ヲ披露ス、市橋下総守長勝多年長吉ヲ介抱シ、兼テ麾下ニ属セン事ヲ請フ、長勝ハ去歳卒スルト云ヘ共、年来ノ願タルニ依テ、今日召シテ謁スル者ナリ、長勝カ生中ノ願ヒニ依テ、彼レカ領地江州二万石ノ内二千石ヲ以テ長吉ニ分ケ賜ル、三四郎長吉ハ武藤金左衛門重成カ男ナリ、下総守長勝姪ヲ授与シテ市橋ト号ス、

十月十五日　雨宮権左衛門政次、権左衛門政勝男、始テ大納言家（家光）ニ謁ス、

十一月二十九日　西尾右京忠照、丹後守忠永男、従五位下ニ叙シ、丹後守ニ任ス、

是月　公東金（上総国山辺郡）ニ御放鷹アリ、大納言家（家光）ヨリ御使トシテ土井左兵衛正次東金ニ赴ク、

是月　堀甚五兵衛秀尊、因幡守秀信男、始テ公（秀忠）ニ謁ス、

是月　山角清三郎定勝、始テ大納言家ニ謁ス、同九年御小姓組ヲ勤番ス、

是月　稲葉宇右衛門正勝、後丹後守ニ任ス、上総国ニ於テ采地千五百石加賜セラル、

十二月十一日　山岡四郎右衛門景広、主計頭景以三男、始テ

公(秀忠)ニ謁ス、

同十三日　織田有楽、（俗名源五郎長益、備後守信秀男、）卒ス、七十五歳、

同二十八日　岡部興賢、（内膳正長盛二男、）従五位下ニ叙シ、丹波守ニ任ス、

同二十九日　土方彦三郎雄次従五位下ニ叙シ、河内守ニ任ス、

是月　千本清兵衛長勝、（帯刀資孝カ男、）始テ公ニ謁ス、

是月　坂浄元、（浄珍法印カ子、）始テ両君(秀忠・家光)ニ謁ス、命ニ依テ法眼ニ任ス、（時ニ二十一歳、）

是年　朽木植綱、〔稙、以下同ジ〕（後民部少輔ニ任ス、）勤仕ノ労ヲ褒賞セラレ、大納言家(家光)御腰物ヲ植綱ニ賜ル、

是年　大納言家御放鷹トシテ、河〔川〕越(武蔵国入間郡)ニ渡御有リ、

是年　北条氏信、（美濃守氏盛男、）従五位下ニ叙シ、美濃守ニ任ス、

是年　菅沼織部正定芳、勢州長島(桑名郡)ノ城食邑二万石ヲ転シテ、江州膳所(滋賀郡)ノ城采地三万石ヲ賜ル、

是年　松平丹後守重忠、遠州横須賀(城東郡)ノ城采地二万六千石ヲ転シテ羽州上山(村山郡)ノ城食邑四万石賜ル、

是年　松平内匠頭知乗、三州ニ於テ食邑千石賜ル、

是年　五畿内総代官ノ勤メ善悪ヲ改メラル、処ニ、喜多見五郎左衛門勝重(勝忠)、（後若狭守ニ任ス、）其勤役善行ナルヲ以テ、是ヲ美賞セラレ、河内国東野村(丹南郡)・向野村(丹南郡)、武蔵国駒井村(多摩郡)ニ於テ采地千石加賜セラル、

是年　松平半四郎重則、（後内膳正ニ任シ、大隅守ニ転任ス、）又大御番頭トナル、（元御歩行頭、）

是年　稲葉宇右衛門正勝、（後丹後守ニ任ス、）御書院番ノ番頭トナル、（是ヨリ先キ御小姓組番頭、）

是年　細井金兵衛勝吉、駿州清水(庵原郡)御船手ノ頭トナリ、水主五十人ヲ預ケラル、（元御鉄炮足軽頭、）

是年　松平定芳、（隠岐守定勝五男、）従五位下ニ叙シ、美作守ニ任ス、

是年　土屋平八郎利直、（民部少輔忠直カ男、）従五位下ニ叙シ、民部少輔ニ任ス、

*喜多見勝重勤役等を美賞せらる

*松平重則大番頭となる

*稲葉正勝書院番頭となる

家光川越に放鷹

是年　松平定政、後能登守ニ任ス、隠岐守定勝六男、始テ両君（秀忠・家光）ニ謁ス、

是年　富永孫六郎重師、主膳正重吉ヵ男、新焼火ノ間ノ御番ヲ勤ム、

是年　竹中権之助重利、始テ公ニ謁ス、

是年　都筑又右衛門政武、御扶持方ノ役及ヒ御賄方ヲ兼役ス、

是年　朝倉筑後守宣正ニ采地四千石加賜、旧領統テ一万石、参議（徳川）忠長主ニ附属セラル、

朝倉宣正徳川忠長に付属

東武実録　巻第八

元和八壬戌年　自正月至十二月

正月朔日　江戸ノ城歳旦ノ賀儀例ノ如シ、

是月　大納言(家光)家ノ命ニ依テ土井左兵衛正次、御小姓組ノ隊頭ナル、

二月十日　近藤縫殿助用可卒ス、上使トシテ越前国ニ赴キ、帰路ノ時相州藤沢(高座郡)ニ於テ落馬シ是ヲ痛テ遂ニ卒ス、

*伝馬駄賃等定

是日　仰出サル、御制法、

定

一、喧嘩口論之時、到其場一円不可出向事

一、公儀違背之族、自然有之而被行死罪刻、被仰付輩之外雖為一人、至彼所不可懸合事

一、侍屋敷火事之節、其家中之者并親子兄弟之外至其所江不可懸集事

附、町中火事有之時、奉公人上下共ニ一切不可出合事

右之条々被定置訖、若有違犯之族者、速に可被処厳科、依仰執達如件、

元和八年戌二月日

定

一、御伝馬駄賃之荷物、一駄ニ付四十貫目事

一、江戸より品川(武蔵国荏原郡)迄上下之荷物、壱駄ニ付ひた(鐚)銭三十四文、板橋(武蔵国豊島郡)へ三十九文、帰馬之駄賃右同断事

附、人足駄賃者馬之半分たるへき事

一、御定之外増銭取もの有之者、過銭として家壱軒ニ付ひた銭百文ツヽ、并其町之年寄五貫文可出之、但当人者五十日籠舎たるへき事

一、御伝馬駄賃、荷物宿中馬持次第たるへき事

一、駄賃馬多く入候時、其町より在々之馬をもやとひ、荷物遅々無之様ニ風雨之時も可出事

右条々於相背者、其町之年寄とも可為曲事者也、
仍如件、

元和八年戌二月日

撰銭禁止

定

一、大かけ(欠)
一、われ(割)銭
一、かたなし(形無)
一、ころ銭
一、新銭
一、なまり(鉛)銭

右六銭之外えらふ(撰)へからす、若えらふものおしてつかふもの有之者、其町過銭として年寄五貫文、其外家一軒より百文宛可出之、然者金子一両ニ四貫文之売買たるへし、自然背御定之旨、高下之売買仕もの有之者、其売買銭金双方より出之、其上過料右同断たるへき事

元和八年戌二月日

三月 京極丹後守高知、丹後国ニ於テ病痾危急ノ告アルニ依テ、其子高広(後丹後守ト号ス、)ニ御暇ヲ賜リ丹州ニ赴ク、時ニ御腰物(来国光)御馬一疋、高広ニ賜ル、

同二十八日 青木次郎右衛門可直卒ス、六十二歳、

四月朔日 寺沢式部少輔忠晴、(志摩守広高嫡子、)卒ス、二十三歳、

同七日 仙石兵部大輔忠政卒ス、五十一歳、

*日光社参供奉法度

大神君(家康)七回忌ニ依テ公(秀忠)日光御登山有ルヘキ故、仰出サル、趣、

条々

一、今度御供之時不可脇道、并於町通家之際左右を除可令供奉、若違背之族あらは過料として銀子壱枚可出事

一、喧嘩口論火事其外如何様之儀出来候といふと

も、番頭・組頭之下知なくして其身之事者勿論至下人等迄不可出之、若違背輩におゐてハ可為曲事

一、路次中御着座之刻、馬よりおり、馬ハ其所に置、供の者を通し、其次に馬を通し、其後諸道具を通すへし、若違背之族あらは為過料銀子壱枚可出事

一、今度御供中人返之儀一切令停止畢、自然於有申旨者、還御以後可及沙汰事

一、御着座之時、当番之外御供すへからす、自然相背もの於有之者、銀子壱枚過料たるへき事

一、御目付之面々并番頭・諸奉行之儀者不及沙汰、縦如何様之もの申といふ共、御法度之旨不可違背、若猥之輩於有之者、為過料銀子壱枚可出事

一、馬上之際ニ召列かちもの丶事、馬取二人、沓持壱人、持鑓壱本、さうり取一人、此外若党を可召列事

附、駄馬之中へ乗替之馬不可引入、但有御用被為召者之馬者可為各別、若違背之輩あらは銀子壱枚可為過料事

一、組頭無之者之分ハ、其仲間として日行事を定、殿中に可相詰、自然猥之輩あらは銀子壱枚過料たるへき事

一、御供之時馬の口をとらせ并高声すへからさる事

附、馬に声をかくへからす、并御宿之町にて馬の口洗へからす、若違背之族におゐてハ銀子壱枚過料たるへし、

一、諸道具入ましり通すへからす、自然猥之輩於有之者、銀子壱枚可為過料事

一、小荷駄ハ右之方を可通、但山坂にてハ小荷駄を山之方へ付て可通事

一、不可押買狼藉、若違背之族におゐてハ可為曲

事

一、作毛之場に馬を放へからす、違背之輩於有之者、随其軽重過銭可出事

一、猥に不可剪採竹木、自然相背輩あらは、其軽重により過料可出事

一、御目付之者・番頭・諸奉行過料出可申儀、見のかし聞のかし於令用捨者、銀子二枚右之面々可出事

右可相守此旨者也、

元和八年戌四月日

条々

一、宿賃出不申者ハ、過料銀五枚之事

但、御陣・御上洛之時ハ雖為成敗、今度者就御社参過料に相定也、

一、他人之宿札剥候者、過料銀子三枚事

一、天気能刻雨道具騎馬之中へ為持候者、過料銀壱枚之事、附、笠もたするハ不苦事

一、御泊之所御茶屋にて差図無之衆、猥に食を給候者、過料銀壱枚事

一、御供之刻、刀・筒・傘其外何にても見くるしきもの騎馬之中へ入ましり、為持申者過料銀壱枚事

一、御着座之時御供之衆馬よりをりすして、直に宿へ乗込候もの過料銀壱枚事

一、御供之時、狼藉いたし候もの成敗之上、其主人より過料銀二枚事

宿賃定之事

一、人に四文、

一、馬に八文、

但、自分之薪たき候ハヽ、人に弐文馬に四文、馬屋もなく外につなき、自分の薪たき候ハヽ、馬に二文可出之也、亭主の薪たき候て馬を外につなき候とも四文可出事

右可相守此旨者也、

元和八年戌四月日

同十三日　公日光御登山(下野国都賀郡)トシテ江戸ヲ出御、

秀忠日光社参江戸出御

同十四日　林藤五郎忠政卒ス、五十九歳、

公日光山ヨリ御還ノ節、御台所(崇源院、浅井氏)ノ御方御違例ノ由告ケ来ルニ依テ、宇都宮(下野国河内郡)ヨリ昼夜ヲ限ラス台駕ヲ急カレ、夜ニ入江戸ニ還御、(本多上野介正純ニ御疑心有ルノ故歟、)公還御以後大納言(家光)家日光山御参詣トシテ、江戸ノ城御首途、

秀忠御台所不例の報

家光日光社参江戸出御

五月二十三日　千本又七郎儀吉、始テ両君(秀忠・家光)ニ謁ス、

是月　青木次郎右衛門可直カ遺領濃州・摂州ノ内五千石、其子直澄ニ賜ル、

是月ヨリ江戸御本城経営、御表方奉行土井大炊頭利勝、大工棟梁中井大和(正侶)、奥方ハ酒井雅楽頭忠世是ヲ奉行ス、大工棟梁鈴木近江(長次)、御作事ノ中、公西ノ丸ニ移リ給フ、大納言家ハ本多美濃守忠政カ家ニ渡御アリ、御作事畢ラサル間ハ此宅ニ御滞座有リ、

秀忠西の丸移徙

六月二十日　台命ニ依テ榊原内記照久従二位ニ除ス、照久カ高位憚リアルニ依テ、先ツ伊勢ノ祭主ヲシテ従二位ニ除セシメ給フ、是照久カ昇進ノタメナリ、

七月三日　公ノ御娘、(小松中納言利常卿ノ室、(前田))逝ス、二十三歳、大徳院ト号ス、

八月五日　国々所替ニ依テ仰出サル、趣、

国替条目*

条々

一、武具・諸道具替地之所江可取越事

武具諸道具*

一、竹木一切不可剪採事

一、家僕之儀、国替之所迄可召具、其上非譜代者可為主従相談次第事

家僕*

一、未進方に取仕もの丶事、国替之所迄送届候上、本国へ可返之、但、二十ケ年過は可為譜代事

未進方*

附、未進方にて無之親兄弟譜代に出し置男女之事、於無其紛者譜代勿論事

一、未進方ニ召仕本国江返し遣者之子、縦主人之所にて生れ候共、七歳迄者可附其父母ニ事

右堅可相守此旨者也、

元和八年八月五日

条々

一、今度就国替百石壱人壱疋出之、二日路可相送事

一、種借之事、従蔵出之借し付る儀無疑におゐてハ可返弁事、附、借物其證文次第事

一、其年未進之儀、可為棄破事

右之条々依仰執達如件、

元和八年八月五日

同十二日 榊原内記照久参内、昇殿ス、

*家光川越に放鷹

種借

*最上家騒動

榊原照久昇殿す

是日 京極丹後守高知卒ス、五十一歳、

是日 大嶋茂兵衛光政卒ス、六十歳、

同二十五日 伴五兵衛重盛卒ス、五十四歳、

是月 畠山民部政信、左衛門佐貞政男、始テ大納言(家光)家ニ謁ス、是ヨリ先キ元和元年公ニ謁シテ政信寛永元年ヨリ江戸ニ参勤ス、

是月 大納言家武州川越(入間郡)ニ御放鷹アリ、土井左兵衛正次御使トシテ江戸ニ至リ公(秀忠)ノ御機嫌ヲ窺フ、此時大納言家ノ命ニ依テ、宮城甚右衛門和甫、本姓鮎江、後越前守ニ任ス、御目付トナル、還御ノ時采地六百石和甫ニ加賜セラル、

是秋 最上源五郎義俊、駿河守家親男、領地ヲ没収セラル、父家親(最上)元和三年卒シテ義俊其家督ヲ継クノ処ニ、先年父家親頓ニ卒スル事逆臣有テ毒害スルノ由、義俊(最上)カ臣松根備前守江戸ニ来テ執事・奉行人等ニ訴ル、是ニ依テ義俊カ臣甲方本城豊前守四万五千石ヲ領ス、・山辺右衛門最上出羽守義光カ男、一万九千三百石領ス、・上山兵部最上出羽守義光男、二万石領ス、・大山内膳最上出羽守義光男、二万七千石領ス、・楯岡甲斐最上出羽守義光弟、

*酒井忠世宅にて審理

一万六千石領ス、・東根源左衛門一万二千石領ス、・小国日向八千石領ス、・鮭延越前一万千石領ス、・大山筑前、乙方松根備前守二万二千石領ス、甲乙両方ヲ酒井雅楽頭忠世カ宅ニ招テ、老臣・奉行人等連会シテ其訴論ヲ聞ク、甲乙相分レテ諍論スル事数回、乙方松根備前カ云ク、出羽守義光(最上)卒シテ後、其子駿河守家親(最上)家督ヲ継ト云ヘトモ、家親未タ年若シテ国政ヲ知ラス、是ニ依テ家臣等家親ヲ退ケ、出羽守義光カ子山辺右衛門ヲ家督ニ立ン事ヲ謀ル、松根備前守独家親嫡流タルヲ以、家親ヲ立ント常ニ是ヲ衆ト争フ心アリ、然ル処ニ家親頓ニ死ス、松根備前守是ヲ聞テ怪ミ、即日家親カ居城ニ馳行キ、其死骸ヲ見ント欲スレトモ、早ク死骸ヲ火葬シテ是ヲ見ル事ヲ得ス、松根弥疑ヒ思テ家親カ側ノ侍女ヲ招テ窃ニ是ヲ聞クニ、其死骸暫時ニ色変シ口ヨリ血流レ出ル事夥ク、臭気又甚シキ由ヲ告ル、兼テ逆臣等カ悪意ヲ思ヒ、今是ヲ聞テ察スルニ毒害ニ疑ナキノ旨ヲ云フ、時

*最上義俊改易に決す

ニ老臣奉行人等忠世(酒井)カ宅ニ彼侍女ヲ招テ是ヲ詰問スルニ、松根カ云フ所決定ナラス、故ニ松根カ訴エ証拠ナシ、是ニ依テ利ナラス、是旨台聴ニ達ス、命有テ曰ク、義俊年若シテ家中ノ指揮宜シカラスト云ヘトモ、祖父出羽守義光忠勤アルニ依テ、領地ヲ召シ上ラル、ニ及ハサルノ間、家臣等私ナク国政ヲ沙汰シ、義俊ヲ守リ立ツヘキノ御旨ナリ、嶋田治兵衛正利(利正)後弾正少弼ニ任ス、・米津勘兵衛田政両使トシテ是ヲ伝ル、山辺右衛門・鮭延越前言上シテ云ク、台命背キ難シトイヘトモ、松根如キノ悪意ノ臣重テモ是アル時、義俊若輩ニシテ国政乱ルヘキノ間、鈞(欽)命ニ従ヒ難キノ旨達テ言上スルニ依テ、遂ニ義俊カ領地ヲ没収セラル、近江・参河二州ニ於テ僅ニ采地一万石ヲ賜リ、此度諍論ノ輩等甲乙共ニ所々ニ預ラル、本城豊前守・大山筑前守二人ハ酒井雅楽頭忠世ニ、松根備前ハ立花左近将監宗茂ニ、上山兵部ハ黒田筑前守長政ニ、楯岡甲斐守

ハ細川越中守忠利ニ、鮭延越前守ハ土井大炊頭利(助)勝ニ、東根源左衛門ハ松平千松(後阿波守ニ任シ忠英ト号ス、)ニ、小国日向ハ鍋嶋信濃守勝茂ニ、山辺右衛門ハ松平宮内少輔忠雄(池田)ニ預ケラル、(山辺後ニ赦免ヲ蒙テ中納言頼房(徳川)卿ニ属ス、)

最上源五郎義俊カ事ニ依テ、松平陸奥守正宗(政)(伊達)台命ヲ奉テ人数ヲ最上(出羽国)ニ遣スト云ヘトモ、家親カ家人等異心ナキニ依テ、正宗カ兵士等最上ヨリ帰ル、

九月二十七日 山口恵倫、(俗名駿河守直友、)卒ス、七十七歳、

大田原出雲守増清・大関土佐守高増、最上ノ城番ヲ勤ム、(九月ヨリ十月ニ至ル、)

*本多正純改易

去月十二日、京極高知丹後国ニ於テ卒ス、是ニ依テ内藤外記正重ヲ上使トシテ、白銀五千両香奠ニ賜ル、

*松平康安駿府常番となる

十月十四日 松平石見守康安、(大御番頭、)命ヲ奉テ駿府(駿河国安倍郡)ノ常番トナル、其隊士ヲ卒シテ駿州ニ赴キ府ノ城ヲ守ル、

*鳥居忠政出羽山形入封

同十五日 岡部平六郎卒ス、

是日 増上寺(武蔵国豊島郡)ノ山門御再興成テ、供養執行アリ、(去ル元和六年八月三日ノ大風ニ依テ破壊スルノ故ナリ、)

是月 松平大膳大夫忠重、武州深谷(榛沢郡)采地八千石ヲ転シテ、上総国佐貫(天羽郡)ノ城食邑一万五千石賜ル、

最上源五郎義俊カ領地ヲ没収セラル、其事ヲ沙汰センカ為メ命ヲ奉テ本多上野介正純最上ニ赴ク、伊丹喜之助康勝(後播磨守ニ任ス、)・高木九兵衛家政(正次)(後筑後守ニ任ス、)上使トシテ最上ニ到リ、台命ノ趣正純カ罪ヲ告テ正純カ領地宇都宮(下野国河内郡)采地十五万石ヲ没収セラレ、羽州由利(由利郡)ニ配流セラル、由利ニ於テ食邑五万五千石ヲ賜ル、正純是ヲ辞シテ僅ニ二千石ヲ賜ル、(寛永十四年三月十日配所ニ於テ卒ス、七十三歳、)其子出羽守正勝同ク配セラル、(寛永七年五月十日配所ニ於テ卒ス、三十五歳、)永井右近大夫直勝上使トシテ最上ニ趣(赴)キ、此所ノ事ヲ沙汰ス、鳥居左京亮忠政奥州岩城(岩城郡)采地十万石ヲ転シテ、最上山形ノ城食邑二十万石ヲ賜ル、(内二万石後加賜、)是ニ依テ永井直勝山形ノ城ヲ鳥居忠政ニ渡シテ江戸ニ帰ル、

内藤左馬助政長、上総国佐貫ノ城食邑五万石ヲ改、奥州岩城七万石賜ル、

同二十八日　土方掃部頭雄重、（河内守雄久男、）岩城ニ於テ采地五千石加賜セラル、

是日　内藤帯刀忠興、食邑一万石賜ル、

是日　伝通院（武蔵国豊島郡）ノ住僧正誉廓山上人、（源誉存応）増上寺ノ住持トシテ入院、（去ル元和六年普光観智国師寂スルノ後、今年ニ至テ増上寺無住、）

中根外記八屋六兵衛等闘争

十一月五日　夜ニ入リ中根外記（中根九郎兵衛養子、実ハ三浦五左衛門正重カ男、土井大炊頭利勝カ甥ナリ、）・蜂屋六兵衛（七兵衛男、）・牧野源助等闘争ス、其故ハ中根（外記）カ宅ニ蜂屋（六兵衛）・牧野（源助）ヲ招テ酒ヲ勧メ、乱酔シ口論ニ及ヒ、中根ト牧野心ヲ并セテ蜂屋ヲ切ル、中根・牧野カ従者数十人馳セ集リ、蜂屋ヲ囲テ頻リニ責撃ツ、蜂屋是ト奮ヒ戦フ、中根・牧野カ家人死スル者ノ二人、疵ヲ被ル者ノ十余人、蜂屋モ疵ヲ被ル事十七箇所ニシテ遂ニ倒レ死ス、爰ニ於テ中根牧野妻子ヲ携ヘ屋地ヲ退キ去ル、夜更テ後蜂屋活テ家内ヲ見ルニ人独モナシ、門ニ出テ門ヲ守ル下人ニ是ヲ問フニ、家内ノ男女残ラス霄ノ程ニ出奔ス、其行方ヲ知ラサルノ由ヲ答ル、蜂屋為方ナク中根カ宅ヲ出テ我カ家ニハ帰ラス、交好ノ友タルヲ以テ太田善大夫カ家ニ行テ暫シ休息シ、其レヨリ親族ノ方ニ忍テ隠レ居ル、翌日此事台聴ニ達ス、命有テ曰ク、乱酔ニ依テ当座ノ口論ニ及ヒ闘諍スルノ上、従者等ニ手負死人多ク有リト云ヘトモ、主人ノ蜂屋・中根・牧野等ハ命ヲ殞サス逐電スルノ上ハ、御僉〔詮〕議ニ及ハサルノ御旨ナリ、是ニ依テ彼三人幕下ヲ退キ浪遊ノ身ト成テ後、中根ハ松平右衛門佐忠之ニ属シ、蜂屋ハ浅野但馬守長晟カ家人トナル、

*江戸城勤番の制

同十五日　勤番ノ面々ニ仰出サル、趣、

条々

*当番不参

一、当番不参之事、改易たるへき事

一、番頭卯之刻以前於退出者、其年知行可被召上

事

参勤刻限遅参

紙燭

楽書

一、寝番之輩、酉之刻以後出仕之事、過料銀二枚、

一、他番と請取渡之事、可為相手代、同番之内是又同前事

一、参勤刻限遅参之輩、過料銀二枚、

一、当番之輩用事なくして他之座敷に有之事、過料銀一枚、

一、当番之面々差当急用有之時、番頭・横目に不申断罷出候事、改易、

一、紙燭之事、過料銀二枚、

一、夜詰以後有明之外焼立る事、過料銀二枚、

一、楽書之事

本人曲事、をとなハ死罪、少人ハ流罪、本人しれすハ其座敷之当番過料銀十枚、但番衆多少によるへき事

一、不依何事相背御法度者、并無形儀之者、或者死罪或者流罪又者過怠、科之軽重によるへき事

一、番頭・組頭不念に申付、若猥之輩於有之者、頭中より過料出すへき也、但事により可有軽重事

一、於城中ニまた若党并小もの不依何事背法度、無形儀者事

本人ハ成敗、見のかし候者其所之番衆越度たるへき事、過料銀五枚、

一、諸ケ条之内不申上候而不叶事をハ不依何時可令言上、必毎月晦日に諸法度善悪之儀可披露、但時分により年寄共迄も可申聞事

右之条々堅可守此旨者也、

元和八年戌十一月十五日

加々爪民部少輔(忠純)とのへ
石川八左衛門(政次)とのへ
永井弥右衛門(白元)とのへ
渡辺半四郎(宗綱)とのへ
豊嶋主膳(信満)とのへ

牧野清兵衛(正成)とのへ

同十八日　与安法印(片山)宗哲卒ス、五十歳、

同二十日　坂部三十郎広勝卒ス、六十二歳、

是月　江戸ノ本城造作成テ公(秀忠)是ニ移リ給フ、

*秀忠本丸移徙

是月　土井左兵衛正次、上総国ニ於テ采地三百石加賜セラル、

十二月八日　新造ノ御殿御移徙ノ賀儀トシテ、勅使中院通村江戸ニ下向、

同十二日　都筑弥左衛門為政卒ス、六十八歳、

同十五日　高原次郎右衛門直久、始テ両君(秀忠・家光)ニ謁ス、

同十九日　大屋小右衛門吉正卒ス、六十四歳、

同二十三日　内藤甚十郎忠重、後伊賀守ニ任ス、足利領ノ内(下野国足利郡)羽田村、武州ノ内鶴田村ニ於テ采地千石加賜セラル、

*立花千熊丸元服

同二十六日　鍋嶋信濃守勝茂カ二男、公ヨリ松平氏御諱ノ字賜リ、忠直ト号シ、従五位下ニ除シ肥前守ニ任ス、勝茂カ嫡子紀伊守元茂ハ家ノ女房ノ産ナリ、二男忠直カ母ハ岡部内膳正長盛カ娘ヲ大神君(家康)御養女トシテ勝茂ニ嫁セシメ給フ、是ニ依テ忠直ニ男タリト云ヘトモ勝茂カ家督ヲ継ク、

是日　大久保甚左衛門忠直、田中ノ城常番、駿州田中(益津郡)ニ於テ卒ス、七十二歳、

同二十七日　立花左近将監宗茂カ嫡子千熊丸、時ニ十二歳、元服ス、公御諱ノ字ヲ賜テ忠茂ト号シ、左近将監ニ任ス、御腰物左文字ヲ忠成ニ賜ル、時ニ台命ヲ奉テ父宗茂左近将監ヲ改メ飛騨守ト号ス、

同二十八日　岡部長政、内膳正長盛三男、従五位下ニ除シ、因幡守ニ任ス、

是月　酒井雅楽頭忠世、上州・武州両国ノ内食邑二万六千石加賜セラル、旧領統テ十二万石余ヲ領ス、

是月　本多丹後守重世、豊後守康重三男、参州ニ於テ采地千石賜ル、

*秀忠藤堂高虎邸渡御

是年　公(秀忠)藤堂和泉守高虎カ家ニ渡御、猿楽上覧賜モノアリ、

徳川忠長甲斐国拝領
*松平正朝大番頭となる

是年 奥平美作守忠昌、下総国古河（葛飾郡）ノ城采地十一万石ヲ転シテ、再ヒ下野国宇都宮（河内郡）ノ城ヲ賜ル、（領地員数元ノ如ク、）

是年 永井右近大夫直勝、常陸国笠間（茨城郡）ノ城采地五万石ヲ改メ、下総国古河ノ城食邑七万石賜ル、

是年 浅野采女正長重、常陸国笠間ノ城食邑五万五千石賜ル、

是年 酒井宮内大夫忠勝、信州河中嶋（川、以下同ジ）（更科郡）采地十万石ヲ転シテ、羽州庄内（鶴岡城）（田川郡）ノ城食邑十三万八千石賜ル、（外ニ千石後加賜、）

是年 真田伊豆守信幸（之）、信州上田（小県郡）ノ城ヲ転シテ、同国河中嶋ノ城采地十万石賜ル、

是年 仙石兵部少輔忠政、信濃国小諸（佐久郡）ノ城采地五万石ヲ転シテ、同州上田ノ城食邑六万石賜ル、

是年 参議忠長（徳川）主ニ甲斐国ヲ賜ル、甲州ノ外信州小諸ノ城七万石ヲ并テ、領地其数ニ足ル、八代越（秀正）中守ヲシテ小諸ノ城ヲ守ラシム、公ノ命ニ依テ芦（信濃国佐久郡）田・武川（甲斐国巨摩郡）ノ士忠長主ニ附属ス、

是年 丹羽五郎左衛門長重、常陸国古渡（河内郡）采地二万石ヲ転シテ、奥州棚倉（白川郡）ノ城、（当代新城、）食邑五万石賜ル、

是年 戸沢右京亮政盛、常陸国多賀郡采地四万石ヲ転シテ、羽州新庄（最上郡）ノ城食邑六万石賜ル、

是年 井上主計頭正就、遠州横須賀（城東郡）ノ城采地五万五千石賜ル、

是年 酒井讃岐守忠勝、武州深谷（榛沢郡）采地七千石加賜セラル、

是年 秋田城介実季、完（宍）戸（常陸国茨城郡）ニ於テ采地五万石賜ル、

是年 堀市正利重、御勘気ヲ赦免セラレ、常陸国土浦（新治郡）ニ於テ食禄一万石ヲ賜リ、奥平美作守忠昌若年タルノ間、後見スヘキノ由台命ヲ蒙リ、利重宇都宮ニ在リ、（利重始メ井伊掃部頭直孝カ跡役、御書院番頭ヲ勤メ采地八千石ヲ領ス、大久保相模守忠隣カ縁者タルニ依テ、慶長十九年忠隣カ事ニ依テ御勘気ヲ蒙リ、奥平大膳亮（家昌）ニ預ケラル、）

是年 松平壱岐守正朝、（元御書院番組頭、）（石見守康安カ男、）大御番頭トナリ、采地千石加賜セラル、

是年　三浦山城守重次、（後対馬守ニ改ム、三浦監物重成カ養子、実ハ阿部備中守正次カ二男、養父ノ氏ニ因テ始三浦ト号ス、然ル所ニ養父重成実子出生ニ依テ、重次本氏ニ復リ後阿部ト号ス、）御小姓組ノ頭トナル、

是年　松平隠岐守定勝病痾ニ依テ、彼病ヲ問セ給フヘキ為メ、土井左兵衛正次上使トシテ勢州桑名（桑名郡）ニ赴ク、

是年　滝川与三右衛門直政、（外祖父滝川豊前守忠征養子、実ハ浅野刑部カ男、）始テ公ニ謁ス、

江戸城天守作事竣工

是年　江戸ノ城天守改造アリ、加藤肥後守忠広・浅野但馬守長晟天守台ノ石垣ヲ築ク、安倍〔阿〕四郎五郎正之是ヲ奉行ス、

是年　高木善次郎正弘、（主水正正成男、）始テ両君（秀忠・家光）ニ謁ス、

是年　伊達遠江守秀宗カ嫡子左近大夫宗実二男左京亮宗時、溝口伊豆守善勝カ嫡子金十郎政勝、溝口伯耆守宣勝カ二男又十郎宣秋、同三男内記宣俊等始テ両君ニ謁ス、

是年　玉虫次郎左衛門繁晟、公ノ命ニ依テ召シ出サレ、同年参議忠長主ニ附属セラル、

東武実録　巻第九

元和九癸亥年 自正月至五月

家光本丸渡御秀忠に対顔

正月朔日 大納言(家光)家御本城ニ渡御、御座ノ間ニ於テ公(秀忠)ニ御対顔アリ、御太刀大沢少将基宿、(是冬中将ニ任ス、)是ヲ披露ス、三献ノ御祝御嘉例ノ如ク、事畢テ還御以後諸士参賀ス、御礼ノ儀式御流賜ル事例ノ如シ、

同二十五日 戸田七内政次、(三左衛門政重カ男、)始テ公ニ謁ス、(寛永元年御小姓組ニ勤番、同十六年中奥ニ奉仕ス、)

江戸城大奥法度

大奥方ノ御法度仰出サル、趣、

定

一、御たいところ(台所)御法度之儀、竹尾四郎兵衛(俊勝)・筧助兵衛(為春)・松田六郎左衛門(定勝)、三人一日一夜相詰、諸事善悪之儀可申付、若背御下知不届之もの有之者、無用捨可有言上、令遠慮於不申上者、右三人可為曲事、

*御門出入

一、御門出入之事、手判なくして女上下ともに通すへからす、晩六ツ過候ハヽ、たとひ手判有之とも通すへからさる事

一、御つほね(局)よりおく(奥)へおとこ(男)出入有へからさる事

附、をく(奥)方へ御普請掃除以下万事御用之時ハ、右三人召連可参事

*出家社人

一、出家社人者、表の御台所迄相越、右三人に可申談事

一、驢庵(半井成信)・延寿院(今大路正紹)・道三(今大路親清)此三人者、をくの御たいところ迄祇候あるへし、此外之医師者、御用次第四郎兵衛(竹尾俊勝)・助兵衛(筧為春)・六郎左衛門(松田定勝)方ゟ可召寄事

*大名衆よりの使者

一、大名衆より使者之事、この以前をくの御たいところまて参つけ候使者ハ、御よりつき迄まいり、右三人に可申理事

一、町人之儀、後藤源左衛門・幸阿弥二人之者御

用次第、をくの御たいところ迄参へし、其外の職人も御用之事あるにおゐては、三人ゟ可召寄事

走り込みの女

一、はしり(走)こみ(込)女之儀、一切御停止事

一、そうしてをくより御用之事、こたいふ(小大夫)・おきやく・をく三人を以可被仰出、其上四郎兵衛・助兵衛・六郎左衛門可申付事

右条々依仰執達如件、

元和九年正月日

*数寄屋道具

是月　山内豊前守一唯、御書院番ヲ勤メ、武州足立郡ノ内采地三千石賜ル、

秀忠徳川義直邸渡御

二月十三日　公(秀忠)尾張中納言義直(徳川)卿ノ亭ニ渡御アリ、御相伴紀伊黄門頼宣(徳川)・水戸参議頼房(徳川)二卿・藤堂和泉守高虎、黎明ニ義直卿ノ家捨露路ノ辺ニ予参シテ、御成リヲ相待ツ、未明ニ義直卿御迎トシテ西ノ丸ニ登営、御成リ以前ニ退出ス、卯ノ中剋公来臨アリ、黄門頼宣卿・参議頼房卿・藤堂高虎露路ノ外ニ出テ謁ス、捨露路ノ御クツロケ所ニ於テ、御下輿有テ内露路ニ渡御アリ、御相伴ノ三輩供奉、数寄屋ニ入御ノ時、参議頼房卿御草履ヲ直ス、掛物台覧後御膳ヲ献ス、御銚子三遍過テ御湯ヲ出シ御中立アリ、時ニ高虎御草履ヲ直ス、露路ノ辺御休息所ニ暫ラク成ラセラレ、頓テ又数寄屋ニ入御、

数寄屋ノ道具

一、掛物　虚堂
一、釜　梶
一、水指　芋頭
一、棚　香合推朱布袋羽帚
一、茶入　鴫
一、盆　薬師院
一、茶碗　三島暦
一、花入御花白玉椿、　杵ノヲレ

一、茶杓　ナミタ（千宗易）利休作

一、炭斗　フクヘ

公御茶召シ上ケラレ、黄門義直（徳川）卿頂戴、黄門頼宣卿是ヲ賜リ、参議頼房卿・和泉守高虎（藤堂）賜リ納ム、事畢テ鎖ノ間エ渡御、頼房卿御先キニ立チ勝手口ノ戸ヲ開テ階ノ辺ニ蹲踞ス、

*銅壺の間飾り

鎖の間飾り

鎖ノ間飾

一、御賀ノ記　定家筆

一、硯　織部

一、筆架　カ子ノ物

一、筆　唐

一、墨　唐

一、釜　八景

一、袋棚

一、水指　青磁

一、茶入　尻フクラ

一、天目　灰被

一、台　尼ヶ崎

一、茶杓　新

一、蓋置　ホヤカウロ（香炉）

銅壺ノ間飾

一、掛物　踊リ布袋大川自画自讃

一、香炉　獅子青磁

一、卓　唐木

一、釜　糸

一、天目　ヤウヘン（曜変）

一、水指　青磁

一、茶入　中次

一、水コホシ　青磁

鎖ノ間ニ飾リ置諸器上覧、頼宣・頼房両卿・藤堂高虎等一覧仕ルヘキノ由台命ニ依テ、各御上壇ノ

際マテ参テ是ヲ見ル、御菓子御薄茶召上ケラレ、暫ク有テ御長袴ヲ召シカヘ、御成リ書院ニ出御、黄門義直卿ニ賜モノ有リ、爰ニ於テ三献ノ御祝初献、公ノ御盃ヲ黄門義直卿頂戴、其盃公召シ上ケラレ、頼宣卿ニ下サル、時ニ御肴ヲ頼宣卿ニ賜ル、其盃公ニ上リ、頼房卿頂戴、御肴ヲ頼房卿ニ賜ル、其盃公召シ上ケラレ御納メ二献三献、御盃ノ次第前ノ如ク、事畢テ広間ニ出御アリ、中納言義直卿ヨリノ献物披露過テ、義直卿ノ家臣等御縁カハニ出テ拝謁ス、白銀・呉服ヲ賜ル、差アリ、時ニ御次ノ間ト三ノ間ノアイタノ御襖障子ヲタツル、爰ニ於テ猿楽初ル、

能組

能組

高砂　観世大夫(左近重成)
八嶋　七大夫(喜多長能)
江口　七大夫

紅葉狩　七大夫
百万　観世大夫
橋弁慶　七大夫
祝言　観世大夫

猿楽三番過テ御膳(七五三)ヲ献シ、頓テ御引替ノ御膳ヲ出ス、御相伴義直・頼宣・頼房三卿・藤堂和泉守高虎、(御膳ハ御掛盤、三卿ハ三方、高虎ハ足打、)初献二献御各盞、三献ノ時蓬莱ノ台ヲ出ス、此御盃ニテ公召シ上ケラレ、義直卿頂戴、時ニ御腰物御脇指ヲ義直ニ賜ル、其盃公ニ上ル、時ニ義直卿刀脇指ヲ献上ス、其御盃ヲ頼宣卿頂戴、其盃御前ニ上リ頼房卿ニ賜リ、其盃御前ニ召シ上ケラレ、和泉守高虎頂戴シ賜リ納ム、猿楽畢テ後還御、今日ノ御成リ忝ナキノ旨、御礼トシテ黄門義直卿西ノ丸・御本城ニ登営、両君(秀忠・家光)ニ謁ス、黄門頼宣・参議頼房及ヒ藤堂和泉守高虎等御成リノ御相伴忝ナキノ旨御礼トシテ登城ス、

上杉定勝侍従任官

是日 上杉弾正少弼定勝、中納言景勝男、侍従ニ任ス、元無官、

同十五日

覚

屋鋪之内に町人并主なし者置候事、堅御停止ニ候、来廿二日ゟ御検使廻り候間、右之者とも置候屋鋪者可被召上者也、

元和九年亥二月十五日

是日 宗(片山)琢、後与安ト号ス、与安法印宗哲カ子、両君(秀忠・家光)ニ謁シ、父宗哲カ家督ヲ賜ル、

家光徳川義直邸渡御

同十八日 大納言(家光)家尾張黄門義直卿ノ亭ニ渡御アリ、御相伴甲斐宰相(徳川)忠長・水戸宰相(徳川)頼房両卿・藤堂和泉守高虎、未明ニ黄門義直卿ノ亭ニ予参ス、大納言家卯ノ中剋渡御、露路ヨリ数寄屋ニ入御、数寄屋ノ道具去ル十三日公御成ノ時ニ同、掛物上覧、御着座ノ時御膳ヲ献ス、御銚子三遍過テ御湯ヲ出シ御中立、頓テ又数寄屋ニ入御アリ、御花、大納言家遊ハサレ御茶召シ上ケラレテ後、鎖ノ門ニ出御、御菓子御薄茶ヲ献ス、爰ニ於テ御長袴ヲ召シカヘラレ御成リ書院ニ成ラセラル、御太刀国行・御腰物長光・御脇指来国俊・御夜ノ物十・白銀五百枚義直卿ニ下サル、相応院(徳川義直生母亀)エ綿二百把・白銀百枚ヲ賜ル、黄門義直卿エ甲斐参議忠長卿ヨリ太刀真長・刀安吉・脇差来国光此賜モノ引納テ後、太刀長光・刀真宗・脇指国吉・小袖二十・黄金五十枚・馬一匹、黒毛鞍ヲ置、義直是ヲ大納言家ニ献ス、参議忠長卿エ太刀景光・刀長光・脇差信国・白銀三百枚・紅糸五十斤、事畢テ義直卿ノ家臣等拝謁ス、白銀・呉服ヲ賜ル、爰ニ於テ猿楽初ル、

能*組

能組

賀茂 観世大夫

朝長 七大夫

玉鬘　　観世大夫

道成寺　七大夫

猩々　　七大夫

猿楽三番過、御膳七五三献シ御引キ替ノ御膳ヲ出ス、御相伴黄門義直・参議忠長・参議頼房三卿御挨拶ノ為メ、藤堂和泉守高虎ヲ召シ加エラル、御土器・御銚子出、初献二献御各盞三献ノ時、大納言家ノ御盃ヲ義直卿頂戴、其盃大納言家ニ召シ上ケラレ忠長卿ニ賜ル、其盃大納言家ニ上リ頼房卿頂戴、其盃大納言家召シ上ケラレ藤堂和泉守高虎頂戴シ、賜リ納メ書院ニ出御、猿楽畢テ後還御アリ、御礼トシテ義直卿御本城・西ノ丸御殿ニ登営、御相伴ノ二卿及ヒ和泉守高虎モ登営ス、

是月　大納言家武州川越（入間郡）ニ御放鷹アリ、土井左兵衛正次、（後志摩守ニ任ス、）御使トシテ御鷹場ヨリ江戸ニ到ル、時ニ公ノ台命ニ依テ土井ヲ改メ本氏三浦ト号ス、

＊松下重綱下野烏山城拝領

＊上杉景勝卒す

＊家光川越に放鷹

＊太田資宗書院番頭となる

＊家光日光社参

是月　公ノ鈞〔欽〕命ヲ奉テ酒井雅楽頭忠世大納言家ニ奉仕ス、

是月　公ノ台命ヲ奉テ伊丹喜之助康勝、（後播磨守ニ任ス、）大納言家ニ奉仕ス、（後甲州一国ノ事ヲ沙汰シ、甲府ノ城ヲ預ケラル、其後佐渡ノ奉行ヲ勤ム、）

三月朔日　水野備後守分長卒ス、六十二歳、

同十三日　松下石見守重綱、常陸国筑波郡小張村一万五千石及ヒ勢州平尾村（多気郡）・蕨村千石ヲ改メ、下野国烏山（那須郡）ノ城領地二万八百石賜ル、

同二十日　権中納言景勝、（上杉）（従三位、）卒ス、六十九歳、

同二十五日　向坂六郎五郎吉政卒ス、五十四歳、

同二十七日　岡部庄左衛門長綱卒ス、六十九歳、

同二十九日　加藤助左衛門氏次卒ス、八十四歳、

四月朔日　寺沢式部少輔忠晴卒ス、二十三歳、

同二日　西尾出雲守喜教、（信濃守教次男、）卒ス、三十四歳、

同七日　太田釆女正資宗、（後備中守ニ改ム、）御書院番ノ隊頭トナル、

同十三日　大納言家（家光）日光（下野国都賀郡）御登山トシテ江戸ノ城御

首途、

同十六日　大納言家日光着御、

同十七日　大納言家日光御登山

同十八日　織田武蔵守信吉卒ス、

同十九日　大納言家日光出御有テ、御還路ニ赴ムカセ給フ、

同二十三日　筑紫上野介広門卒ス、六十八歳、

同二十六日　西ノ丸ニ於テ仰出サル、趣、

高腿立ち*

江戸城西の丸法度

高声雑談

条々

一、於腰懸ニ高声高雑談仕間敷事

一、腰懸ニ而あたまつゝみ（頭）候者事

一、腰懸ニふせり、亦者鏡を見并足をなけ出し居候者事

一、腰掛ニ而謡舞、こうたうたい（小唄）候者事

一、道路に立て往還をさまたけ、大手之橋にたち欄干に寄懸り居候者事

一、たかももたち取候もの、事、付供に召つれ候主人ハ為過料銀子五枚可出事

一、たはこ吸候もの見合次第可為成敗事

一、小者そうり（草履）取、絹布之類着候もの於有之者、其身之衣装をはき取へし、主人ハ為過料銀子二枚可出事

一、御目付之面々御法度之旨申付候儀、致違背之上雑言せしめ、自然刀に手をかけ候もの有之者成敗たるへし、其主人ハ為過料銀子五枚可出事

一、諸ケ条之中、科乃随軽重被仰付於及数度者、主人可為曲事事

右之趣堅被仰出候、但、御本丸之者ハ可為各別事

元和九年四月廿六日

御法度条々

一、大額之事

一、大なてつけ・大すりさけの事

一、下鬚置候者事

一、大刀・大脇差さし候もの丶事

一、朱さや(鞘)さし候者の事

一、大つは(鍔)・大かくつは(角鍔)さし候もの丶事

右六ケ条相背輩於有之者、其身は籠舎、主人者為過料銀子二枚可出者也、

元和九年四月廿六日

大額

大刀大脇差

*喧嘩口論

*人返し

五月二日　松平石見守康安駿府(駿河国安倍郡)ノ城ニ於テ卒ス、六十九歳、其子壱岐守正朝、大御番頭、父康安カ家督食邑六千石ヲ賜リ、康安カ役ヲ継テ駿府ノ定番ヲ勤ム、寛永二年命ニ依テ大納言忠長(徳川)卿ニ属ス、同九年忠長ノ事ニ依テ常陸国下館(真壁郡)ノ城主水谷伊勢守勝隆ニ預ケラル、同十二年赦免ヲ蒙リ命ニ依テ水戸中納言頼房(徳川)卿ニ附属ス、

松平康安卒す

同十一日　今度御上洛ニ依テ仰出サル、御制法、

上洛供奉法度

条々

一、今度御供之時不可脇道、并町通家之際左右を除可供奉事

一、喧嘩口論火事其外如何様之儀雖為出来、番頭・組頭無下知して其身之事者勿論、至下人等迄一切不可出合事

一、今度御供中人返し之儀令停止畢、自然於有申旨者、還御以後可及沙汰事

一、路次中御着座之刻馬よりおり、馬は其所に置、供乃者を通し、其次に馬を通し、其後諸道具可通事

一、御着座之時、当番之外不可御供事

一、御目付之面々并番頭・諸奉行之儀者不及沙汰、縦如何様之者申断と云共、御法度之旨不可違背事

一、馬上之際に召列かちもの丶事、馬取二人、沓持壱人、草履取壱人、持鑓壱本、此外若党を

供番*

可召連事、附、騎馬之内へ乗替馬を不可引入、

但有御用被為召者者、可為各別事

一、御供之時狼藉者之儀、其身者可為死罪、主人ハ可為過料事

一、御供之時、馬の口をとらせ并高声すへからさる事

一、諸道具入ましり通すへからさる事

小荷駄馬

一、小荷駄馬は右の方を通すへし、但山坂にてハ小荷駄馬を山の方へつけて可通事

竹木伐採

一、濫に不可剪採竹木事

一、作毛之場に馬を放置へからさる事

右之趣若於相背族者、随科之軽重、或者死罪或ハ流罪可為過料、自然御目付・番頭・諸奉行人見のかし聞のかし於令用捨者出過料、猶下知状可相見者也、

元和九年五月十一日

条々

一、御供番不参之輩御改易事

一、路次中於御宿之所、御番改之儀、可為如江戸事

一、宿賃不出者之儀、可為曲事、

一、別人之宿札剥候事、過料銀子三枚、

一、自分之宿札剥候事、過料銀子一枚、

一、天気能候時、騎馬之中へ雨具もたせ候もの、事、過料銀子一枚、但笠はくるしからさる事

一、御宿之所并御茶屋ニ而無差図衆むさと振舞被下候事、過料銀子一枚、

一、御供之時、騎馬之中へ刀筒・からかさ其外見くるしき物入交候事、過料銀子一枚、

一、御着座之刻、御供之衆馬よりおりすして直ニ宿へ乗込候事、過料銀子一枚、

一、不依何事かりこと中者の儀、可為曲事、

一、組頭無之衆者、仲間として日行事を定、殿中に可相詰事

一、馬に声をかけへからす、并御宿之町にて馬の口をあらふ事、過料銀子壱枚、

此外御黒印之面過料之覚

一、脇道町際行事、過料銀子一枚、
一、喧嘩口論火事之時、無下知出合者之事曲事、
一、御着座之時、当番之外押而御供之仁之事、過料銀子一枚、
一、路次中御着座之時、馬よりおり候而以後之次第相背之輩、過料銀子一枚、
一、馬上之際召連歩行者以下、并騎馬之中へ乗替引入次第等、御定相違之輩之事、過料銀子一枚、
一、御供之時狼藉者之事、其身者死罪、主人者過料之事、銀子一枚、
一、御供之時、馬の口をとらせ并高声之事、過料銀子一枚、
一、諸道具入ましり通候事、過料銀子壱枚、
一、剪採竹木事曲事、

諸*番士法度

右之趣堅可相守者也、仍執達如件、
元和九年五月十一日

条々

一、御宿之所ニ御茶之番衆宿之儀、縦宿悪候とも同町にて可相渡事
一、御小性組・御書院番組・大御番組当番之衆ハ、宿あしく候とも同町ニ可相渡、同組中たりとも人持次第宿之高下あるへき事

右之旨被仰出者也、
元和九年五月十一日

覚

一、町通三町前より沓うつへからす、若相背者有之者、過料銀子一枚、
一、沓うち候而より二行之間乗参候時、無油断地道にて元の所へ乗入可申事、附、せはき所ニ

てよこ馬立へからす、若相背輩有之者、過料
銀子一枚、
一、小荷駄馬四つ以前に出すへし、無左者御立之
跡一里半間を置出すへし、若相背輩あらは過
料銀子一枚、
一、騎馬の間きらすへからす、若相背輩あら者、
過料銀子一枚、
一、馬上町入に扇つかひ候者、過料銀子一枚、
一、馬上町入に笠ぬかさる者、過料銀子一枚、
一、馬上小十人組、御道具持・御草履取ともに、
町入家々左右見間敷事
一、かちもの町入に鞋の緒しめ直し候もの、過料
銀子一枚、
一、かちもの町入に水をのミ何にても喰物買候も
の、過料銀一枚、
一、ふみ馬・かんの馬乗出して、形儀悪鋪候もの、
急度可被仰付候、但一疋馬にて手に不合候者、
かちにて御供仕候か又者御跡より可参事
一、馬に沓うち申候事、一組の内一人つゝうち可
申事
一、一組きりに番頭に付乗可申事
一、御供の時、何にても買申間敷事
一、道中に大便仕間鋪事
一、水口(近江国甲賀郡)よりのしつけ御法度事
一、大津(近江国滋賀郡)より笠持候事御法度事
一、中間・草履取さけ物御法度事
一、御小性組・御書院番・寄合・大御番何も御入
洛之日さかやきそり、足袋をぬき、刀・脇差
ひきはた取可申事
元和九年五月十一日

在京中法度*

条々
一、惣御番中をかく(隔)番ニ可仕候事
一、伏見(山城国紀伊郡)へ御着座之刻、何も上下を着可申事

一、今度御在京中不形儀之体一切仕間鋪事
一、喧嘩口論有之といふとも、其場に有合もの誰によらす双方申なため、無異儀取あつかふへし、於無承引者目付之面々に急度届へし、其場に有なから不慮之仕合令出来者、其一座之輩御穿鑿之上急度可被仰付事
一、御番改請取渡之儀、江戸ニ而如被仰付たるへき事
一、いさかひ（諍）口論於有之者、縦道理有といふとも申掛候者可為曲事、
一、火事其外如何様之儀出来候共、無御意して番所出申間鋪事
一、御番之儀昼夜不可有油断、不参之もの於有之者、改易たるへし、付、番頭・組頭是又当番之刻一切御番所明申間鋪事、但替番無之時者可為各別事
一、御城之外何方へも一切不可参、若不叶用所有之者、老中・目付之面々に断可参、若油断之輩有之者可為曲事、
一、御在京中宮寺へ参詣、并万見物一切仕間鋪事
一、於宿々寄合咄申間鋪事
一、銭湯之風呂へ一切入申間鋪事
一、御入洛之刻、形儀御法度之旨相背輩有之者可為曲事、
一、家中之者と参会仕間鋪事
一、御在京中何方へも振舞に参間鋪事
一、在洛中女くるい一切仕間敷事
右之趣堅可相守之旨被仰出者也、

元和九年五月十一日

*在京中下々の法度

今度御在京中下々御法度之事
一、喧嘩口論堅御停止之上若違背之族有之者、双方御成敗たるへし、若令荷担者本人よりも可為曲事、

*諸法度遵守起請文前書

一、火事其外如何様之儀出来候共、宿より外へ下人一切出間敷候、若出候もの有之者、主人ハ過料銀子二枚、其身者可為成敗事

一、門立一切令停止畢、若相背もの有之者、主人者過料銀子壱枚、其身者主人へ可相渡事

一、御城中にての儀者不及申、宿々ニ而もたはこ吸候儀堅御停止也、若相背もの有之者則可為御成敗事

一、諸勝負堅御停止之上相背もの有之者、可為御成敗事

一、銭湯之風呂へ一切入間鋪事、若相背もの有之者、主人者過料銀子一枚、其身者主人へ可相渡事

一、主人之手形なくして夜行一切御停止也、若相背輩有之ハ主人者過料銀子一枚、其身ハ可為御成敗事

一、押買狼藉すへからす、若猥之輩有之者見合に可為御成敗事

一、御在京中下人等一切町へ出間鋪候、若不叶用之事有之ハ、主人之手形を以出すへし、手形及数度悪鋪儀出来候者、主人可為曲事、

一、御城中にて御法度之儀、江戸にて被仰出候通たるへき事

右之条々堅可相守之旨被仰出候也、

元和九年五月十一日

起請文前書

一、被仰出候御法度書之通、毛頭違背仕間鋪事

一、今度御在京中為不形儀之躰仕間鋪候、付見物等一切仕間敷事

一、御城之外何方へも一切参間鋪事

一、番頭・組頭并目付之面々ハ不及申、縦如何様之仁たりと云共、上意之趣申渡においてハ違背仕間鋪事

一、路次中形儀、御法度之旨不相背、御かけうしろなく油断仕間敷事

一、空煩仕間鋪事

右之趣於相背者、

元和九年五月十一日

供奉衆扶持方の覚

御上洛御供之衆御扶持方被下覚

一、百石　七人

一、百五拾石　十人

一、二百石　十人

一、二百五拾石　十一人

一、三百石　十二人

一、三百五拾石　十三人

一、四百石　十四人

一、四百五拾石　十五人

一、五百石　十六人

一、五百五拾石　十七人

一、六百石　十八人

一、六百五拾石　十九人

一、七百石　二拾人

一、七百五拾石　廿一人

一、八百石　廿二人

一、八百五拾石　廿二人

一、九百石　廿三人

一、九百五拾石　廿三人

一、千石　廿四人

但千石ゟ千四百石迄者可為同人数、

一、千五百石　廿五人

一、二千石　三十人

一、二千五百石　三十七人

一、三千石　四十五人

一、三千五百石　五十二人

一、四千石　六十人

一、四千五百石　六十七人

一、五千石　七十五人
一、一万石　百五拾人
一、二万石　三百人
一、三万石　四百五拾人

元和九年五月十一日

同十四日　高原左助次勝卒ス、四十九歳、

同十六日　上杉彈正少弼定勝、城ニ登リ公ニ謁ス、時ニ父景勝(上杉)カ家督采(マヽ)米沢(出羽国置賜郡)三十万石ヲ定勝ニ賜ル、

古田重治隠居

是月　古田大膳大夫重治隠居ス、古田希代重恒（重治カ甥、時二十五歳、）ニ重治カ家督石州浜田(那賀郡)ノ城食邑五万五千石ヲ賜ル、（重恒カ父兵部少輔重勝慶長十一年江戸ニ於テ卒ス、時ニ重恒幼少タルノ故、大神君(家康)ノ命ニ依テ重勝弟大膳大夫重治ニ兄重勝カ采地ヲ預ケラレ是ヲ領知ス、今希代重恒成人スルニ依テ重治家督ヲ重恒ニ継カシメント願フニ依テ、其望ニ任セラレ重治隠居シテ重恒ニ其領地ヲ賜ル、是年希代重恒従五位下ニ叙シ兵部少輔ニ任ス、）

秀忠上洛

是月　公(秀忠)御上洛トシテ江戸御首途、公三州吉田(渥美郡)ノ城ニ御旅館ノ日、城主松平主殿頭忠利カ男五郎八郎、（後主殿頭ニ任シ忠房ト号ス、）始テ公ニ謁ス、時ニ御馬ヲ五郎八郎ニ賜ル、

同年　大納言(家光)家御上京ノ時、吉田ノ城ニ於テ五郎八郎始テ大納言家ニ謁ス、時ニ御馬ヲ五郎八郎ニ賜ル、

東武実録　巻第十

元和九年癸亥年　自六月至十二月

六月朔日　夏目次郎左衛門(信忠)、長右衛門(信次)二男、始テ大納言(家光)家ニ謁ス、

同八日　公(秀忠)御入洛

（秀忠入洛）

同十四日　水野勘八郎重家卒ス、

同二十六日　内藤修理亮清政卒ス、二十一歳、清政嗣子ナキニ依テ、弟百助政勝ニ清政カ遺領三万石ノ内二万石ヲ賜ル、

七月十三日　大納言(家光)家御入洛、先月御上洛アルヘキノ処ニ御違例御疱ニ依テ御遅滞アリ、今度供奉ノ士ニ初メ金百両、後七十両ヲ以テ其領地ノ高下ニヨラス是ヲ賜ル、

（家光入洛）

小田原(相模国足柄下郡)城御旅館ノ夜、イマタ御夜詰過サルニ、不図御番所エ渡御アルノ処ニ、内藤三十郎・鎮目半弥、二人共ニ永井十左衛門直定組、眠リ居テ、出御ヲ知ラス、是ニ依テ内藤・鎮目遠島ニ配流セラル、

同二十七日　大納言家家光公内大臣正二位征夷大将軍ニ任シ給フ、

（*家光征夷大将軍就任）

上卿

三条大納言実条(三条西)

奉行

頭中将(園基音カ)

参仕弁

勧修寺弁経広

右公家着座、昵近衆御縁ニ伺公、一人赤装束ヲ着シ庭上ニ進ミ出テ、高声ニ御昇進御昇進ト喚、

将軍宣下　官務

氏長者　同

牛車　同

氏長者　大外記

内大臣　同

牛車　同

兵杖　同
位記　同

此内ニ内大臣ノ宣旨ハ、役者中壇ニ持参シテ家司ニ渡ス、吉良侍従義弥是ヲ勤ム、其外ノ宣旨御縁ニ於テ是ヲ渡ス、大納言家御直垂赤色御着用、広間ノ上壇ニ御着座、

内大臣宣旨

次ニ宣旨外記(押小路師生)官務、位記大内記(東坊城長維)持参シテ、家司是ヲ請取リ御前ニ置ク、時ニ大納言家御頂戴アリテ右ノ御方ニ置ク、箱ヲ推出シ給フ、家司是ヲ取ル、砂金袋筥ニ納テ役者ニ渡ス、役者頂戴シテ退キ出ル、其後公家着座中壇ニ於テ御礼アリ、御太刀折紙披露ス、其次地下ノ役人御礼、太刀折紙御縁ニ持参、其次昵近ノ衆御礼アリ、

徳川忠長従三位権中納言叙任

是日　参議忠長(徳川)権中納言ニ任シ、従三位ニ叙ス、元従四位下、

是日　内藤甚十郎忠重、仁兵衛忠政二男、従五位下ニ叙シ、伊賀守ニ任ス、

是日　三浦左兵衛正次従五位下ニ叙シ、志摩守ニ任ス、此外任官ノ輩アリ、

八月朔日　本多半三郎景次、本多縫殿助康俊男、従五位下ニ叙シ、左近将監ニ任ス、

*黒田長政卒す

同四日　黒田筑前守長政京師ニ於テ卒ス、五十六歳、長政カ病中両君(秀忠・家光)ヨリ上使ヲ長政カ旅宿ニ賜リ、彼病痾ヲ問セ給フ、

是日　朽木植(稙)綱、(朽木元綱)卜斎三男、従五位下ニ叙シ、民部少輔ニ任ス、

同五日　酒井釆女卒ス、十六歳、

是日　坂桂巌民部卿法印、卒ス、二十八歳、

*家光参内

同六日　巳ノ剋将軍(家光)家参内

*行列

行列

雑色六人六人　御物長持長持朝夕　御同朋弥阿弥騎馬

左騎馬　板倉周防守重宗　右騎馬　青山伯耆守忠俊

左　騎馬随身　右　騎馬随身

森川金右衛門(氏信)　内藤外記(正重)

斎藤与三右衛門(三存)　松平小太夫(勝秀)
布施孫兵衛(重直)　安藤伝十郎(定智)
井上清兵衛(政重)　秋山十右衛門(正重)
渡辺弥之助(助勝)　石河三右衛門(勝政)
中山勘解由(照守)　柳生又左衛門(宗矩)〔右〕
白丁　白丁
右　歩行諸大夫
左　歩行諸大夫　左右統テ二百十八人
布衣烏帽子着
布衣布衣布衣布衣烏帽子着
御車　布衣烏帽子着　御剣役　騎馬 酒井雅楽頭忠世 侍同 侍同
布衣布衣布衣布衣烏帽子着
布衣烏帽子着
鞭持　侍　右　騎馬諸大夫
肩衣袴茶洗髪後騎皆同
長刀沓持　傘 侍　毛氈ノ鞍覆掛後騎皆同

円座持　侍　左　騎馬諸大夫
右　長刀 鞭持沓持円座持 侍 侍　小笠原右近大夫忠政　傘持 侍侍侍
左　長刀 鞭持沓持円座持 侍 侍　松平山城守忠国　傘持 侍侍侍
右　長刀 鞭持沓持円座持 侍 侍　松平河内守定行　傘持 侍侍侍
左　長刀 鞭持沓持円座持 侍 侍　松平甲斐守忠良　傘持 侍侍侍
右　長刀 鞭持沓持円座持 侍 侍　松平式部大輔忠次　傘持 侍侍侍
左　長刀 鞭持沓持円座持 侍 侍　松平丹波守康長　傘持 侍侍侍
右　長刀 鞭持沓持円座持 侍 侍　本多豊後守康紀　傘持 侍侍侍
左　長刀 鞭持沓持円座持 侍 侍　松平主殿頭忠利　傘持 侍侍侍
右　長刀 鞭持沓持円座持 侍 侍　本多下総守俊次　傘持 侍侍侍
左　長刀 鞭持沓持円座持 侍 侍　松平周防守康重　傘持 侍侍侍
右　長刀 鞭持沓持円座持 侍 侍　松平飛騨守忠隆　傘持 侍侍侍
左　長刀 鞭持沓持円座持 侍 侍　本多中務大輔忠刻　傘持 侍侍侍

*松平定勝従四位下少将叙任

右
長刀鞭持沓持円座持 侍 侍 侍 侍 本多美濃守忠政 傘持 侍侍侍

左
長刀鞭持沓持円座持 侍 侍 松平下総守忠明 傘持 侍侍侍

塗輿御供

尾張中納言義直（徳川）
水戸宰相頼房（徳川）
薩摩宰相 松平薩摩守家久（嶋津）
備前侍従 松平宮内少輔忠雄（池田）
美作侍従 森美作守忠政
長門侍従 松平長門守秀就（毛利）
若狭侍従 京極若狭守忠高
毛利宰相 毛利甲斐守秀元
柳川侍従 立花飛騨守宗茂
織田侍従 織田兵部少輔信良
対馬侍従 宗対馬守義成
丹後侍従 京極釆女正高広

紀伊中納言頼宣（徳川）
加賀宰相 松平筑前守利常（前田）
越後侍従 松平伊予守忠昌
会津侍従 松平下野守忠郷（蒲生）
秋田侍従 佐竹右京大夫義宣
豊前侍従 細川越中守忠利
米沢侍従 上杉弾正少弼定勝
丹羽宰相 丹羽五郎左衛門長重
臼杵侍従 稲葉彦六郎典通
井伊侍従 井伊掃部頭直孝
因幡侍従 松平新太郎光政（池田）

歩行諸大夫　　烏帽子着　　傘持

是日　松平隠岐守定勝、久松佐渡守俊勝三男、従四位下ニ叙シ、少将ニ任ス、

是日　永井弥右衛門白元、長田平右衛門重元二男、従五位下ニ叙シ、監物ニ任ス、

是日　松平右馬助乗次、出雲守乗高男、従五位下ニ叙シ、監物ニ任ス、

是日　立花弥七郎種次、主膳正直次男、従五位下ニ叙シ、主膳正ニ任ス、

是日　高力隆長、摂津守忠房男、従五位下ニ叙シ、左近大夫ニ任ス、

同二十四日　上杉源四郎長貞卒ス、畠山民部少輔義春カ二男、義春ハ能登ノ畠山修理大夫義統カ男ナリ、上杉輝虎入道謙信カ養子トナリ、謙信姪ヲ以テ義春ニ嫁ス、謙信カ姉婿上条兵庫頭清実嗣子ナキニ依テ、義春ヲシテ上条ノ家ヲ継カシム、慶長五年濃州関ヶ原（不破郡）ノ役義春大神君（家康）ニ属ス、御帰陣ノ後鈞（鈞）命ニ依テ上条ヲ改メ本氏畠山ト号ス、義春三子有リ、嫡子弥五郎長則三男長門守義直二人ハ畠山ト号シ、二男源四郎長貞ハ謙信カ氏ニ因テ上杉ト号ス、

是日　横山興知、大膳正康玄カ男、従五位下ニ叙シ、土佐守ニ任ス、

是月　加藤左馬助嘉明従四位下ニ叙ス、（元従五位下、）

是月　道三（今大路）玄鑑カ子親昌従五位下ニ叙シ、典薬頭ニ任シ、今大路民部大輔ト号ス、（後剃髪シテ道三玄鎮ト号ス、）

秀忠禁中に一万石進献

公（秀忠）一万石ノ田地ヲ以テ禁中ニ附ラル、

洛中ノ浪人ヲ僉議有テ追放セラル、

閏八月四日　安倍（阿）四郎五郎正之、采地千石加賜セラル、

同十三日　高原次郎右衛門直久、命ニ依テ父久左衛門次利カ家督ヲ継テ、讃州直嶋（香川郡）・男木嶋（同郡）・女木嶋（同郡）六百石ヲ賜リ、隔年江戸ニ参勤スヘキノ御旨ヲ蒙ル、

九月九日　千本大和守義定京都ニ於テ卒ス、五十九歳、其子山城守義昌病身タルニ依テ、義昌カ子忠三郎義等（後大和守ト号ス、）ヲシテ祖父大和守義定家督ヲ継シメ給フ、（寛永十年正月十五日義等卒ス、嗣子ナキニ依テ其ノ後絶ユ、）

同十日　松平（蜂須賀）千松、公御諱ノ字ヲ賜リ忠英ト号シ、従四位下ニ叙シ、阿波守ニ任ス、

同二十五日　本多豊後守康紀卒ス、四十五歳、公京師ヨリ還御ノ節、保科肥後守正光ヲ以テ、伏見城御留主居ニ定メラル、

大原源次郎宅に盗賊

源次郎母一人生存

十月十日　夜ニ入、大原源次郎（昔年三州ニ於テ忠義アル大原左近右衛門カ孫ナリ、時ニ十四歳、）（マヽ）カ家ニ盗賊忍ヒ入リ、源次郎、弟三十郎、（十二歳、）母妹四人共ニ殺害シ、家人等ヲモ悉ク殺シ、家財ヲ盗ミ取テ出奔ス、夜明ケ母一人活ル、此夜ノ盗賊ノ中ニ少々是ヲ見知レル者ノアリ、是ニ依テ彼母尼ニ成テ江戸ヲ経廻リ、是ヲ尋ネ求ムルト云ヘ共、敢テ是ニ尋ネ逢フ事ヲ得ス、年有テ後芝辺ノ寺ニ法談アリ、彼母聴聞ノ為メ是ニ詣ル、此寺ノ仏壇ニ懸ケ置ク所ノ打敷、往年害ニ逢フ娘ノ衣服ナリ、法談畢ルヲ待テ近ク寄テ是ヲ見ルニ、疑フヘクモアラス、爰ニ於テ彼尼此打敷ヲ住持ノ僧ニコトハリ預ケテ奉行所ニ是ヲ訴ル、奉行人彼ノ打敷ノ出ル所、売者ノ買者ノヲ次第ニ僉議スルニ、盗賊忽ニ露顕ス、凡ソ同類十人ニ及フ、残ラ

盗賊露見

鋸引き

本多正純配所を移される

＊秀忠伊達政宗邸渡御

織田信良従四位下少将叙任

ス是ヲ捕テ路頭ニサラシ、竹鋸ヲ以テ首ヲ引ク事七日ニシテ是ヲ殺ス、

同十八日　曽根源左衛門吉次、台命ヲ奉テ羽州由利ニ赴キ、本多上野介正純ヲ同州大沢(仙北郡)ニ移ス、(正純去歳由利ニ配セラル、)由利ノ地ヲ岩城忠次郎宣隆・六郷兵庫頭政乗・仁賀保兵庫等三人ニ是ヲ渡シ、其沙汰畢テ吉次江戸ニ帰ル、

十一月五日　杉浦三左衛門勝吉、始テ将軍家(家光)ニ謁ス、

同十五日　小野左兵衛高幸、(左馬助高盛カ男、)始テ将軍家ニ謁ス、

同十九日　姫宮(女一宮、興子内親王)誕生ニ依テ、賀儀ノ御使トシテ公ヨリ織田兵部少輔信良、将軍家ヨリ吉良上野介義弥、駿河中納言忠長卿(徳川)ヨリ松平権七郎直長入洛ス、織田兵部少輔信良従四位下ニ叙シ、少将ニ任シ、(元侍従、)松(元侍従、)吉良上野介義弥左近衛ノ権少将ニ任ス、平権七郎直長従五位下ニ叙シ、因幡守ニ任ス、此時板倉伊賀守勝重侍従ニ任シ、其子周防守重宗四品ニ叙ス、

同二十日　太田釆女正資宗、相州海老名(高座郡)ニ於テ釆地千石加賜セラル、

是月　永井監物白元、武州百間村(埼玉郡)ニ於テ食邑千石賜ル、

是月　立花松千代種吉、(後甲斐守ニ任ス、主膳正直次男、)始テ両君ニ謁ス、

是月　朽木民部少輔植(稙)綱、始テ食邑ヲ賜ル、

十二月八日　大沢兵部大輔基宿、(左衛門佐基胤男、)左近衛権中将ニ任ス、(元少将、)

同十九日　大久保平四郎忠奥(興)、将軍家ニ奉仕ス、

同二十日　公松平(伊達)陸奥守正(政)宗カ宅ニ渡御、賜モノ数多是アリ、其子美作守忠宗、(後越前守、亦陸奥守ニ転任ス、)御腰物貞宗ヲ賜ル、

同二十九日　小幡三郎左衛門重昌、(孫市郎直之カ男、)始テ将軍家ニ謁ス、

同晦日　堀田三四郎正盛、勘左衛門正利男、従五位下ニ叙シ、出羽守ニ任ス、後加賀守ニ改ム、是年正盛相州十箇市村八朔ニ於テ食邑七百石ヲ賜ル、

是月　京極高通、京極丹後守高知養子、実ハ朽木兵部少輔直綱二男、従五位下ニ叙シ、主膳正ニ任ス、

此冬　小堀遠江守政一、台命ヲ奉テ江州ノ奉行トナル、後五畿内丹波統テ七箇国ノ公事ヲ裁許ス、

小堀政一近江国奉行

是年　太閤信房公鷹司ノ娘、将軍家エ御入輿、

家光結婚

是年　松平（池田）新太郎、武蔵守利隆男、将軍家ヨリ御諱ノ字ヲ賜テ、光政ト号シ侍従ニ任ス、時ニ御腰物直綱ヲ光政ニ賜ル、

是年　松平下野守忠郷、蒲生飛驒守秀行男、母大神君（家康）ノ御娘、侍従ニ任ス、元無官、

是年　松平中務大輔忠知、蒲生飛驒守秀行ノ二男、母大神君御娘、四品ニ叙ス、元無官、

是年　松平出羽守直政、中納言秀康卿三男、従四位下ニ叙ス、元従五位下、

是年　織田刑部大輔信則、上野介信包男、従四位下ニ叙ス、元従五位下侍従、

是年　松平信綱、松平右衛門大夫正綱カ養子、実ハ大河内金兵衛久綱男、従五位下ニ叙シ、伊豆守ニ任ス、

是年　阿部小平次忠秋、左馬助忠吉男、従五位下ニ叙シ、豊後守ニ任ス、

是年　松平（池田）岩松政綱、三左衛門輝政カ五男、従五位下ニ叙シ、右京大夫ニ任ス、

是年　稲葉宇右衛門正勝、佐渡守正成男、従五位下ニ叙シ、丹後守ニ任ス、此年正勝常陸国柿岡（新治郡）ニ於テ、采地五千石ヲ加賜セラレ、奉行職ニ列シ、政務ノ沙汰ヲ預リ聞テ奉書ニ加判ス、

＊稲葉正勝奉書加判

是年　池田左門長治、備中守長吉四男、従五位下ニ叙シ、帯刀ト号ス、

是年　永井十左衛門直定、右近大夫直勝三男、従五位下ニ叙シ、豊前守ニ任ス、

是年　安倍備中守正次、相州小田原城采地五万石ヲ転シテ、武州岩付（槻）城（埼玉郡）五万五千石賜ル、

*松平忠直越前国没収せらる

*松平忠昌福井城拝領

*松平直政大野城拝領

内藤忠重奉行人となる

是年 黒田勘解由長興、後甲斐守ニ任ス、筑前守長政二男、筑前国夜須・下座・嘉麻三郡采地五万石賜リ、秋月(夜須郡)ニ居住ス、

是年 黒田官兵衛高政、後市正ニ任ス、筑前守長政三男、筑前国鞍手・三枚ニ郡食邑四万石を賜リ、東蓮寺(鞍手郡)ニ住ス、

是年 六郷兵庫頭政乗、常陸国府中(新治郡)采地一万石ヲ改メ、羽州由利郡食邑二万石賜ル、

是年 永井信濃守尚政、遠州ノ地五千石加賜セラル、旧領統テ二万石ヲ領ス、

是年 青山大蔵少輔幸成、遠州天方村(周智郡)食邑三千石加賜セラル、此地ハ外祖父天方山城守(通綱)代々相伝ノ本領ニ依テナリ、

是年 内藤伊賀守忠重、常陸国江戸崎(信太郡)ニ於テ食邑ヲ加賜セラレ、旧領統テ五千石ヲ領ス、忠重此年ヨリ奉行人ニ列ス、

是年 阿部豊後守忠秋、武州吉羽村(埼玉郡カ)采地千石加賜セラレ、御小姓組番頭トナル、

是年 内藤外記政重、上総国大可見(児)(望陀郡)ニ於テ、食邑千石加賜セラル、

是年 松平三河守忠直、中納言秀康卿ノ男、参議従三位、後一伯ト号ス、慶安三年九月十日配所ニ於テ卒ス、病気ニ依テ越前国ヲ没収セラレ豊後国ニ配流セラル、時ニ検使トシテ嶋田次兵衛利政(正)・安(阿)倍四郎五郎正之越前国ニ赴キ、国中ノ事ヲ沙汰ス、越後国高田(頸城郡)ノ城采地二十五万五千石ヲ転シテ、越前国福井(足羽郡)ノ城五十二万五千石松平伊予守忠昌中納言秀康卿二男、ニ賜ル、高田城采地二十五万五千石仙千代丸後越後守ニ任シ、光長ト号ス、三河守忠直男、ニ賜ル、越前国大野(大野郡)ノ城采地五万石松平出羽守直政中納言秀康卿三男、ニ賜ル、同州ニ於テ食邑三万石松平大和守直基中納言秀康卿四男、ニ賜ル、同州ニ於テ采地二万石松平土佐守直久中納言秀康卿五男、ニ賜ル、伊予守忠昌越前国ヲ賜リ越後国ヨリ是ニ移ルノ時、稲葉佐渡守正成先年ノ御旨ヲ守テ越前ニ赴ク事ナク、台命ヲ待ス高田ヨリ直ニ江戸ニ来テ、其子丹後守正勝カ采地ニ蟄居ス、曽根源左衛門吉次、公(秀忠)ノ台命ヲ奉テ越前国ニ赴キ、三河守(松平)忠直ノ

室、(公ノ御娘、)及ヒ仙千代丸(後の光長)ヲ保護シテ江戸ニ帰ル、

是年　松平出雲守勝隆・高木主水正正次、(二人共ニ大御番頭、)公(秀忠)ノ鈞〔欽〕命ヲ奉テ将軍家(徳川家光)ニ奉仕ス、此年御入洛江戸ニ還御ノ時、高木主水正正次ヲ召シテ采地千石ヲ加賜セラレ、大坂ノ城京橋口(摂津国東成郡)ノ常番トナル、稲垣平右衛門茂綱、(後摂津守ニ任ス、)大坂ノ城玉造口ノ常番トナル、

高木正次大坂城京橋口常番　稲垣茂綱正造口常番となる

是年　御在京ノ中、公松平越中守定綱ヲ召テ命有テ曰ク、伏見ノ城(山城国紀伊郡)既ニ顚倒ス、是ニ依テ淀ノ城(山城国久世郡)今マ京師ヲ守護スルノ要害也、定綱(松平)古城ヲ改メ新タニ此地ニ城ヲ築キ、洛中ヲ警衛スヘキノ御旨ヲ蒙リ、伏見ノ城殿閣天守ヲ壊チ賜テ淀ノ城ヲ経営ス、奉行三人ニ命シテ是ヲ監セシム、時ニ領地三万五千石ヲ定綱ニ賜ル、定綱カ男定頼将軍家ニ謁ス、時ニ御腰物ヲ定頼ニ賜ル、(是ヨリ先キ御上洛ノ時、懸(遠江国佐野郡)川ノ城ニ於テ定頼公ニ謁ス、)

*秀忠家光和泉国堺渡御

秀忠松平定綱に淀城普請を命ず

是年　安藤伝十郎定知、御歩行頭トナル、

是年　斎藤与三右衛門三存、御持筒ノ頭トナル、

是年　土屋金弥正勝、(後之直ニ改メ兵部少輔ニ任ス、民部少輔忠直カ三男、)公ノ御近習ニ奉仕ス、

是年　前田孫市定次、(五郎左衛門定良男、)始テ公ニ謁ス、(寛永六年ヨリ大御番ヲ勤ム、)

是年　伊藤祐豊、(後主膳正ニ任ス、)始テ両君(秀忠・家光)ニ謁ス、

是年　御入洛還御ノ時、岡本玄冶始テ江戸ニ供奉ス、

是年　御在京ノ中両君和泉堺ニ渡御有り、時ニ喜多見五郎左衛門勝重(後若狭守ニ任ス、)カ家ニ両君台駕ヲ寄セラレ、勝重御茶ヲ献ス、時ニ御小袖・黄金ヲ勝重ニ賜ル、

是年　公墨跡虚堂ヲ松平陸奥守正〔政〕宗ニ賜ル、

是年　台命ヲ奉テ大橋親勝、(後越後守ニ任ス、)国母(近衛前子)ニ附属セラル、

是年　内藤志摩守忠重、御小姓組ノ番頭トナル、

是年　田中主殿頭定官・喜多見半三郎重恒、(後五郎左衛門ニ改ム、)公ノ御勘気ヲ蒙リ閑居ス、(寛永二年赦免セラル、)

是年　御上洛ノ節両君駿州久能山（有渡郡）ニ御参詣、時ニ榊原内記照久カ嫡子照清、（時ニ四歳、後越中守ニ任ス、）両君ニ謁ス、

是年　稲葉丹後守正勝、西ノ丸経営ノ事ヲ勤ム、

是年　米津内蔵助田盛、（勘兵衛田政カ男、後出羽守ニ任ス、）始テ両君ニ謁ス、

是年　仙石政俊、（兵部少輔忠政カ男、後越前守ニ任ス、）始テ両君ニ謁ス、

是年　戸田市郎右衛門直良、将軍家ニ奉仕ス、

家光青山忠俊を改易

是年　将軍家御上京ノ時、御入洛ノ日ヨリ青山伯耆守忠俊御詞ヲカケラレス、江城還御ノ後遂ニ岩付（槻）ノ城（武蔵国埼玉郡）采地四万三千石ヲ召シ放サレ、遠州小林村（長上郡）ニ閑居ス、（寛永二十年忠俊小林村ニ於テ卒ス、六十六歳、）

是年　暹羅国ノ使者来貢、

東武実録　巻第十一

寛永元甲子年　自正月至十二月

諸大名登城して歳旦を祝す

正月朔日　諸士江戸ノ城ニ登テ歳旦ヲ祝ス、公(秀忠)御装束ヲ着セレ出御有テ賀ヲウケ給フ、御作法例ノ如シ、

是日　那須与一郎資重、左京大夫資景男、従五位下ニ叙シ、美濃守ニ任ス、

禁中へ年始の賀儀

同二日　禁裏エ年始ノ賀儀トシテ、織田少将信良兵部少輔、ヲ遣ハサル、

為年始之御礼、以織田少将(信良)言上候、仍御太刀一腰・御馬一疋令進上之候、宜様可有奏達候也、謹言、

正月二日　御諱(秀忠)

三条大納言殿(三条西実条)

中院中納言殿(通村)

とし(年)のはし(始)めの祝儀として、をた(織田)少将をもつて申上候、よきやうに申され候へく候、さてハしろかね(白銀)二十まいらせ候、めてたさのしるしまてにて候、かしく、

ひて(秀)忠

勾当内侍とのへ

去年姫宮(女一宮、興子内親王)誕生ニ依テ旧冬賀儀ノ御使トシテ京師ニ遣ハサル、織田兵部少輔信良・吉良上野介義弥・中納言忠長卿(徳川)ノ使松平権七郎直長・京都ノ所司代板倉伊賀守勝重・同周防守重宗等官位勅許ニ依テ是ヲ謝セラレ、御書ヲ両伝奏エ遣ハサル、

今度令進上候使者共并板倉父子(勝重・重宗)、官位勅許之段忝次第ニ候、此旨宜様ニ可被達叡聞候、謹言、

正月二日　御諱

三条大納言殿
中院中納言殿

二条城大坂城普請条目

同五日　京都二条、摂州大坂(東成郡)両城経営ニ依テ仰出サル、御条目、

定

喧嘩口論制禁

一、喧嘩口論堅制禁之上、有違犯之族者、不論理非双方可斬罪、或者知音之思、或依親類之好令荷担者、其咎可重於本人事

押買狼藉

一、不可押買狼藉事

一、濫不可伐採竹木、付不可荒作毛事

一、不可論石場事

普請中人返し

一、普請中人返之儀、一切令停止訖、但於有申分者、帰国之上可及沙汰事

右之条々可相守此旨者也、

元和十年正月五日

御黒(秀忠)印

尾張中納言義直(徳川)卿在国ニ依テ、年頭ノ祝儀トシテ太刀一腰・馬代黄金三枚ヲ献ス、是日御内書ヲ義直卿ニ賜ル、

同九日　石渡四郎兵衛元次、始テ麾下ニ属シ将軍(家光)家ニ奉仕ス、

同十一日　阿部左馬助忠吉卒ス、五十五歳、其子豊後守忠秋父忠吉カ家督五千石ヲ賜リ、自ラノ領地千石、統テ六千石ヲ領ス、

同十九日　堀因幡守秀信、御目付トナル、

＊高台院より年始の祝儀

是日　高台院(豊臣秀吉室)ノ御方ヨリ年始ノ祝儀トシテ、緞子三巻・水引一箱ヲ献上ニ依テ、御内書ヲ賜ル、

＊秀忠家光に馬印を譲る

同二十七日　公ヨリ将軍家エ御馬印シヲ譲リ給フ、是ニ依テ御家門ノ面々、御普[譜]代ノ御家人等嘉儀トシテ城ニ登ル、各御盃ヲ賜ル、

是月　大久保荒之助忠当卒ス、三十四歳、忠当カ

遺領千五百石ヲ嫡子忠辰（後荒之助ト号ス）ニ千石、二男甚四郎忠昌ニ五百石ヲ分テ賜ル、

秀忠徳川頼房邸渡御

二月六日　公（秀忠）水戸参議頼房（徳川）卿ノ宅ニ渡御アリ、御相伴紀伊中納言頼宣（徳川）卿、

家光徳川頼房邸渡御

同十日　将軍（家光）家水戸参議頼房卿ノ家ニ来臨アリ、御相伴甲斐中納言忠長（徳川）卿・丹羽五郎左衛門長重・朽木卜斎（元綱）、

徳川頼宣家臣松平信康自殺

同十五日　中納言頼宣卿日光（下野国都賀郡）登山アリ、時ニ家臣松平久七郎信康、（松平石見守康安四男）野州壬生（都賀郡）ニ於テ同僚高井伊織ト闘争シテ是ヲ斬殺ス、人有リ、是ヲ勧テ遁レ退クヘシト云フ、康信（マヽ）カ云ク、同僚ヲ殺シテ何ンソ遁ル、事ノ有ラントテ、即広光寺ニ於テ自殺ス、三十一歳、人皆是ヲ憐ミ惜ム、

改元勅命

同二十一日　禁裏ヨリ改元ノ事勅命有ルニ依テ、両君（秀忠・家光）御書ヲ京師ニ遣ハサル、

就今年甲子改元之事、為二月御吉例、晦日可被執行之由尤奉存候、随而年号八字三之内何茂可被任叡慮之、此等之趣宜有奏達候也、恐々謹言、

二月廿一日　御諱（秀忠）

三条大納言（三条西実条）殿

中院中納言（通村）殿

両君ヨリノ御書御文章同、

同二十六日　薩摩宰相家久（嶋津）、（松平薩摩守）領国ノ蜜柑十籠・野雁ノ羽一箱ヲ献スルニ依テ御内書ヲ賜ル、

同二十八日　逸見左馬助義助卒ス、五十三歳、

寛*永改元

同晦日　元和ノ年号寛永ニ改元アリ、

是日　桑名少将定勝、（松平隠岐守）腫物気ニ依テ、御心許ナク思召サル、ノ由奉書ヲ賜ル、

是月　新庄越前守直好・土岐頼行、（此冬山城守ニ任ス）二人、武州岩付（槻）（埼玉郡）ノ城番ヲ勤ム、（二月ヨリ同年九月ニ至ル）

幕*府伊勢山田三方年寄に令す

三月六日　勢州山田（度会郡）三方年寄ノ輩ニ仰出サル、趣、

覚

*御師職出入

一、山田代官之儀、可被仰付之旨従此以前上意候之間、頓而可被仰出事

御師職

一、松前志摩[上]御師職之事、去年於二条如被仰出候、山田三方年寄共として、古来のことく弥可沙汰、紀州神田村(伊都郡)・嶋村(伊都郡)御師職之事右同前たるへき事

一、山田におひてにせはかきをいたし、其上町中へ火をも付候ハんとたくミを仕候悪人出来ニ付而、籠者之由尤ニ候、成敗之儀者其元御代官可被仰付候間、其節御代官と相談之上可及沙汰事

*家光蒲生忠郷邸渡御

前々よりの欠所地

一、山田に従前々之欠所之地子五両計之所有之由ニ候、今迄たまり候金子山田三方惣中へ被下候之間、宮川堤破損之料に遣候様ニ可有之事、但重而之たまり候金者、御代官被仰付候仁と相談之上可申上事

一、御師職出入せんさく仕ニ付而、不謂儀申出族、又年寄共申儀不用、我侭なる働仕候者有之ニ付而、様子ニ随ひ過銭可取かと申上候、是茂御代官被仰付候上、過料成とも又ハ籠者成共右御代官と致相談可申上事

寛永元年三月六日

山田三方年寄

同十四日 松平隠岐守定勝、従四位下少将、卒ス、六十五歳、

四月五日 将軍家(家光)松平下野守忠郷(蒲生)カ亭ニ渡御アリ、御相伴水戸参議頼房卿(徳川)・藤堂和泉守高虎、忠郷カ家ニ予参シテ御成リヲ相待ツ、卯ノ后剋将軍家渡御アリ、露路ヨリ数寄屋ニ入御、御茶過テ後書院ニ出御、猿楽上覧アリ、能三番過ルノ時御膳ヲ献ス、猿楽畢テ後還御、今日ノ御成リ忝キノ旨御礼トシテ、下野守忠郷御本丸・西ノ丸ニ登城、両君

ニ謁ス参議頼房卿・藤堂和泉守高虎御礼トシテ登営ス、

*数寄屋道具

後水尾天皇女院御所行幸

同八日　女院(中和門院、近衛前子)ノ御所エ行幸ニ依テ、三条大納言(三条西実条)・中院中納言(通村)両伝奏エ御書ヲ遣ハサル、

女院之御方へ行幸、殊更御機嫌能還幸之由、誠以目出奉存候、此旨可然様可有奏達候、恐々謹言、

四月八日　御諱(秀忠)

三条大納言殿

中院中納言殿

秀忠蒲生忠郷邸渡御

同十四日　公(秀忠)松平下野守忠郷カ亭ニ来臨、御相伴水戸参議頼房卿・藤堂和泉守高虎、未明ニ忠郷(蒲生)カ家ニ予参シテ御成リヲ相待ツ、卯ノ中剋、公忠郷カ亭ニ渡御、露路ヨリ数寄屋ニ入御、頼房(徳川)・高虎(藤堂)供奉ス、懸物上覧御着座ノ時御膳ヲ献ス、御銚子三遍過テ御湯ヲ出シ御中立アリ、

数寄屋道具

一、懸物　春甫横物

一、釜　松風

一、水指　古備前

一、茶入　小柴

一、盆　若狭

一、花入　礎

銅壺ノ間餝

一、懸物　瀟湘夜雨牧渓(谿)筆

一、古今集　為相(冷泉)筆

公外露路ノ堂ニテ暫シ御休息アリ、頼房・高虎ヲ召シテ御前ニ伺候ス、又数寄屋ニ入御、御花杜若公被遊御着座ノ時御茶ヲ献ス、公召シ上ラレ、参議頼房卿ニ賜ル、是ヲ下野守忠郷・和泉守高虎賜リ納ル、後ノ御炭公被遊、事畢テ鎖ノ間ニ成ラセラレ、御菓子御薄茶ヲ献ス、爰ニ於テ御長袴ヲ召

シカエラレ御成リ書院ニ出御、下野守忠郷ニ賜モノ献上ノ品々披露畢テ、猿楽初リ上覧アリ、能三番過テ御膳ヲ献ス、御土器・御銚子出初献二献ハ御各盞、三献ノ時御盃ヲ参議頼房卿頂戴、其盃公召シ上ラレ、下野守忠郷ニ被下時ニ、御腰物・御脇指ヲ忠郷ニ賜ル、其盃公ニ召シ上ラルノ時、忠郷刀・脇指ヲ献ス、其御盃和泉守高虎賜リ納ム、猿楽過テ後還御、今日御成リ忝ナキノ旨、御礼トシテ忠郷登営ス、

同二十四日　土井大炊頭利勝・井上主計頭正就・永井信濃守尚政等御旨ヲ窺ヒ、内意ノ連署ヲ板倉周防守重宗ニ遣ハス、

秀忠内意の奉書

我等共為内証申入候、然者中宮(東福門院、徳川和子)ニ被為成候得者、御手道具其外何茂此中之御道具者不罷成、新規ニ被仰付可然之様ニ従権中納言民部卿迄申来候、左様ニ候得者蒔絵之御道具なとハ貴殿如御存知、一年之中ニ者出来いたしかね可申と存候、物而物毎従権中納言直ニ民部卿迄申来事多候之間、周防(板倉重宗)者不存候かと御尋ニ御座候間、内々可有其御心得候、将又禁中女院宮々之御方御為ニ金銀之御膳道具なとも可然之様ニ承候、加様之事者禁裏御膳御作法之ことく可然被思召候、女御之御方ニ而結構過たる御事者、驕たる様ニも可成かと思召候、如此之儀其許御沙汰御無用ニ候、御心得候而后にならせられ候ての御作法最前茂如申入候、弥可蒙仰候、右貴殿ゟハ別ニ替御様子も無之と被申越候而、又如此之段御不審ニ被思召候、恐々、

四月廿四日

永信(永井尚政)
井主(井上正就)
土大(土井利勝)

板倉(重宗)周防守殿

是日　本多美濃守忠政所労御心許ナク思召サル、ノ由、奉書ヲ忠政ニ賜ル、

同二十九日　板倉伊賀守勝重、従四位下侍従、京師ニ於テ卒ス、八十歳、

板倉勝重卒す

五月朔日　今度勅書ヲ賜ル謝礼トシテ、大沢侍従（基重）ヲ京都ニ遣ハサル、

勅書の礼

被成下勅書、誠以希有之仕合忝令頂戴候、為御礼以大沢侍従致言上候、此旨可然之様可被達叡聞候也、謹言、

五月朔日　御諱（秀忠）

頭中将殿（園基音）

両伝奏勅使（三条西実条・中院通村）トシテ江戸ニ下向ス、是ニ依テ宛所例ニカハル、

是日　戸田左門氏鉄大坂（摂津国東成郡）ノ城修築、其功群ニ抜スルノ由上聞ニ達シ、是ヲ褒セラレ奉書ヲ氏鉄ニ賜ル、

同二日　松平甲斐守忠良病痾御心許ナキノ由、奉書ヲ忠良ニ賜ル、

同四日　去月二十九日、板倉伊賀守勝重卒去ニ依テ、其子周防守重宗ニ御書ヲ賜ル、

伊賀守（板倉勝重）令死去之由、心中之程意思召候、不便之次第不及是非事候也、

五月四日

板倉周防守（重宗）とのへ

是日　仙台宰相正（政）宗（伊達）、松平陸奥守、領国ノ糒三十袋ヲ献ス、是ニ依テ御内書ヲ賜ル、

同八日　高台院（豊臣秀吉室）ノ御方ヨリ端午ノ賀儀トシテ単物・袷ヲ献スルニ依テ、御内書ヲ賜ル、

*高台院より端午の賀儀

同十日　本多中務太輔（マヽ）忠刻所労ニ依テ、保養仕ルヘキノ由、奉書ヲ賜ル、

徳川義直巣鷹を献ず
*江戸城西の丸大手橋修復
振舞の覚
*越前越後国国替条目

同十五日　内藤半弥卒ス、

同十八日　松平甲斐守忠良卒ス、四十三歳、其子五郎憲良、（後因幡守ニ任ス、）父忠良カ家督ヲ継ク、

同十九日　榊原源兵衛正重将軍家（家光）ニ奉仕ス、

同二十二日　尾張中納言義直（徳川）卿木曽山ノ巣鷹ヲ献ス、是ニ依テ御内書ヲ賜ル、

同二十五日

覚

一、二汁　五菜
一、酒　三献
一、肴　二色
一、木具之振舞可為無用、但珍客并祝言之座敷者各別也、
一、数寄屋之事

寛永元年子五月廿五日

是月　本多飛騨守成重、（本多作左衛門重次男、）召シテ麾下ニ属ス、（是ヨリ先キ三河守忠直（松平）卿家臣也、越前国丸岡ノ城主、采地四万石ヲ領ス、）（坂井郡）食邑四万六千三百石賜ル、

是月　三好越後守可正・今村伝四郎正長御目付トシテ大坂ニ赴ク、（五月ヨリ同九月ニ至ル、）

是月　西ノ丸大手ノ橋修復アリ、川勝丹後守広綱・多賀左近常長是ヲ奉行ス、（五月ヨリ七月ニ至テ成ル、）

六月六日　織田左京亮信貞、（始ノ名雅楽助、）江州ニ於テ卒ス、五十一歳、嫡子藤四郎信次、（薙髪シテ真斎ト号ス、）多病ニ依テ、次男貞置、（左京ト号シ後主計頭ニ任ス、）父信貞カ家督ヲ継ク、

同十一日　国替ニ依テ越後国検使トシテ渡辺半四郎（宗綱）・堀因幡守（秀信）ヲ遣ハサル、井上新左衛門是ニ副フ、越前国エハ安倍（阿、以下同ジ）四郎五郎（正之）・石河三右衛門（勝政）ヲ検使トシテ、嶋田次兵衛（利正）ヲ差シ副ヘラル、時ニ仰出サル、趣、

条々

家僕

未進方

一、武具・諸道具替地之所へ可取越事

一、竹木一切不可剪採事

一、家僕之儀、国替之所迄可召具、其上非普代者〔譜、以下同〕可為主従相談次第事

一、未進方に取つかふ者之事、国替之所迄送届之上、本国へ可返之、但、過二十ケ年者可為普代事

付、未進方にて無之、親兄弟普代に出置男女之事、於無其紛者普代勿論之事

一、未進方に召仕、本国へ返遣者之子、縦主人之所にて生候共七歳迄者可附其父母事

右堅可相守此旨者也、

寛永元年六月十一日

御黒印（秀忠）

一、今度御国替ニ付而、百石ニ一疋一人出之、二日路可相送事

一、種借之事従蔵出之借付儀、於無疑者可返弁事、

付、借物者證文次第事

一、去年未進之儀可為棄破事

右条々依仰執達如件、

寛永元年六月十一日

信濃守（永井尚政）
主計頭（井上正就）
大炊頭（土井利勝）
雅楽頭（酒井忠世）

安倍四郎五郎殿
石河三右衛門殿

別紙ニ二通

渡辺半四郎殿
堀　因幡守殿
井上新左衛門殿

一、六拾万八百石

此内

一、四拾六万石　北庄分（越前国足羽郡）
一、四万五千石　府中領（南条郡）
一、四万石　丸岡領（坂井郡）
一、二万千石　敦賀（敦賀郡）
一、千弐百四拾四石　寺社領
一、千七拾石　幸若大夫三人 同猪右衛門
以上五拾六万弐千三百拾四石
残物拾壱万七千六百八拾六石
一、弐拾五万五千石
此内
一、拾三万五千三百石　越前ゟ参候給人
一、壱万石　御前様御知行
一、弐千石　長谷川筑後守
一、弐百石　北川与左衛門
一、弐百石　佐原勘右衛門
一、六千石　切米分

以上拾四万九千弐百石
残物拾万千三百石

覚
一、千石　本多七左衛門
一、千石　萩田与三兵衛
一、六百石　渥美久兵衛
一、五百石　野本右近
一、五百石　林兵部
一、弐百石　安藤太郎左衛門
一、百石　安藤作右衛門
一、百石　安藤次郎右衛門
以上
右八人之衆本帳之外ニ被成御加増候間、可有御渡候、以上、
寛永元年
六月十一日　次兵衛（嶋田利正）

信濃守
主計頭
大炊頭
雅楽頭

渡辺半四郎殿
堀　因幡守殿
井上新左衛門殿

秀忠清所に御寝

弓削多七之助秋田秀次を殺害

同十六日　明日御潔斎日タル故、公(秀忠)今夜御清所ニ御寝成ラル、ニ依テ、近習ノ輩各次ノ間ニ候ス、御夜詰過テ後小広間ニ於テ、弓削多七之助遺恨アルニ依テ、秋田長門守(秀次)ヲ殺害ス、天野佐左衛門(雄得)、御使番、此比ハ御使番当番ノ輩殿中ニ寝番ヲ勤ム、出合フ処ニ、弓削多(七之助)秋田(秀次)カ死骸ノ上ニノホリ茫然トシテ居ル、天野(雄得)是ヲ見テ御営中ニ於テ人ヲ害シ片時モ生テ有ルヘキニアラス、何ヲ以テ猶予スルヤト云フ、弓削多聞テ最モ可ナリト云テ則自害ス、

弓削多自害す

七月七日　揖斐半右衛門政吉卒ス、

福島正則卒す

福島正則死骸正使到着前に火葬す

同十三日　福嶋左衛門大夫正則、参議従三位、配所ニ於テ卒ス、六十四歳、正則卒スルノ由江戸ニ註進アルニ依テ、検使トシテ堀田勘左衛門正利信州河(川)中嶋(更科郡)ニ赴ク、正利来ル事ヲ待タス、正則カ家人津田四郎兵衛カハカラヒトシテ、正則カ死骸ヲ火葬ス、此咎ニ依テ正則カ配所ノ領地四万五千石ヲ減セラレ、僅ニ食邑三千石ヲ其子市之丞(正利)ニ賜ル、

是日　松下常慶卒ス、六十七歳、

同十六日　松平伊豆守信一卒ス、

同二十三日　松平美作守忠宗(伊達)、将軍家ノ台命ヲ奉テ越前守ニ改ム、時ニ御腰物ヲ忠宗ニ賜ル、

同二十八日　菊亭大納言(経季)薫名香一袋ヲ献ス、是ニ依テ御内書ヲ賜ル、

是月　神尾主水元真、後若狭守ニ任ス、内記元勝カ男、始テ将軍家(家光)ニ謁ス、

八月四日　仙台宰相正宗(政、以下同ジ)(伊達)初鮭ヲ献ス、御内書ヲ正

殿中条目

徳川忠長甲信駿遠五十万石拝領*

男道

領知目録*

若衆狂

宗ニ賜ル、

同十一日 仰出サル、趣、

条々

一、於殿中不寄何事一切口論仕間敷候、申懸候者御改易ニ可被仰付事

一、傍輩中万悪敷儀ニ男道をたて、申合一味仕間敷候、若於相背者可為御成敗事

一、於宿々ニ又若党と寄合、悪鋪儀ニ致同座間敷候、相背輩者可為御成敗事

一、若衆狂一切仕間敷候、若相背輩あらは、本人之儀者可為御改易、其間之使を致候もの御成敗ニ可被仰付事

一、奥之御小姓衆と中好知音ふりいたすへからす、於相背者可為曲事、

一、用事なくして他之番所へ寄合、咄申間鋪候、相背族あらは過料可被仰付事

一、番頭・組頭申渡儀、万事少茂違背仕間敷候、於相背者急度曲事ニ可被仰付事

右ケ条之旨可相守者也、

寛永元年子八月十一日

甲斐中納言忠長卿(徳川)ニ駿河国及ヒ遠州ノ内、領地五十万石ヲ賜ル、(甲州元ノ如ク、)

一、高弐拾三万二千六百七拾三石　甲斐国

此外

二千石　郡内高不足ニ引

三千四百七石　寺社領ニ引

三千石　真田隠岐守(信昌)知行分引

一、高弐万六千五百四拾六石八斗　信州小諸残物

一、高拾六万千六百九拾石　駿河国

此外

三千石　久能領(有渡郡)ニ引

壱万六百六拾石余　十分一之夫覚有之

一、高七万九千八拾四石弐斗　遠江国之内

都合五拾万石

右之所々中納言様へ被進候、以上、

寛永元年八月廿日

伊丹喜之助(康勝)

松平右衛門大夫(正綱)

永井信濃守(尚政)

井上主計頭(正就)

土井大炊頭(利勝)

酒井雅楽頭(忠世)

鳥居土佐守(成次)殿

朝倉筑後守(宣正)殿

右ノ外重テ五万石賜リ、総テ五十五万石ヲ領ス、

同二十二日　公(秀忠)御鉄炮ニテ此秋初テ遊ハサル菱喰一羽、尾張中納言義直(徳川)卿ニ賜ル、

是月　将軍家(家光)ノ命ニ依テ、上総・下総・武蔵三箇

*豊臣秀吉室高台院薨去

*秀忠三宅藤五郎誅戮

国ニ於テ、采地二万石酒井讃岐守忠勝ニ加賜セラル、旧領并テ三万石ヲ領ス、

九月四日　加賀宰相利常(前田)領国ノ鮭ヲ献ス、是ニ依テ御内書ヲ賜ル、

同六日　太閤秀吉(豊臣)ノ政所逝ス、七十六歳、高台院ト号ス、大神君(家康)御在世ノ時、河州ニ於テ食禄一万六千石ヲ高台院ニ賜ル、卒去ノ後彼ノ遺領ノ内三千石ヲ以テ、木下左近利三ニ賜ル、

是日　神尾内記元勝、(後備前守ニ任ス、)御使トシテ奥州会津(会津郡)ニ赴ク、

同九日　仙台宰相正宗(政)(伊達)領国ノ素麺并鮎ノ鮓ヲ献ス、是ニ依テ御内書を賜ル、

同十四日　高木志摩守一吉卒ス、六十四歳、

同十八日　公手ツカラ自カラ三宅藤五郎ヲ誅戮アリ、人其科ヲ知ル事ナシ、

是日　尾張中納言義直(徳川)卿御作事ニ付テ、品々目録ヲ以テ献上アリ、是ニ依テ御内書ヲ賜ル、

是日　紀伊中納言頼宣卿（徳川）大坂（摂津国東成郡）ノ城経営ノ為、槻材木及ヒ江戸御作事ノ材木ヲ献スルニ依テ御内書ヲ賜ル、

是日　安藤帯刀直次、中納言頼宣卿ノ臣、奈良酒両樽ヲ献上ス、是ニ依テ奉書ヲ賜ル、

同十九日　上杉弾正少弼定勝、初巣ノ黄鷹一聯ヲ献ス、奉書ヲ定勝ニ賜ル、

同二十四日　須田右近盛永卒ス、八十二歳、

是日　河副六兵衛重次卒ス、五十三歳、

同二十六日　秋田侍従義宣、佐竹右京大夫、黄鷹三聯ヲ献ス、是ニ依テ奉書賜ル、

是月　松平五郎憲良、後因幡守ニ任ス、濃州大垣（安八郡）ノ城ヲ転シテ、信州小諸（佐久郡）ノ城食邑四万五千石賜ル、

是月　岡部内膳正長盛、丹波国福知山（天田郡）ノ城采地五万石ヲ改メ、濃州大垣ノ城食邑五万千二百石賜ル、

是月　稲葉淡路守紀通ニ、丹波ノ国福知山ノ城采地四万六千石余ヲ賜ル、

松平憲良信濃小諸転封
*水野元綱大番頭となる

十月朔日　片桐主膳正貞隆卒ス、六十八歳、貞隆カ遺領和州小泉（添下郡）一万三千四百石余、内千三百五十石、与力ノ領地、其子貞昌ニ賜ル、

同十日　戸田左門氏鉄下緒五具ヲ献スルニ依テ、奉書ヲ賜ル、

同十八日　仙台宰相正〔政〕宗（伊達）黄鷹一聯ヲ献ス、是ニ依テ御内書ヲ賜ル、

同二十三日　志村嘉兵衛資仲卒ス、三十二歳、

同二十四日　尾張中納言義直卿（徳川）鷹ノ捉ル雁ヲ献ス、御内書ヲ賜ル、

同二十八日　土岐頼行、山城守定義男、従五位下ニ叙シ、山城守ニ任ス、

是月　将軍家（家光）ノ命ニ依テ、水野備後守元綱大御番頭トナル、此春元綱（水野）公ノ命ヲ奉テ将軍家ニ奉仕ス、

是月　半井驢庵、瑞桂将軍家ニ奉仕ス、

十一月六日　紀伊中納言頼宣卿（徳川）、目録ヲ以テ材木ヲ献スルニ依テ、御内書ヲ賜ル、

秀忠江戸城西の丸隠居家光本丸移徙

徳川和子中宮冊立

同九日　松平周防守康重久年母并金茸ヲ献ス、是ニ依テ奉書ヲ賜ル、

同十日　公(秀忠)西ノ丸ニ御隠居、将軍(家光)家御本城ニ移ラセ給フ、是ニ依テ御家門ノ面々・諸大名・幕下ノ諸士、御本城・西ノ丸ニ群参シテ是ヲ賀ス、

同十二日　成瀬隼人正正成、中納言義直(徳川)卿ノ臣、枝柿一箱ヲ献ス、是ニ依テ奉書ヲ正成ニ賜ル、

同十八日　女御(徳川和子、東福門院)中宮ニ立セ給フ御祝ノ賜モノ、事ニ依テ、筒井内蔵(忠重)御納戸頭、ヲ京都ニ遣ハサル時ニ、鈞〔欽〕命ヲ奉テ土井大炊頭利勝・井上主計頭正就・永井信濃守尚政等連判ノ書付ヲ板倉周防守重宗ニ遣ハス、

一、最前被遣候御遣物之書付品相替、筒井内蔵方明日被為差上候、然者大沢(基宿)・吉良(義弥)被着候とも被相待、内蔵方(筒井忠重)書付差上候間、如其書面御上尤ニ候、

一、大名衆より進物之事、駿河中納言様(徳川忠長)よりハ銀子五十枚あかり候、尾張(徳川義直)・紀伊国(徳川頼宣)よりも右之段可然存候、其外之大名衆よりハ、分限ニ随三段ニも四段ニも巻物ニ而茂何にても可然候間、可被成其御心得候、

一、大名衆より之使者遠国より参候ニ付、此以前御服被下候、后ニ被成御立候而ハ、下々之者ニ御服なと被下候儀無御座之由承候、此段如其元御作法尤ニ候、恐々、

十一月十八日

永信(永井尚政)
井主(井上正就)
土大(土井利勝)

板倉周防守(重宗)殿

覚

一、去年将軍宣下之御時、何茂公家衆へ将軍様より計御祝之御音信者被遣、大御所様(秀忠)よりハ不

米津田政卒す*

被遣候、然上者此度后ニ被成御立候、御祝茂
后様より計被遣、大御所様よりハ何茂公家衆
其外へも被遣間敷候間、可有其御心得事
一、従大御所様禁裏へ綿を止銀子千枚、女院様(中和門院、近衛前子)へ
茂綿を止銀子五百枚、各様へ茂御小袖止銀子
五百枚被成進上候、依之御内書調置、此度内
蔵方へ御のほせ候事
一、后様より惣公家衆へ被遣候物、先日之書立尤
之由蒙仰候得共、若不足候者、去年将軍宣下
之御時、従将軍様惣公家衆へ被遣候銀子之員
数程被遣、御服なとをは御止可然候、就者去
年之御帳写遣之候、乍去先日書付之通能候者、
以其書面被遣尤候事
一、后様より公家衆へ之被遣物増候者、禁裏様(後水尾天皇)へ
御服を御止銀子五百枚、女院様へも御服御止
銀子三百枚被成御上之旨ニ御座候間、可有其
御心得候、委細筒井内蔵方(忠重)可為演説候、以上、

十一月十九日

永井信濃守(尚政)
井上主計頭(正就)
土井大炊頭(利勝)

板倉周防守殿

今度女御中宮ニ立セ給フ御嘉儀トシテ、禁裏エ御
太刀馬代白銀千枚ヲ献セラル、

同二十六日 米津勘兵衛田政卒ス、六十二歳、(慶長九年ヨリ江戸町奉行ヲ勤ム、是ヨリ先キ大御番組頭ヲ勤メ、其後御使番ヲ役ス、)

同二十八日 女御、(源和子、)中宮ニ立セ給フ賀儀ノ御
使トシテ、吉良上野介義弥京師ニ赴ク、時ニ義弥
中将ニ任スヘキノ由勅許アリト云ヘ共、両君ノ御
旨ヲ憚テ辞退ス、

是月 三浦志摩守正次、上総国ニ於テ采地千石加
賜セラレ、台所町ニテ屋地ヲ賜ル、

是月 小野太兵衛高政、(麻右衛門高充男、)祖父太兵衛親充カ
家督ヲ賜ル、

是月　飯田次郎兵衛昌重、公ニ奉仕ス、

秀忠本丸渡御

十二月四日　将軍家(家光)御本城ニ移ラセ給フ嘉儀トシテ、公(秀忠)御本丸ニ渡御アリ、御相伴駿河中納言忠長(徳川)・水戸参議頼房(徳川)二卿、御挨拶ノ為メ藤堂和泉守高虎ヲ召シ加エラル、両卿未明ヨリ御本城ニ予参ス、公卯ノ后剋御本城ニ来臨、御座ノ間ニ入御、三献ノ御祝アリ、御熨計、次ニ御雑煮御土器御銚子出、初献公ノ御盃ヲ将軍家エ進セラル、其御盃公召シ上ケラレ、黄門忠長(徳川)卿頂戴、其盃参議頼房卿賜リ納ル、二献鰭ノ物出、将軍家ノ御盃ヲ公エ献セラレ、其御盃参議頼房卿御頂戴、其盃黄門忠長卿賜リ納ル、三献御吸物(雉子・ヤマノイモ)出テ御盃公召シ上ケラレ、将軍家ニ進セラル、其御盃忠長卿頂戴、其盃頼房卿賜リ、将軍家ニ召シ上ケラレ、御納ノ御銚子入ル、爰ニ於テ御膳(七五三)出ル、頓テ御引カヘノ御膳ヲ献ス、初献二献ハ御各盞御銚子入リ、三献ノ時御土器御銚子出ル、公召シ上ケラレ、将軍家エ進セラレ、其御盃中納言忠長卿頂戴、時ニ将軍家御肴ヲ忠長卿ニ賜ル、其盃頼房卿賜リ、和泉守高虎(藤堂)下サレ納ム、御祝過テ後御勝手ヨリ御数寄屋ニ入御、将軍家御手前ニテ御茶ヲ献セラル、公召シ上ケラレ、将軍家ニ進セラレ、忠長卿・頼房卿賜リ納メ、御茶畢テ後公還御アリ、御礼トシテ将軍家御裏門ヨリ西ノ丸ニ渡御、公ニ御対顔アリ、是日ノ御成リニ公ヨリ御太刀一腰(二字国俊)・御馬一疋・白銀三百枚・御小袖二十将軍家エ進セラル、

同六日　将軍家ヨリ御腰物(新藤五)ヲ藤堂和泉守高虎ニ賜ル、

*朝鮮国信使来朝

同十二日　朝鮮ノ信使来朝ス、宗対馬守義成是ヲ引テ今日江戸ニ到ル、正使通政大夫鄭岦、副使通訓大夫姜弘重、従事官通訓大夫辛啓栄、本誓寺ヲ以テ旅館トス、

同十九日　宗義成朝鮮ノ三使ヲ引テ御本城ニ登ル、将軍家ヲ拝ス、献物其数多シ、事畢テ三使西ノ丸

ニ登テ公ヲ拝ス、献物アリ、

同二十二日　朝鮮ノ三使及ヒ宗対馬守義成ニ暇ヲ賜ル、賜モノ差アリ、

伊達政宗鉄炮の白鳥献上

同二十四日　仙台〔政〕正宗〔伊達〕鉄炮ノ白鳥一羽ヲ献スルニ依テ、御内書ヲ賜ル、

同二十八日　松平〔山内〕忠豊、松平土佐守忠義カ男、従五位下ニ叙シ、対馬守ニ任ス、

是日　片桐貞昌従五位下ニ叙シ、石見守ニ任ス、

是日　山角市左衛門ニ食禄百五十俵賜ル、市左衛門慶長十八年ヨリ高木主水正カ組ニ属シテ大御番ヲ勤ム、三年ヲ経テ元和元年食録ヲ賜ルヘキノ処ニ、父刑部左衛門小野次郎右衛門ト諍論ノ事ニ依テ閉居ス、是ニ依テ市左衛門食禄ヲ賜ルノ事遅滞ス、其番頭高木主水正是ヲ訴ルト云ヘ共果サス、然ル処ニ諸番ヲ割リ改メラル、ニ依テ、市左衛門主水正カ組ヲ離ル、弥以テ此事延引ス、是年土井大炊頭利勝・井上主計頭正就ヲ以テ訴ルニ依テ、台聴ニ達シ、遂ニ此日食禄ヲ賜ル者ノ也、

是月　小出甚太郎重堅、小出遠江守秀家カ養子、実ハ小出播磨守秀政カ男、食禄五百俵賜ル、

是月　建部勘兵衛光延、内匠頭光重二男、公ニ奉仕ス、

是月　紀伊中納言頼宣〔徳川〕卿勢州ニ放鷹ス、被〔彼〕地ニ於テ鷹ノ捉ル所ノ鶴ヲ献ス、是ニ依テ御内書ヲ賜ル、

＊京極忠高加増

是冬　京極若狭守忠高ニ越前国敦賀郡ヲ加賜セラル、

是年　土屋辰之助数直、民部少輔忠直カ二男、従五位下ニ除シ、大和守ニ任ス、後但馬守ニ改ム、且ツ食禄五百俵賜ル、

是年　溝口宣直、伯耆守宣勝カ男、従五位下ニ叙シ、出雲守ニ任ス、

是年　寺沢堅高、志摩守広高二男、従五位下ニ叙シ、兵庫頭ニ任ス、寛永十年父広高卒シテ堅高其家督ヲ継ク、兄式部少輔忠晴元和八年ニ早世スルノ故ナリ、

＊井伊直孝加増

是年　井伊掃部頭直孝、江州及ヒ野州佐野〔安蘇郡〕・武州勢多谷〔世田谷〕〔荏原・多摩郡〕并テ五万石加賜セラル、

是年　三浦志摩守正次、御書院番ノ隊頭トナル、

是年　稲葉丹後守正勝常州真壁〔真壁郡〕ニ於テ、食邑五千石ヲ加賜セラル、

是年　安藤伝十郎正知御持弓ノ頭トナリ、足軽五十五人、采地二百石加賜セラル、元御歩行頭、

＊山田重利鉄炮頭となる

是年　山田十大夫重利、御鉄炮頭トナル、与力十騎、足

軽三十八人、

是年　水野善兵衛勝次、二ノ丸御膳奉行トナル、此役赦免ノ後川船極印ノ役ヲ勤ム、

是年　将軍家(家光)ノ命ヲ奉テ、牧野助右衛門御小納戸ニ奉仕ス、

是年　高木忠右衛門為信大御番ノ組頭トナル、

大坂城普請奉行等

是年　摂州大坂(東成郡)ノ城普請、加々爪民部少輔忠澄・日下部大隅守(宗好)是ヲ奉行ス、松平宮内少輔忠雄桜ノ門ノ石垣ヲ築ク、大石一ツ竪四間横八間アリ、松平新太郎光政・池田(池田)備中守長幸・古田兵部少輔重恒等其外諸大名是ヲ築ク、

是年　洛ノ二条ノ城経営、尾張中納言義直(徳川)卿・紀伊中納言頼宣(徳川)卿・井伊掃部頭直孝(譜)其余御普代ノ大名十九人是ヲ勤ム、小堀遠江守政一造作ノ事ヲ司ル、喜多見五郎左衛門勝重是ニ副フ、水野河内守(守信)・中川半左衛門(忠勝)・榊原左衛門(職直)・野々山四郎右衛門等ヲ以テ奉行トス、

*目黒不動建立

是年　浅野但馬守長晟ニ命シテ、清水御門ヲ建シム、

是年　松平源太郎正村、壱岐守正朝カ二男、将軍家ノ御近習ニ奉仕ス、元御小姓組ノ番ヲ勤ム、

是年　杉浦市十郎正綱、内蔵允正友養子、実ハ杉浦忠左衛門親俊カ男、始テ公(秀忠)ニ謁シ、将軍家ニ奉仕ス、

是年　公ノ命ニ依テ、大久保将監忠尚忠長主ニ属ス、

是年　坂浄元、浄珎法印カ子、法眼ニ任ス、

是年　秋月種春、後長門守ニ任ス、始テ御暇ヲ賜ル、時ニ御馬ヲ種春ニ賜ル、種春慶長十八年四歳ヨリ今年ニ至テ十二年在府ス、

是年　中川半左衛門勢州山田(度会郡)ノ奉行トナル、是ヨリ先キ山岡主計頭景以此役ヲ勤ム、元和四年ヨリ同八年ニ至ル、

是年　武州荏原郡目黒ノ庄泰叡山龍泉寺ノ不動堂、将軍家御建立アリ、本堂・早尾権現・大行事権現堂・御供所・鐘楼・観音堂・二王(仁)門・開山堂修造セラル、時ニ住持実栄、本堂ヨリ東ノ方ニ御殿経営アリ、

御放鷹ノ時毎度此御殿ニ台駕ヲ寄セラル、同十一年不動堂御再興奉行筧三郎左衛門・三宅太兵衛、大工鈴木与次郎是ヲ勤ム、此時護摩ノ壇五壇皆具、円鏡一面、五大尊ノ絵像五幅、十二天ノ絵像十二幅、花籠三十箇、前机一脚、唐金大香炉一箇寄附セラル、

霊巌寺建立

是年 雄誉霊巌上人法力ヲ以テ、江戸八町堀ノ海上ヲ諸檀那土石ヲ運ヒ集メテ陸地ニ築ク、爰ニ於テ一宇ヲ立テ霊巌寺ト号ス、世ニ是ヲ霊巌嶋ト云フ、万治二年八月三日、霊巌寺ヲ以テ公用ノ地トナル、此地往昔霊巌和尚自力ヲ以テ築ク処ノ寺地ナリ、是ヲ召シ上ケラル、ニ依テ、此時寺領五十石ヲ始テ寄附セラレ御朱印ヲ賜リ、寺地ヲ西葛西ニ転シ移サル、是今ノ霊巌寺ノ地ナリ、

東武実録　巻第十二

寛永二乙丑年 自正月至十二月

正月朔日　将軍家(家光)西ノ丸ニ渡御在り、御座ノ間ニ於テ公(秀忠)ニ御対顔、御太刀大沢中将基宿、兵部大輔、是ヲ披露ス、三献ノ御祝例ノ如ク、事畢テ還御、

家光西の丸渡御秀忠に対顔

是日　久貝正俊、市左衛門正勝カ男、従五位下ニ叙シ、因幡守ニ任ス、

*猿楽上覧

是日　嶋田次兵衛利政、〔正〕次兵衛重次男、落髪以後幽也ト号ス、従五位下ニ叙シ、彈正少弼ニ任ス、是ヨリ先キ慶長九年御使番トナリ、同十三年御歩行頭トナル、同十八年ヨリ江戸町奉行ヲ勤ム、

同二日　小林太兵衛元長卒ス、六十歳、

二月五日　公駿河中納言忠長卿(徳川)ノ亭ニ来臨アリ、御相伴尾張黄門義直卿(徳川)・水戸参議頼房卿(徳川)、未明ヨリ忠長卿ノ家ニ予参、公夘ノ中剋渡御、露路ヨリ数寄屋ニ入御アリ、御茶畢テ後、忠長卿御寝所ニ成ラセラレ、三献ノ御祝アリ、初献公召シ上ラレ、

秀忠徳川忠長邸渡御

*家光徳川忠長邸渡御

黄門義直卿頂戴、其盃御前ニ上リ、中納言忠長卿ニ賜ル、其盃公召シ上ケラレ、参議頼房卿頂戴、其盃是ヲ賜リ納ル、二献公ノ御盃ヲ忠長卿頂戴、其盃公召シ上ケラレ、義直卿ニ賜リ、其盃公ニ上リ、頼房卿賜リ納ル、三献公ノ御盃義直卿頂戴、其盃御前ニ上リ頼房卿ニ賜ル、其盃忠長賜リ納メ書院ニ出御、猿楽上覧、能三番過テ御膳七五三ヲ献シ、頓テ御引替ノ御膳ヲ出ス、常ノ御銚子ニテ、初献二献御各盞、三献ノ時松竹ノ台ノ御土器ニテ公召シ上ケラレ、忠長卿頂戴、其盃御前ニ上リ、頼房卿ニ賜ル、時ニ藤堂和泉守高虎ヲ召シテ、是ヲ賜リ納ル、猿楽畢テ後還御アリ、御礼トシテ黄門忠長卿西ノ丸ニ登営、御座ノ間ニ於テ公ニ謁ス、義直・頼房二卿モ御相伴ノ御礼トシテ登城ス、

同十日　近藤平右衛門秀用、石見守康用男、始ノ名登之助、従五位下ニ叙シ、石見守ニ任ス、

同十二日　将軍家駿河中納言忠長卿ノ亭ニ渡御ア

リ、御相伴尾張中納言義直・水戸参議頼房ニ卿、御作法饗応ノ次第、去ル五日公御成ノ時ニ同シ、猿楽上覧アリ、

能組

難波　観世大夫(左近重成)

敦盛　七大夫(喜多長能)

野々宮　七大夫

鍾馗　七大夫

紅葉狩　観世大夫

藤栄　七大夫

祝言　観世大夫

狂言

ナヘ八ツハチ　権之丞(鷺宗玄)

楽阿弥　弥太郎(大蔵虎明)

ウツホ猿　権之丞

井クイ　弥太郎

萩大名　権之丞

猿楽過テ後還御、忠長卿今日ノ御成リ忝ナキノ旨、御礼トシテ登城、御相伴ノ面々モ又登営ス、

同二十六日　将軍家尾張中納言義直卿ノ亭ニ渡御アリ、御相伴水戸参議頼房卿・丹羽五郎左衛門長重、

同二十八日　朽木民部少輔植[稙]綱ニ采地ヲ加賜セラル、

三月八日　公尾張中納言義直(徳川)卿ノ亭ニ来臨アリ、御相伴水戸参議頼房(徳川)卿・丹羽五郎左衛門長重等、義直卿ノ家ニ至テ御成ヲ相待、夘ノ中剋公来臨、露路ヨリ数寄屋ニ入御、御相伴ノ面々供奉ス、御茶事畢テ後、書院ニ出御、公ヨリ義直卿エノ賜モノ、義直献上ノ品々披露、畢テ猿楽初ル、能三番過書院ニ於テ御膳七五三ヲ献シ御引替ノ御膳御懸盤ヲ出ス、初献二献御各盞三献ノ時、御銚子代リ松竹ノ台ノ御盃ニテ、公召シ上ケラレ中納言義直卿頂

猿楽上覧

能組
家光徳川義直邸渡御*

秀忠徳川義直邸渡御*

能三番*

戴、時ニ御腰物・御脇指ヲ義直卿ニ賜ル、其盃公(秀忠)召シ上ル、ノ時、義直卿御腰物・御脇指ヲ献ス、其御盃頼房卿頂戴、其盃和泉守高虎(藤堂)賜リ納ム、爰ニ於テ猿楽初リ上覧アリ、能過テ後還御、義直卿御礼トシテ西ノ丸・御本丸ニ登テ両君ニ謁ス、

同二十六日　向井兵庫正綱卒ス、六十九歳、

是月　江戸御城下諸侍屋地ノ間数ヲ定メラレ、仰出サル、趣、

覚

一、壱万石ゟ七千石迄	五十間四方
一、六千石ゟ四千石迄	四十間五十間
一、三千五百石ゟ弐千六百石迄	三十間四十間
一、弐千五百石ゟ千六百石迄	三十三間四方
一、千五百石ゟ八百石迄	三十間四方
一、七百石ゟ四百石迄	弐十五間三十間
一、三百石ゟ弐百石迄	弐十間三十間

寛永二年三月日

家光日光社参*

四月十三日　将軍家(家光)日光御登山トシテ、今日江戸ノ城御発駕、

毛利輝元卒す*

同二十七日　毛利右馬頭輝元、中納言、卒ス、七十二歳、公(秀忠)ヨリ榊原左衛門職直後飛騨守ニ任ス、ヲ上使トシテ、御香奠白銀五百枚ヲ賜ル、将軍家ヨリ多賀左近常長ヲ上使トシテ、御香奠白銀三百枚ヲ賜ル、

江戸城下侍屋敷間数の定

是月　去ル冬将軍家御本城ニ移ラセ給フ賀儀トシテ、関白(近衛信尋)・八条宮(智仁親王)・伏見宮(貞清親王)・諸公家・諸門跡江戸ニ参向、登営ノ日饗応、猿楽アリ、

加藤嘉明従四位下叙任*

是月　加藤左馬助嘉明、三之丞教明男、従四位下ニ叙ス、元従五位下侍従、

五月四日　天野又太郎貞賢卒ス、四十一歳、

同八日　梶川平七郎勝重卒ス、二十七歳、

奥平信昌室逝去*

同二十二日　奥平美作守信昌室濃州加納(厚見郡)ニ於テ逝去、六十六歳、大神君(家康)ノ御娘、世ニ加納ノ御方ト云フ、妙心寺(山城国葛野郡)ニ葬リ盛徳

院ト号ス、為メニ盛徳寺（美濃国厚見郡）ヲ建ル、

秀忠藤堂高虎邸渡御

同二十八日　公（秀忠）藤堂和泉守高虎カ家ニ来臨、駿河中納言忠長（徳川）卿・水戸宰相頼房（徳川）卿御相伴トシテ供奉、白銀五百枚、暑衣五十高虎ニ賜ル、嫡子大学助高次（藤堂）ニ御腰物、次男左兵衛佐高重（藤堂）ニ御馬ヲ賜ル、猿楽上覧、能過テ後還御アリ、御成リニ依テ、今日月次ノ出仕是ナシ、

家光藤堂高虎邸渡御

六月二十八日　将軍家（家光）藤堂高虎カ宅ニ渡御アリ、御相伴駿河黄門忠長（徳川）・水戸宰相頼房（徳川）・丹羽五郎左衛門長重、白銀千枚・暑衣五十高虎ニ賜ル、嫡子大学頭高次（藤堂）ニ御腰物、次男佐兵衛佐高重（藤堂）ニ御馬賜ル、

七月朔日　朝日十左衛門近次卒ス、三十五歳、

同七日　近藤勘右衛門用政卒ス、五十八歳、

同二十五日　松平右衛門大夫正綱食邑ヲ加賜セラレ、旧領并テ二万二千百石余ヲ領ス、

是月　舟越三郎四郎永景、（後伊予守ニ任ス、）摂州ニ於テ、食邑六千二百石余ヲ賜ル、

是月　松平織部忠利、（左馬允忠頼六男、後壱岐守ニ任ス、）始テ公ニ謁ス、

*家光室御台号の賀儀として秀忠夫妻本丸渡御

八月九日　将軍家（家光）エ御入輿ノ後、此月御台号ヲ蒙リ給フ賀儀トシテ、今日公（秀忠）及ヒ大御台所（崇源院・浅井氏）ノ御方御本城エ渡御アリ、公ノ御相伴中納言忠長（徳川）卿・参議頼房（徳川）卿・藤堂和泉守高虎等、未明ヨリ御本城ニ予参ス、将軍家御迎トシテ、黎明ニ西ノ丸エ渡御、御成以前還御、公卯ノ后剋御本城ニ来臨、将軍家鉄ノ御門マテ出御、忠長・頼房両卿御玄関前ノ白洲ニ出テ蹲踞シ、是ヨリ御数寄屋ニ供奉ス、御数寄屋入御ノ時、参議頼房御草履ヲナヲサントス、時ニ忠長卿時宜アルニ依テ遅引ス、酒井雅楽頭忠世御側ニ在テ是ヲナヲス、御懸物上覧、御着座ノ時御膳ヲ献セラル、御銚子三編ノ時藤堂高虎ヲ召ス、御勝手口ヨリ出テ御挨拶ヲス、御膳過テ御中立ノ時、頼房卿御草履ヲナヲサント欲スルノ処ニ、忠長卿御側ニ在テ是ヲナヲサル、御数寄屋入御ノ時、青山大蔵少輔幸成御腰物ヲ持ツ、公御花遊ハ

*秀忠花遊び

サル、御着坐ノ時、頼房卿御茶ヲ取次是ヲ献ス、公召シ上ケラレ、将軍家エ進セラル、ノ時ニ頼房卿取次、是ヲ将軍家ニ献セント立坐スルノ処ニ、公御直ニ将軍家エ進セラレ、将軍家召シ上ケラレテ後、頼房是ヲ取次忠長卿ニ渡ス、其次頼房卿賜ル、召シニ依テ藤堂高虎御前ニ出、是ヲ賜リ納ル、公後ノ御炭遊ハサレ、御勝手口ヨリ御書院ニ出御、

秀忠猿楽上覧

猿楽上覧アリ、御能五番過大奥ニ入御在テ、三献ノ御祝事畢テ、又御書院ニ出御、爰ニ於テ御膳（御掛盤）ヲ献セラル、御相伴将軍家・中納言忠長・参議頼房二卿、（公・将軍家ハ御上段ニ御着座、忠長・頼房二卿ハ下段ニ候ス、）御土器御銚子出、初献二献御各盞三献ノ時、公ノ御盃ヲ将軍家御頂戴、時ニ公ヨリ御腰物ヲ将軍家エ進セラル、其御盃公召シ上ケラレ忠長卿頂戴、時ニ公御手ツカラ御肴ヲ忠長卿ニ賜ル、其盃公ニ上リ、頼房卿頂戴、公御肴ヲ頼房卿ニ下サル、其盃公召シ上ケラレ御納メ、時ニ御酌カハリ、常ノ御銚子出ル、此度ノ御盃将軍家御初メアルヘキノ由公命セラル、暫ク御辞退在テ後、遂ニ将軍家召シ上ケラレ、公エ進セラル、時ニ、将軍家ヨリ御腰物ヲ公エ献セラル、其御盃将軍家エ進セラレ、其御盃忠長卿頂戴、時ニ将軍家御肴ヲ忠長卿ニ賜ル、其盃将軍家ニ上リ、頼房卿ニ下サル時ニ御肴ヲ頼房卿ニ賜ル、其盃将軍家召シ上ケラレ、藤堂和泉守高虎ヲ御前ニ召シテ、御盃ヲ頂戴シ是ヲ下サレ納メ、御菓子出着座ノ面面ニモ是ヲ賜リ、各御菓子ヲ持テ退座ス、爰ニ於テ又御能初リ上覧アリ、猿楽過テ還御、将軍家今日御成ノ御礼トシテ、御裏御門ヨリ西ノ丸ニ渡御アリ、中納言忠長卿供奉、御座ノ間ニ於テ公ニ御対顔、

同二十七日　仰出サル、ノ御制法、

定

一、喧嘩口論之時、至其場一円不可出向事

一、公儀違背之族有之而、被行死罪之刻、被仰付候輩之外、雖為一人至彼所不可懸合事

一、侍屋鋪火事之節、其家中之者并親類縁者之外、至其所不可懸集事

附、町中火事有之時、奉公人一切不可出合事

一季居抱置禁止

一、武士之面々、侍之儀者不及申、中間・小者に至迄、一季居一切抱置へからさる事、附一季居之請人に不可立、堪忍次第とは不苦事

一、年季之事十ケ年を限へシ、十年過ハ可為曲事、

人売買禁止

一、人売買一円停止たり、若濫之輩於有之ハ、其軽重をわかち、或は死罪或は籠舎可為過料事

附、口入宿主同罪事

一、手負たるものをかくしをくへからさる事

一、主なし宿借り之事請人之手形、町奉行所へ差上、裏判を以宿をかすへき事

辻立ち門立ち禁止

一、辻立門たちすへからす、并顔をふかくつゝみかくす輩あらハ、可為曲事、

右可守此旨者也、仍執達如件、

寛永二年丑八月廿七日

伝馬駄賃の制*

定

一、御伝馬并駄賃之荷物、壱駄ニ付而四十貫目事

一、従江戸品川迄上下之荷物、壱駄ニ付而銭三拾四文、板橋へ三拾九文、帰馬之駄賃右同前事

附、人足は馬之半分たるへき事

一、御定之外、増銭とるもの有之は、五十日可為籠舎、并其町之年寄過料として五貫文、其外家一軒より百文つゝ可出之事

一、夜通し立人馬之儀、奉行所より手形於無之者、一切不可相立事

附、御伝馬駄賃之荷物、馬持次第ニ可出事

一、駄賃馬おほく入候時ハ、其町より在々所々へやとい、荷物遅々無之様ニ雨風之時も可出事

右可相守此旨者也、仍執達如件、

寛永二年丑八月廿七日

定

銭売買の制

一、銭之売買、金子壱両ニ四貫文、御定之上者勿論壱分ニ壱貫文たるへき事

此の旨相背、高下之売買仕にをゐては、御定之通違背之方より其売買、銭金一倍可出事

撰銭禁止

一、大かけ　一、新銭

一、ころ銭　一、かたなし

一、われ銭　一、なまり銭

此六銭之外、撰へからす、若えらふもの又六銭を押てつかふものあらハ、其面に火印をおすへき事

右可相守此旨、若濫之輩於有之者、其在々所々代官・庄屋至町中者年寄、為過料五貫文、其外家一軒より百文ツヽ、可出之、見出し候ものハ、右之過料不残可被下之者也、仍如件、

寛永二年丑八月廿七日

九月二日　酒井阿波守忠行、上州板鼻(碓氷郡)ニ於テ食邑二万石賜ル、

同八日　金森甲斐守重次、(出雲守可重カ二男、)卒ス、三十三歳、

同九日　三浦彦兵衛直勝、(庄右衛門直次男、)将軍家(家光)ニ奉仕ス、

是日　日根野次右衛門吉雄、始テ将軍家ニ謁ス、

同十日　相馬大膳亮利胤、中村ノ庄(陸奥国宇多郡)ニ於テ卒ス、四十五歳、

同二十一日　難波田太郎兵衛憲吉、始テ将軍家ニ謁ス、

同二十二日　初鹿勘解由信吉卒ス、四十歳、

同二十三日　増上寺(武蔵国豊島郡)ノ住僧正誉廓山上人寂ス、五十四歳、

是月　一条殿(昭良)江戸参向、

*松平重則大坂在番

是秋　松平半四郎重則、(後内膳正ニ任シ、又大隅守ニ改ム、)大坂(摂津国東成郡)在番ヲ勤ム、時ニ与力ノ士十騎ヲ附属セラル、

十月二十七日　織田左衛門佐秀則卒ス、

是月　相馬虎之助義胤ニ、父利胤カ遺領奥州中村（宇多郡）六万石ヲ賜ル、

十一月七日　瀧川壱岐守正利卒ス、三十六歳、養子利貞、（実ハ土岐山城守頼行二男、後長門守ニ任ス、）其家督ヲ継ク、

同十五日　初鹿伝右衛門昌久卒ス、八十四歳、

藤堂高虎侍従成

同十九日　藤堂和泉守高虎侍従ニ任ス、（元四品、）

徳川忠長初入国

去歳中納言忠長（徳川）卿、（寛永三年大納言ニ任ス、）駿河国ヲ賜ルニ依テ入国ス、将軍家ヨリ賀儀ノ御使トシテ三浦志摩守正次駿府（駿河国安倍郡）ニ至ル、忠長卿ヨリ刀（一文字）ヲ正次ニ賜ル、是ヨリ先キ、忠長卿松平壱岐守正朝ヲ使者トシテ、鷹ノ捉ル所ノ雁三羽・蜜柑二桶ヲ将軍家エ献セラル、時ニ、御書ヲ忠長卿ニ賜ル、

家光内書

就入国松平壱岐守（正朝）被差越、殊鷹ノ雁三・蜜柑二桶送給之、欣悦此事候、猶酒井雅楽頭（忠世）可申候、謹言、

十一月廿二日　御諱（家光）

中納言殿（徳川忠長）

＊忠長付属の諸士

公（秀忠）ノ命ヲ奉テ中納言忠長卿ニ附属スルノ輩、松平壱岐守正朝、（大御番頭、元和九年ヨリ是年ニ至テ駿府ノ常番ヲ勤ム、）組ノ士トモニ忠長卿ニ属ス、渡辺監物忠、（渡辺山城守茂養子、実ハ戸田与五右衛門男、）養父山城守茂（大御番頭、元和五年ヨリ是年ニ至テ駿府ノ常番ヲ勤ム、）カ組ノ士ヲ監物ニ附ラレ、山城守カ領知遠州ノ地五千石、監物カ領シ来ル千石、統テ食邑六千石ヲ監物ニ賜リ、組共ニ忠長卿ニ附属セラル、山田清太夫重次・門奈助左衛門宗勝、（二人共ニ元和七年ヨリ今年ニ至テ、駿府ノ町奉行ヲ勤ム、是ヨリ先キ伏見（山城国紀伊郡）ノ町奉行ヲ役ス、）二人共ニ忠長卿ニ属セラレ、元ノ如ク駿府ノ町奉行ヲ勤ム、村上三右衛門吉正、（駿河国ノ代官、）忠長卿ニ属シ、元ノ如ク駿州ノ代官ヲ役ス、其子次郎左衛門三正、父三右衛門カ領知ヲ賜テ公ニ奉仕ス、忠長卿ノ臣朝倉筑後守宣正采地一万石ヲ加賜セラレ、（旧領并テ二万六千石、）遠州懸川（佐野郡）ノ城ニ居ラシム、

同二十五日　古田大膳大夫重治卒ス、四十八歳、

是月　松平修理氏信、紀伊守家信三男、将軍家ニ奉仕ス、

是月　桑誉了的上人、増上寺（武蔵国豊島郡）ノ住持トシテ入院、是ヨリ先キ山城国新黒谷ニ住ス、

十二月十五日　伊勢太神宮（度会郡）遷宮ニ依テ、御朱印ヲ上人ニ賜ル、

伊勢正遷宮

伊勢両宮しやうせんくう（正遷宮）の事、慶長八年九月九日先判のむね（旨）にまかせ、とりをこなふ（執行）へきもの也、

寛永二乙丑年十二月十五日

しゆせい（周清）上人

同二十九日　永井右近大夫直勝卒ス、六十三歳、

是日　井戸忠兵衛重弘、始テ公ニ謁ス、同十年武州多麻（摩）郡・都筑郡ニ於テ采地五百石賜ル、

是日　金森内匠可次、出雲守可重カ四男、始テ将軍家（家光）ニ謁ス、

是月　斎藤佐渡守三存、御持筒ノ頭、卒ス、五十六歳、其子三友後摂津守ニ任ス、ニ三存カ遺領二千石ヲ賜ル、

是月　岡部小右衛門吉正、布衣ニ任ス、

是月　石野新蔵広重、時二十二歳、武州棒沢郡半沢村・今泉村ニ於テ采地千石賜ル、父新蔵広次卒スルノ時、広重僅ニ八歳、祖父新左衛門広光ヨリ父広次ニ至テ、二代忍ノ城ヲ守ルト云ヘ共、広重幼年タルニ依テ、是ヲ辞シテ江戸ニ来ル、祖父広光カ旧功ヲ思召シ出サレ、今広重若年タリト云ヘ共、食邑千石ヲ賜ル、

是月　朝倉筑後守宣正カ次男主膳、後甚十郎ニ改ム、始テ両（秀忠・家光）君ニ謁ス、

来年御上洛ニ依テ、是月仰出サル、趣、

上洛に付奉公人の暇禁止*

覚

一、来年御上洛ニ候之間、前廉より抱置候奉公人、暇を出し申間敷事

一、請人者此前之ものを直にたてさせ、自然欠落等いたし候ハヽ、勿論右之趣可為曲事、但、給分者此前のことくたるへき事

渡辺茂二条城代となる

一、未進方に置候ものハ各別之間、約束のことくたるへき事

寛永二年丑十二月日

是年 大田原晴清、（山城守綱清男、）従五位下ニ叙シ、備前守ニ任ス、

是年 佐久間安長、（備前守安次男、）従五位下ニ叙シ、日向守ニ任ス、

是年 遠藤左馬助慶利、（遠藤左馬助慶隆カ養子、実ハ三木右近大夫直勝カ男、慶隆カ外孫也、）従五位下ニ叙シ、但馬守ニ任ス、

是年 京極采女正高広命ニ依テ丹後守ニ改ム、時ニ（秀忠）公ヨリ御馬黒毛ヲ賜リ、（家光）将軍家ヨリ御腰物（備前兼光）ヲ高広ニ賜ル、

是年 松平下総守忠明帰国ノ暇ヲ賜ルノ時、公御手ツカラ御腰物（青木郷）ヲ賜ル、

是年 渡辺山城守茂京師二条ノ城代トナル、（是ヨリ先キ駿府ノ城常番ヲ勤ム、）遠州ノ旧領五千石ヲ以テ養子監物忠ニ賜リ、江州ニ於テ新地七千石ヲ山城守（渡辺茂）ニ賜ル、（是年ヨリ二条ノ城代ヲ勤メ、老衰ノ後同十二年此役ヲ赦免セラレ江戸ニ帰参、同十五年江戸ニ於テ卒ス、八十八歳、山城守江戸ニ帰参ノ後、寛永十二年ヨリ保科弾正忠正貞・阿部摂津守信盛大御番二組其隊ノ士統テ百人、二条ノ城ニ在番ス、山城守常番相勤ノ間ハ、在番ノ士三十人也、）

是年 松平刑部定頼、（後河内守ニ改ム、隠岐守定行男、）始テ江戸ニ参勤、（秀忠・家光）両君ニ謁ス、

是年 春日左衛門・柘植三之丞与力ノ士ヲ附属セラレ、（足軽元ノ如ク、）二条ノ城御裏門ヲ警衛ス、（是ヨリ先キ、二人共ニ伏見ノ城ヲ守ルト云ヘ共、伏見破城ニ依テ、二条ノ城ニ移リ守ル、）

是年 稲葉丹後守正勝ニ、上州佐野（安蘇郡）（マヽ）ニ於テ采地一万石ヲ加賜セラレ、統テ二万石ヲ領ス、

是年 松平美作守定房ニ、長嶋（伊勢国桑名郡）ノ城食邑七千石ヲ賜ル、

是年 堀田出羽守正盛相州恩田（橘樹郡）・常州北条（筑波郡）ニ於テ、采地五千石賜ル、

是年 内藤伊賀守忠重ニ、常陸国真壁（真壁郡）領ニ於テ食

禄五千石加賜セラル、（旧領并テ一万石、）

是年　戸沢右京亮政盛カ領内開発ノ地八千二百石有リ、此旨ヲ言上スルニ依テ、新発ノ地ヲ政盛ニ賜ル、

是年　木下宮内少輔利房ニ、備中国賀夜郡足守二万五千石賜ル、

家光旗本の武具査検

是年　将軍家（家光）幕下ノ諸士甲冑馬具等ヲ、其番頭ニ仰セテ改メ見セシメ給フ、其厳整ナルニハ、御褒美トシテ領地ヲ加賜セラル、者ノ差アリ、

是年　小笠原壱岐守忠知、御書院番ノ番頭トナル、

是年　朽木民部少輔植綱（稙）、御書院番ノ隊頭トナル、（同十三年麾下ノ諸士支配ノ役ヲ司リ、三浦志摩守ト同ク是ヲ勤ル、）

是年　岡部小右衛門吉正、御先手鉄炮頭トナル、

是年　大久保勘三郎忠良大坂（摂津国東成郡）ノ城ノ守番トナリ、足軽ヲ附ラル、（同十年江戸ニ召シテ御弓頭トナル、）

是年　西山八兵衛、二ノ丸御膳奉行トナル、

深津正吉大坂御金奉行となる

是年　深津弥左衛門正吉、大坂ノ御金奉行トナル、（同四年七月二十九日大坂ニ於テ卒ス、七十歳、其子正倶父正吉カ跡役ヲ勤ム、）

是年　堀田出羽守正盛、御馬（鑓ト号ス）・白銀ノ臺子・黄金ノ風炉釜ヲ賜ル、

是年　松平越前守忠宗（伊達）始テ在国ノ暇ヲ賜ル、時ニ公ヨリ御脇指貞宗ヲ賜リ、将軍家ヨリ御腰物（保昌五郎）ヲ賜ル、

是年　有馬玄蕃頭豊氏カ甥重長、（後石見守ニ任ス、）始テ公ニ謁シ、食禄五百俵ヲ賜ル、是伯父豊氏麾下ニ奉仕セン事ヲ多年願フニ依テナリ、

是年　米津内蔵助田盛、（後出羽守ニ任ス、）父勘兵衛田政カ家督ヲ賜ル、

是年　安倍（阿）四郎五郎正之、命ヲ奉テ小田原ニ赴ク、

是年　淀（山城国久世郡）ノ城修築ノ料トシテ白銀千貫目、松平越中守定綱ニ賜ル、

是年　大久保忠任、（後加賀守ニ任ス、相模守忠隣カ孫、加賀守忠常カ男、）赦免ヲ蒙リ、江戸ニ帰参ス、（慶長十六年父忠常卒シテ後、忠常カ領地二万石ヲ忠任ニ賜ルノ処ニ、同十九年祖父相模守忠隣カ事ニ依テ、忠任閉居ス、）

家光旗本馬揃を上覧

是年 北条美濃守氏信卒ス、二十五歳、其子久太郎氏宗ニ父氏信カ遺領河州池尻(丹南郡)采地一万石ヲ賜ル、時ニ氏宗七歳、

是年 幕下ノ諸士馬揃上覧アリ、其馬ノ能キニハ食禄ヲ賜ル、差アリ、時ニ阿部二郎兵衛・黒沢木工之助等食禄百俵ヲ賜ル、

是年 戸川内蔵助安尤、始テ公ニ謁ス、

是年 井上太左衛門重成、半右衛門清秀嫡子主計頭正就カ兄、始テ両君ニ謁シ、遠州ノ地三千石ヲ賜リ、御先手組与力ノ士十騎、足軽三十人ノ頭トナル、

是年 吉田宗活、機庵法橋、始テ公ニ謁ス、是ヨリ先元和三年松平仙千(光長)代三歳ノ時、疳痢ヲ煩フ、諸医ヲ招テ是ヲ療スルト云ヘ共、其験ナシ、時ニ公板倉伊賀守勝重ニ命シテ、落陽児医師ノ秀タルヲ求メサセ給フ、宗活其撰ニ応シテ越前国ニ赴キ、薬ヲ仙千代ニ用ユルノ処ニ、病痾忽ニ平復ス、是ヨリ越前国ニ屡往来ス、同七年光長江戸ニ参府ノ時、宗活是ニ従ヒ江戸ニ来ル、此年光長采地五百石ヲ宗活ニ与ル、土井大炊頭利勝カ嫡子松丸重病数月ニシテ衆医療スルニ験シナシ、父利勝宗活カ医術ノ妙ヲ聞テ薬ヲ求ム、宗活一方ヲ与ヘテ忽ニ快気ヲ得タリ、先年ヨリ彼レカ医術度々験アル事上聞ニ達シ、召シテ今日拝謁スル者ノ也、

東武実録　巻第十三

寛永三丙寅年　自正月至五月

家光秀忠に対顔

正月朔日　将軍(家光)家西ノ丸ニ渡御アリ、御座ノ間ニ於テ公(秀忠)ニ御対顔、御上壇ニ御着座、御太刀大沢兵部大輔基宿是ヲ披露ス、御引渡シ御雑煮・御吸物出、御三献ノ御祝例ノ如ク、事畢テ将軍家還御以後、列侯以下西丸ニ登テ公ニ謁シ、歳旦ヲ祝ス、

諸大名秀忠に謁す

同六日　新正ノ賀儀トシテ禁裏エ御太刀一腰・御馬一疋ヲ献セラル、大沢侍従基重、右京亮、御使トシテ京都ニ赴ク、

為年始之御礼以大沢侍従(基重)言上候、仍御太刀一腰・御馬一疋令進上候、宜有奏達候也、謹言、

正月六日　御諱(秀忠)

三条殿(三条西実条)

中院殿(通村)

両伝奏(三条西実条・中院通村)ニ遣ハサル、ノ御書、

為年甫之祝儀、太刀一腰・馬一疋相送之候、猶大沢侍従可述候也、謹言、

正月六日　御諱

三条殿

別紙　中院殿

是日　松ノ丸ノ御方(寿芳院、豊臣秀吉側室)ヨリ、年始ノ慶賀トシテ小袖二重ヲ献スルニ依テ、御内書ヲ賜ル、

同十二日　石川勘助正重卒ス、

同十五日　浅野但馬守長晟鷹ノ鶴ヲ献スルニ依テ、奉書ヲ賜ル、

是日　対馬侍従義成(宗)朝鮮ノ鶴并領国ノ鰤ヲ献ス、奉書ヲ義成ニ賜ル、

是日　松平土佐守忠義(山内)繻珍十巻ヲ献ス、是ニ依テ

奉書をヲ賜ル、

同十八日 能勢摂津守頼次卒ス、六十五歳、

同二十一日 永井豊前守直定上総国ニ於テ采地三千三百石加賜セラル、旧領統テ四千三百石ヲ領ス、

秀忠徳川頼宣邸渡御

二月二十七日 公（秀忠）紀伊中納言頼宣（徳川）卿ノ亭ニ渡御アリ、御相伴水戸宰相頼房（徳川）・藤堂和泉守高虎、猿楽上覧アリ、

同二十八日 猪子内匠一時卒ス、八十五歳、

巣鷹の制

頃年巣鷹ノ事、猥リナルニ依テ仰出サル、趣、

覚

一、御巣鷹見出し候もの丶事、其身之事者不及申、彼五人組之者茂、其年巣鷹之番をゆるし、見出し候当人に御褒美可被下事

附、新巣見出し候ものには、其年は常之御褒美一倍可被下事

一、御巣鷹之巣をかくし（隠）、又ハ一巣之内にて鷹をぬすみ（盗）候輩有之は曲事たるへし、縦後日ニ相聞候といふとも、其身之事ハ不及沙汰、一類ともに可被行死罪事

附、五人組ハ籠舎たるへき事

一、御巣鷹をぬすみ候もの丶事、申出るにおゐてハ、同類たりといふとも其科をゆるし、御褒美として金子五十両可被下事

右可相守此旨者也、仍執達如件、

寛永三年寅二月日

三月朔日 内藤伊賀守忠重ニ、平河口御門前本多出羽守（忠利）カ屋地ヲ賜ル、

同六日 加賀宰相利常（前田）嫁娶ノ御礼トシテ、綿五百把使者ヲ以テ是ヲ献スルニ依テ、御内書ヲ利常ニ賜ル、

*家光徳川頼宣邸渡御

同七日 将軍家（家光）、紀伊黄門頼宣（徳川）卿ノ家ニ来臨、御相伴水戸宰相頼房（徳川）卿、

同八日　宗対馬守義成、高麗鷹十五聯ヲ献スルニ依テ、御内書賜ル、

同十一日　朝比奈勘右衛門良恭、（後左近ニ改ム、）小十人組ノ頭トナリ、采地ヲ加賜セラル、（同十一年御書院番ノ組頭トナル、）

是日　吉田吉左衛門重則、始テ将軍家ニ謁ス、（是ヨリ先キ伯父吉田大膳大夫重治存生ノ時、重則幕下ニ奉仕セン事、酒井忠世ヲ以テ是ヲ願フノ処ニ重治卒ス、存生ノ願タルニ依テ、今日召シテ拝謁ス、）

同十五日　堀七郎五郎直時、（丹後守直寄二男、）始テ両君（秀忠・家光）ニ謁ス、

同十九日　久世三左衛門広宣、（始ノ名三四郎、）卒ス、六十五歳、其子三四郎広益、父広宣カ遺領采地五千石ヲ賜ル、

同月　酒井讃岐守忠勝ニ、武州忍（埼玉郡）ニ於テ采地二万石加賜セラレ、旧領并テ五万石ヲ領ス、

四月五日　入江源蔵春重卒ス、五十歳、

同六日　参議利常（前田）鷹ノ捉ル所ノ鶴ヲ献スルニ依テ、御内書ヲ賜ル、

同十一日　内藤紀伊守信正、（摂州大坂（東成郡）ノ城代、）病痾危急ノ由台聴ニ達シ、御心許ナク思召サル、由、奉書ヲ信正ニ賜ル、

同十二日　神尾内記元勝、（後備前守ニ任ス、）御使トシテ、摂州大坂ニ赴ク、

是日　井伊掃部頭直孝病気快気ニ依テ、二荷一種ヲ献ス、所労験気悦ヒ思召スノ由奉書ヲ賜ル、

是月　内藤紀伊守信正摂州大坂ニ於テ卒ス、五十九歳、

閏四月五日　細川三斎（忠興）、袴二具（段子）ヲ献スルニ依テ、奉書ヲ三斎ニ賜ル、

同七日　駿河中納言忠長卿（徳川）、二荷二種ヲ献シ、去ル朔日駿府（駿河国安倍郡）ニ到着ノ旨、使者ヲ以テ申上ケラル、ニ依テ、御内書ヲ忠長卿ニ賜ル、

同十四日　薩摩宰相家久（嶋津）、（松平薩摩守、）帰国ノ御礼トシテ、使者ヲ以テ沈香五斤・焼物色々ヲ献ス、是ニ依テ御内書ヲ家久ニ賜ル、

朝比奈良恭小十人組の頭となる

*内藤信正卒す

*徳川忠長帰国

酒井忠勝二万石加増

駄賃*

同十五日　尾張中納言義直（徳川）卿奈良酒両樽・鮎ノ鮓二桶ヲ献ス、御内書ヲ義直ニ賜ル、

同二十七日　本多中務太輔（マヽ）忠刻所労再発ノ由上聞ニ達シ、御心許ナク思召サル、由奉書ヲ忠刻ニ賜ル、

是日　井伊侍従直孝、掃部頭（頭、）領国ノ栗一箱ヲ献ス、是ニ依テ奉書ヲ直孝ニ賜ル、

是日　細川三斎、領国ノ素麺五箱ヲ献スルニ依テ、奉書ヲ三斎ニ賜ル、

人身売買禁止

定

（一、脱カ）人売買一円停止たり、若濫之輩於有之者、其軽重をわかち、或死罪或籠舎可為過銭事

附、口入人宿主同罪事

一、男女拘置年季之事、可限十ケ年ニ、十年過は可為曲事、

一、手負たる者をかくし置へからさる事

一、人馬賃にて雇通候もの、奉行所より添状無之者、夜通相立候儀、一切停止事

一、駄賃之事、平地一里十六文之御定之上、まし銭取もの有之者、五十日可為籠舎、并其所之年寄過料として五貫文、其外者家一軒より百文ツヽ、可出之事

右可相守此旨者也、仍執達如件、

寛永三年寅閏四月日

是月　将軍家（家光）日光（下野国都賀郡）御登山、

五月三日　鍋嶋信濃守勝茂、半弓二張・懸硯二、京都二条ノ御城御庭ニ植ラルヘキ蘇鉄一本ヲ献スルニ依テ、奉書ヲ賜ル、

同五日　浅野但馬守長晟糸鞦十懸、御挟箱十、御乗物ヲ献ス、是ハ此度御上洛ニ依テ也、奉書ヲ長晟ニ賜ル、

同七日　本多中務大輔忠刻、美濃守忠政男、播州姫路（飾磨郡）ニ於

テ卒ス、三十一歳、是ニ依テ上使トシテ太田采女正資宗・神尾宮内少輔守勝姫路ニ赴ク、松平半四郎重則、(是年内膳正ニ任シ後大隅守ニ改ム)、忠刻内室、(秀忠)公ノ御娘、後天(千)樹院殿ト号ス、(姫)御迎トシテ、命ヲ奉テ播州姫路ニ赴ク、

同十七日　織田兵部少輔信良、(左近衛権少将)卒ス、四十三歳、其子百助信昌、(後兵部太(マヽ)輔ニ任ス)、父信良カ家督采地二万石賜ル、

同二十二日　藤堂和泉守高虎、染湯帷子二百端ヲ献ス、奉書ヲ賜リ高虎カ所労ヲ問ハセ給フ、

同二十五日　永井佐左衛門盛安、始テ将軍家(家光)ニ謁ス、

上洛供奉法度

同二十七日　今度御上洛ニ依テ仰出サル、御条目、

条々

小荷駄*

一、今度御供之時不可脇道、并町通家之際除左右可供奉事

竹木伐採禁止*

一、喧嘩口論火事其外如何様之儀雖為出来、番頭・組頭之下知なくして、其身之事者勿論、下人等に至迄一切不可出合事

人返し*

一、今度御供中人返し之儀令停止畢、自然於有中旨者、還御以後可為沙汰、重過之ものは為各別之間、奉行人へ相断可受裁許事

一、路次中御着座之刻、馬よりをり馬ハ其所に置、供の者を通し、其次に馬を通し、其後諸道具を可通事

一、目付之面々并番頭・諸奉行之儀者不及沙汰、縦如何様之輩申断といふとも、御法度之旨不可違背事

一、御供之時狼藉者之事其身ハ死罪、主人ハ可為過料事

一、諸道具入交通るへからさる事

一、小荷駄馬ハ右之方へつけ通すへし、但、山坂にてハ小荷駄を山の方へ付て可通事

一、猥に竹木を剪採へからさる事

過料の覚

附、作毛之場に馬を放へからさる事

右之趣若有相背輩者、随科之軽重、或者死罪或流罪可為過怠、自然御目付之者并番頭・諸奉行人、見のかし（逃）聞のかし令用捨者、其科之一倍可出過料、此外具ニ下知状可相見者也、

寛永三年寅五月二十七日

覚

一、脇道町際行事、過料銀子一枚、

一、喧嘩口論火事等之時、無下知出合輩曲事たるへし、

一、路次中御着座之刻、馬よりをり候而以後の次第、違背之輩過料銀子一枚、

一、御目付・番頭・諸奉行之外、如何様之仁ニ而茂、御法度之旨申断処、令違背族之事、曲事、

一、馬上之際に召連歩行もの丶事、馬取二人、沓持一人、草履取一人、持鑓一本、其外若党可召列、此段相違之輩之事、過料銀子一枚、

一、騎馬之中へ乗替之馬引入輩之事、過料銀子一枚、

附、被為召候人之馬ハ各別之事

一、御供之時狼藉者之事、其身は死罪、主人よりハ過料、但、科之随軽重又者依其分限可申付事

一、供奉之時馬之口をとらセ、并高声之事過料銀子一枚、

一、諸道具入交とをる事、過料銀一枚、

一、剪採竹木事、曲事、

一、御供番不参之事、随其分限過料たるへき事

一、路次中御宿所におゐて御番之儀、江戸御番御置目のことくたるへき事

一、別人之宿札剥候事、過料銀子一枚、

一、自分之宿札剥候事、過料銀子一枚、

一、天気能候時、騎馬之中へ雨道具もたせ候者之事、過料銀子一枚、

附、笠雨鞍覆ハ不苦事

一、御宿之所并御茶屋にて無差図衆むさと振舞被下候事、過料銀子一枚、

一、御供之時、騎馬之中へ刀筒・からかさ其外見苦しき物入ましり候事、過料銀子一枚、

一、御着座之刻、御供之衆馬よりをりすして直ニ宿へ乗入候事、過料銀子一枚、

一、何事によらす、かりこと申族曲事、

一、組頭無之衆、一人宛殿中に可相詰事

一、馬ニ声をかけ并御宿之町ニ而馬之口を洗事、過料銀子一枚、

一、御目付・番頭・諸奉行人、御法度之趣見のかし聞のかし於令用捨者、其科一倍可出過料ニ事

右堅可被相守此旨者也、仍執達如件、

寛永三年寅五月廿七日

覚

一、今度御上洛御供之時、路次中御法度之旨、面々之儀者不及申ニ、下々に堅可申付之事

一、宿々にて他所之衆とは不及申ニ、傍輩中にても互に振舞堅可為無用事

附、泊々宿へ着、用所なく下々町ありき一切いたさせ申間敷候、宿にて下々不致高声候様に堅可申付事

一、路次中沓・草鞋以下、其外何ニ而も買物いたし候時、売主不致合点候事か、又者悪銭を無理に出し通る事無之様に、下々へ堅可申付事

一、如御定宿賃を出し、請取候との亭主の手形を取可罷立事

附、宿札剥不申との儀、其外下々ニ至まて出入無之との手形を取可罷通事

一、路次中宿札有之所明候とて茂、断なくはいり申間敷事

一、身なりかふきたるもの、侍・小者によらす召

*上洛供奉扶持方覚

連不申候様に、なかまとして致吟味たしなみ可申事

一、京にても右之趣違背申間敷事

寛永三年寅五月廿七日

宿賃の定

路次中宿賃御定之事

一、人に四文

一、馬に八文

但、自分之薪たき候ハ丶、人に弐文、馬に四文、馬屋ともなく自分之薪ならハ弐文、馬屋なくとも亭主之薪ならハ四文たるへし、

一、京にてハ、馬屋なく外につなき自分之薪たき候とも、四文たるへし、

寛永三年寅五月廿七日

家光内藤政長邸渡御

是月 将軍家内藤左馬助政長カ桜田ノ家、池上ノ（武蔵国荏原郡）亭ニ渡御アリ、御遊覧晩景ニ及フ、時ニ黄金三百両政長ニ賜ル、其後公モ政長カ池上ノ亭ニ来臨アリ、今度御上洛ニ付テ、供奉ノ面々分限ニ依テ、御扶持方下サル、ノ覚、

覚

一、百石	七人
一、百五拾石	十人
一、弐百石	十人
一、弐百五拾石	十一人
一、三百石	十二人
一、三百五拾石	十三人
一、四百石	十四人
一、四百五拾石	十五人
一、五百石	十六人
一、五百五拾石	十七人
一、六百石	十八人
一、六百五拾石	十九人

弐十人

一、七百石　二十一人

一、七百五拾石　二十二人

一、八百石　二十三人

一、八百五拾石　二十三人

一、九百石　二十四人

一、九百五拾石　二十四人

一、千石　二十五人

一、千百石　二十六人

一、千二百石　二十七人

一、千三百石　二十八人

一、千四百石　二十九人

一、千五百石　三十人

一、千六百石　三十一人

一、千七百石　三十二人

一、千八百石　三十三人

一、千九百石　三十四人

一、弐千石　三十五人

一、弐千百石　三十六人

一、弐千二百石　三十七人

一、弐千三百石　三十八人

一、弐千四百石　三十九人

一、弐千五百石　四十人

一、弐千六百石　四十一人

一、弐千七百石　四十二人

一、弐千八百石　四十三人

一、弐千九百石　四十五人

一、三千石　五拾二人

一、三千五百石　六拾人

一、四千石　六十七人

一、四千五百石　七十五人

一、五千石　百五十人

一、壱万石　三百人

一、弐万石　四百五十人

一、三万石

小姓衆*

右之通御扶持方被下之者也

寛永三年寅五月日

供奉衆宿割

今度御上洛ニ依テ、江戸ヨリ京都ニ至テ公供奉ノ面々宿割、

弐万弐百石　酒井（忠行）阿波守
十四万弐千石　土井（利勝）大炊頭
五万弐千五百石　井上（正就）主計頭
八万七千六百石　永井（尚政）信濃守
壱万六千四百石　青山（幸成）大蔵少輔
三万千百石　高力（忠房）摂津守
弐万弐千石　松平（正綱）右衛門大夫
壱万千八百石　板倉（重昌）内膳正
壱万五千石　秋元（泰朝）但馬守
弐千石　阿部（正澄）修理亮
井上（正利）河内守
高力（高長）左近大夫

御小姓衆

千五百石　本多（忠相）美作守
千五百石　酒井（忠正）下総守
弐千石　松平（忠晴）伊賀守
弐千石　太田（資宗）采女正
千五百石　鳥居（忠頼）讃岐守
三千石　三浦（重次）山城守
弐万石　土屋（利直）民部少輔
千石　松平（忠隆）兵庫頭
千五百石　戸田（氏経）淡路守
千石　本多（俊昌）主馬助
千石　戸田（生勝）次郎九郎
千五百石　三井（吉次）市蔵
千石　八木（守直）勘十郎
五百石　嶋田（重利）庄五郎
千石　山崎（正信）権八郎

八百石　戸田藤九郎

五百石　犬塚小善次(重世)

千石　大沢右京亮(基重)

壱万三千石　京極主膳正(高通)

三千石　有馬出雲守(豊長)

三千弐百石　永井長次郎(直重)

嶋田兵四郎(利正)

森川喜内

歩行頭衆*

目付衆

御目付衆

四千五百石　加々爪民部少輔(忠澄)

弐千五百石　永井監物(白元)

弐千六石　渡辺半四郎(宗綱)

弐千百石　牧野清兵衛(正成)

千七百石　豊島主膳正(信満)

使番衆

御使番衆

弐千百石　清水権之助(長政)

弐千百石　天野佐左衛門(光得)

千五百石　長谷川四郎兵衛(重次)

千四百石　今村伝四郎(正長)

千八拾石　石河三右衛門(勝政)

千石　永田勝左衛門(重勝)

六百石　花井庄左衛門(吉高)

御歩行頭衆

四千五拾石　岡部兵部(輔利)

組三十人

四千石　長谷川久三郎(正信)

組三十人

弐千石　小栗又市郎(政信)

組三十人

千五百石　伊沢隼人正(正信)

組三十人

膳奉行* 千五百石 榊原左衛門(職直)

組三十人

医師 七百石 道三法印(今大路親清・玄鑑)

民部太輔(今大路親昌)(マヽ)

儒官 三百弐拾石 安栖法印(田村長祇)

五百五拾石 永喜(林信澄)

右筆衆

御右筆衆

四百六拾石 松雲(久保正俊)

八百弐拾石 建部伝内(昌興)

弐百石 志賀半兵衛(定継)

三百石 川副六兵衛(重次)

百五拾石 鈴木権兵衛(重弘)

百五拾石 久保吉右衛門(正元)

百石 星合太郎兵衛(充郷)

台所衆*

御膳奉行

五百五拾石 土屋忠次郎(利常)

同心五人

五百石 朝倉仁右衛門(在重)

同心五人

将軍様御使

駿河中納言殿御使(徳川忠長)

尾張中納言殿御使(徳川義直)

紀伊中納言殿御使(徳川頼宣)

水戸中納言殿御使(徳川頼房)

御台所衆

七百七拾石 神谷縫殿助(正次)

弐百石 神谷又六郎(正重)

万入

堀谷弥九郎(正厚)

神尾五助
御台所衆十九人
御下男二十弐人
弐百石　倉橋庄兵衛(政長)
御賄衆二十人
六尺　十五人
四百五十石　矢部掃部(政成)
同心十人

納戸衆
※「脇一作服」
御納戸衆
三千五百石　頭　杉浦市右衛門(正友)
四百石　落合小平次(道次)
四百石　上田善次郎
四百石　高木甚兵衛(清吉)
三百五拾石　山田七右衛門(直利)
五百五拾石　田中市郎右衛門(忠勝)

腰*物方衆

四百五拾石　新見弥三郎(正盛)
三百七拾石　横山藤左衛門(一重)
弐百石　速見七兵衛(吉忠)
弐百石　松永源蔵(正重)
弐百石　杉浦十兵衛(久真)
八百三拾石　天野小三郎(長信)
四百石　頭　筒井内蔵(忠重)
四百石　石川六左衛門(重勝)
四百石　井上次郎兵衛(憲勝)
弐百石　※脇〔服〕部助左衛門(康信)
弐百石　米津彦七郎(正守)
弐百石　杉浦長蔵(吉正カ)
弐百石　天野新五郎
百五拾石　関兵三郎(正成カ)

御腰物方衆

四百石　松波梶平(重次)
五百石　野々山新兵衛(兼綱)
三百石　三橋善兵衛(成次)
三百石　平賀三五郎(忠勝)

書院番井上正就組

御書院番井上主計頭(正就)組

弐千石　高木善次郎(正綱)
四千拾石　津田平左衛門(正重)
三千石　桑山内匠(貞利)
千九百石　森伊豆守(重政)
千五百石　森左兵衛(可澄)
千石　松平日向守(知乗)
千石　松倉十左衛門(重次)
千石　杉原四郎兵衛(正永)
千石　西尾藤三郎(正次)
千石　前田左助(正信)
千石　戸田掃部(正次カ)

*小性組井上正就組

五百六拾石　吉田七左衛門
五百石　三宅杢助(康政)
五百石　八橋与吉(重頼)
五百石　金森左兵衛(重義)
五百石　小出甚太郎(重堅)
三百弐拾石　嶋田久太郎
三百五拾石　桜井庄之助(勝成)
三百石　井戸忠左衛門(治秀)
三百石　森次郎兵衛(重継)
弐百石　本多藤五郎

御小性組井上主計頭組

弐千石　安藤治右衛門(正珍)
千五百石　土屋権十郎(重正)
千石　西尾藤兵衛(政氏)
千石　興津彦八郎(直重)
千五百石　伊丹蔵人(勝長)

千石　服部与十郎（政信）
七百石　仁加保主馬（誠政カ）
五百石　村瀬清蔵（重次）
五百石　岡部庄九郎（一綱）
五百石　高木善七郎（守久）
三百石　三宅宗兵衛（正勝カ）
三百石　岡部惣六郎（宗綱）
三百石　多賀外記（常勝）
三百石　川勝主膳
三百石　井上次兵衛（利義）
弐百五拾石　酒井作兵衛（重行）
弐百石　本多次郎右衛門（信吉）
弐百石　川窪仁兵衛
百五拾石　井田新八郎

小十人組井上主計頭組

七百石　大森半七郎（好長）

五百石　小栗平吉（久玄）
五百石　石谷十蔵（貞清）
弐百石　石野伝八郎（正数）
弐百石　宇津野九郎右衛門
百五拾石　小西助十郎（正次）
百石　須藤孫四郎（盛弘）
美濃部権兵衛

御書院番永井信濃守（尚政）組

弐千弐百石　天方主馬（通直）
三千石　村上源助
弐千石　赤井豊後守（忠泰）
千四百石　柘植三四郎（正時）
千石　赤井六兵衛（公雄）
千石　石丸勝三郎（正直）
千石　伏屋新助（為次）
千石　跡部民部（良保）

*書院番永井尚政組

小十人組井上正就組

千石　村越七郎右衛門（正重）
千石　曽我喜太郎（古祐）
千四百石　猪子次左衛門（一利）
千石　三好助九郎（直次）
九百石　水野因幡守（春守）
五百石　荒川右馬助（定安）
五百石　稲生次郎左衛門（正信）
五百石　古田兵九郎（重直）
三百石　長崎弥左衛門
三百石　柘植左衛門（正直カ）
三百石　設楽三右衛門（貞時）
五百石　中坊長兵衛（時祐）
五百石　赤井五郎作（恒家）

御小性組永井信濃守組

四千三拾石　永井伝十郎（直清）
弐千石　木造三郎右衛門

小性組永井尚政組

*小十人組永井尚政組

千七百石　鵜殿新七郎（氏信）
千五百石　岩瀬吉右衛門（氏次）
千拾石　松平筑後守（康盛）
千石　鈴木久右衛門
五百石　槙村孫七郎
五百石　長田兵吉（吉広）
五百石　中山内記（信政）
三百石　倉橋宗三郎（忠尭）
弐百石　戸田七内（政次）
弐百石　前波久三郎（前場勝政カ）
弐百石　永井杢助（直元）
弐百石　槙村孫九郎
三百石　岩瀬市兵衛（氏忠）
弐百石　長崎久太郎
弐百石　小林長五郎（直次）

小十人組永井信濃守組

五百五拾石　長坂血鑓九郎(信次)
四百石　小林権平(重宣)
三百石　加藤市六郎(正勝)
弐百石　山本四兵衛(正吉)
百五拾石　曲渕清蔵(吉次)
百五拾石　曲渕源次郎(信次)
百石　横山源助(正次)
百石　山本辰之助(正茂)
百石　栗原七郎兵衛(利智)

書院番青山幸成組

御書院番青山大蔵少輔(幸成)組
三千石　大久保四郎左衛門(忠成)
弐千石　庄田小左衛門(安照)
弐千百石　山田彦八郎
弐千石　酒井作右衛門(重之)
弐千石　市橋三四郎(長吉)
千七百五拾石　馬場三郎左衛門(利重)

*小性組青山幸成組

千石　三宅半七郎(重吉)
千石　松田善右衛門(勝政)
千石　朽木与五郎(友綱)
千石　伊丹因幡守(永親)
千石　堀織部
千石　加藤左内(正直)
八百六拾石　大久保牛之助(長重)
八百石　長野次郎兵衛
七百石　東条伊兵衛
五百石　井戸左馬助(良弘)
弐百七拾石　松平甚三郎(行隆)
三百石　大久保半右衛門(忠永)
千石　松平作十郎(清須)
三百石　佐藤与兵衛(成次)

御小性組青山大蔵少輔組
弐千石　永見新右衛門(重成)

千五百石　服部仲（保俊）
千石　加藤源太郎（良勝）
千石　内藤金左衛門（忠次）
*小十人組青山幸成組
千石　青山作十郎（成次）
弐百石　久貝八兵衛（正世）
五百石　嶋喜太郎
六百五拾石　水野小十郎（元吉）
六百石　戸田半平（重政カ）
六百石　岡田内記（利永）
五百石　内藤市之丞
三百石　小栗又兵衛（信友）
三百石　後藤清三郎（吉勝）
五百石　北条新蔵（正房）
五百石　中川牛之助（光重）
四百石　細井喜三郎（正信）
*書院番松平正綱組
三百石　大久保彦十郎（忠貞）
三百石　水野小左衛門（守正）

弐百石　水野金十郎（守次）
弐百石　若林兵九郎（包盛）

小十人組青山大蔵少輔組

四百石　小林新平（正重）
五百石　美濃部八蔵（茂俊）
三百石　藁科孫九郎
弐百石　比企次左衛門（義久）
弐百石　酒依喜左衛門（昌次カ）
百五拾石　杉原七十郎
百五拾石　松平左内
弐百石　梶金平（定良カ）
弐百五拾石　奥山茂左衛門（安重）
　美濃部七兵衛（重安）

御書院番松平右衛門大夫（正綱）組

千石　松平志摩守

川口久助(宗次)　弐千石
野一色外記(義重)　弐千石
水野太郎作(清定)　弐千石
石尾七兵衛(治昌)　弐千石
神保市右衛門(氏勝)　千五百石
花房右馬助(正栄)　千石
本多丹後守(重世)　千石
三渕縫殿助(藤利)　千石
川口茂右衛門(宗重)　千石
奥山次右衛門　千石
堀右衛門太郎(直景)　千石
牧野主水正(秀成)　千石
大久保源三郎(忠知)　八百五拾石
津金助之進(胤卜)　七百五拾石
蜷川次郎左衛門(親満)　五百石
川勝太郎兵衛(重氏)　五百石
花房勘右衛門(正盛)　五百石

*小性組松平正綱組

星合采女(具泰)　五百石
加藤庄兵衛(正方)　四百石
中山六左衛門　弐百石
高木主膳　弐百石
小倉十兵衛(正守)　弐百石

御小性組松平右衛門大夫組

水野清六郎(忠保)　弐千石
山上又七郎　千弐百石
松平備前守　千石
松平隼人正　千石
甲斐庄伝八郎(正述)　千石
日下部権九郎(定勝)　千石
榊原隼之助(忠豊)　千石
西尾小左衛門(重長)　七百石
内藤六十郎(忠吉)　五百石
渡辺久左衛門(善)　五百石

*書院番板倉重昌組

小十人組松平正綱組

三百石　戸田半十郎(重政)
三百石　坪内半三郎(定次)
三百石　黒川与兵衛(正直)
三百石　冨永甚三郎(重師カ)
三百石　牟礼万五郎(勝政)
弐百五拾石　貴志助兵衛
弐百石　榊原善九郎(忠重)
弐百石　小栗権兵衛(吉忠カ)
弐百石　安藤市郎兵衛(忠次)
三百石　池田左助
三百石　水野九右衛門(正行)
三百石　榊原兵左衛門(忠真)

小十人組松平右衛門大夫組

五百五拾石　山下弥蔵(周勝)
三百弐拾石　伴作平(重正)
弐百石　戸張山三郎(織定)

百石　星合伊左衛門(具枚)
百石　青木彦兵衛(之能)
百五拾石　木村彦八郎(良綱)
百石　冨永孫六郎(重師カ)
原田権右衛門(種次)

御書院番板倉内膳正(重昌)組

三千石　柴田筑後守(康長)
四千石　沼兵右衛門(清許)
三千石　小堀九郎兵衛(正十)
三千石　近藤登之助(貞用)
弐千石　内藤掃部(正成)
三千石　能勢治左衛門(頼重)
千石　岡部大和守(興賢)
千石　嶋四郎左衛門(三安)
千五百石　能勢小十郎(頼隆)
千石　能勢惣左衛門(頼重)

五百五拾石　小栗仁右衛門（信由）
四百三拾石　堀田助左衛門（勝成）
千石　近藤勘右衛門（用清）
三百石　鈴木権之助（重勝）
五百石　別所主水（信治）
五百石　堀豊前守（利政）
三百石　中川左平太（重良）
弐百石　青木又四郎
五百石　松倉甚兵衛（重吉）
五百石　大嶋瀬兵衛（光隆）
千石　蒔田数馬（長広）

小性組板倉重昌組
*小十人組板倉重昌組

御小性組板倉内膳正組

千石　牧野織部（成常）
千石　村越清次郎（吉勝）
九百弐拾石　鈴木友之助（重氏）
六百石　永田権八郎（久重）

五百石　大藪新八郎
四百石　彦坂平六郎（重定）
三百石　石丸権六郎（有吉）
三百石　本多八十郎（利友）
三百石　井出甚之助（正成）
四百石　小出左馬助（尹貞）
弐百石　丸山左兵衛
弐百石　伊藤助十郎
弐百石　牧野六兵衛
弐百石　永田三十郎（直俊）
弐百石　浅岡権左衛門（勝国）
五百石　横田内匠（述松）

小十人組板倉内膳正組

四百五拾石　内藤左七郎（政俊）
三百七十石　中根喜蔵（正次）
三百石　青木久左衛門（義精）

弐百石　鈴木兵左衛門（重之）
弐百石　松野勘助（資信）
百五拾石　鈴木三郎九郎（重成）
百石　西尾加右衛門（正保）
百石　大木喜兵衛（忠吉）
百石　内田勘右衛門（正弘）

書院番秋元泰朝組

御書院番秋元但馬守（泰朝）組

千石　内藤市正（信広）
弐千石　牧野伝蔵（成純）
千石　一尾淡路守（通春）
千石　妻木彦右衛門（重吉）
千石　佐々権兵衛（長次）
千石　下曽根三十郎（信由）
千石　別所左近（重家）
千石　真田長兵衛（幸政）
千石　新庄内匠（直之）

＊小性組秋元泰朝組

千五百石　遠山藤四郎（長景）
八百石　日根野長五郎（弘吉）
七百石　兼松又四郎（正尾）
五百石　佐々三郎四郎（正成）
千石　三浦権六郎
五百石　池田権之助
五百石　土方久兵衛
三百石　佐久間八左衛門（頼照カ）
弐百石　日根野外記
弐百石　溝口五郎左衛門（重朝）
弐百石　木造七左衛門（俊宣）

御小性組秋元但馬守組

千五百石　村上三十郎（三正）
七百石　駒木根長次郎（政次）
五百石　酒井内記（忠重）
五百石　成瀬吉平（重次カ）

五百石　山岡与左衛門(景孝)
五百石　長谷川半左衛門(重治)
五百石　服部三右衛門(保久)
鑓*奉行衆
五百石　山岡新太郎(景本)
五百石　諏訪隼人(頼郷)
弐百石　和田庄之助(定継)
弐百石　近藤小十郎(用尹)
諸道具奉行衆*
弐百石　門奈宗兵衛(政勝)

小十人組秋元泰朝組

小十人組秋元但馬守組

弐百石　外山忠三郎(正吉)
弐百石　本目権十郎(義正)
弐百石　青木五郎右衛門(之貞)
百五拾石　神保弥兵衛(長政)
百五拾石　曲渕十左衛門(正吉)
玉薬奉行衆*
百石　小嶋孫七郎(正勝)
百石　建部八右衛門

百石　広戸半左衛門(正親)
百石　内藤四郎兵衛(勝久)

御鑓奉行衆

千石　大久保彦左衛門(忠教)
千石　若林和泉(直則)

諸道具奉行衆

三千百九拾石　佐藤勘右衛門(継成)
千五百石　土方宇右衛門(勝成)
千石　妻木吉左衛門(之徳)
七百石　設楽市左衛門(貞信)
五百石　菅沼三五郎(正次)
五百石　妻木五左衛門(高頼)

玉薬奉行衆

五百石　井上外記(正継)

幕奉行衆

五百石　田付(景次)四郎兵衛

御幕奉行衆

弐百石　加藤(景親)久太夫

同心二十人

広間坊主*

岸長右衛門

数寄屋坊主

御数寄屋坊主

三百石　周斎

寄合衆*

百五拾石　笑雲

百五拾石　笑仁

百石　宗丹

百石　宗傳

宗斎

土圭坊主

御土圭坊主

文斎

御数寄坊主七人

同水汲　六人

五百石　福阿弥

斎阿弥

御広間坊主二十人

六尺　二人

寄合衆

三千石　神尾(守世)刑部少輔

千五百石　大岡(忠吉)兵蔵

千五百石　加藤(則勝)伊織

同心二十人

千五百石　岡部(元清)主水

千五百石　朝比奈(泰澄)弥太郎

千石　池田(政長)図書

厩方*
千石　肥田主水(忠親)
四百五拾石　大河内平十郎(正勝)
三千五百石　渡辺吉右衛門(重)
弐千石　瀧川左門(直政)
五百石　小幡勘兵衛(景憲)

下目付衆*
森川庄九郎(氏信)
和田五助(惟重)
五百石　本多百助(信勝)

勘定衆
御勘定衆
六百石　大久保六右衛門(忠尚)
五百石　武藤理兵衛(安信)

弓頭衆*
弐百石　下嶋市兵衛(正真)
弐百石　杉田九郎兵衛(忠次)
百石　井出十三郎
百石　能勢四郎右衛門(頼安)

~~~

御厩方
八百石　諏訪部惣右衛門(定吉)
弐百石　諏訪部源次郎(定矩)
三百石　桑嶋孫六郎(吉宗)

下目付衆
弐百石　芝村左源太(正次)
百五拾石　実方五平次
百五拾石　斎藤勘右衛門(勝久)
百五拾石　斎藤治兵衛

御弓頭衆
弐千五百石　内藤外記(正重)
内藤虎之助
三千石余　御持弓歩同心五十人
久永源兵衛(重知)
久永半兵衛(政勝カ)
~~~

与力二十騎歩同心五十人
弐千石余　安倍四郎五郎(重真)
与力十騎歩同心二十人
千石　太田善太夫(吉正)
与力十騎歩同心二十人
五百石　布施孫兵衛(重直)
与力十騎歩同心二十人

鉄炮頭衆

御鉄炮頭衆

三千三百石　高木九兵衛(正次)
御持筒同心五十人
五千石　横田甚右衛門(尹松)
三百石　横田三郎兵衛(倫松)
与力十騎歩同心五十人
五千石　久世三四郎(広当)
与力十騎歩同心五十人
弐千石　永井吉左衛門

五百石　永井清左衛門
与力十騎歩同心五十人
六千五百石　坪内惣兵衛(家定)
坪内喜太郎(定仍)
歩同心五十人
弐千石　加藤喜助(正重)
歩同心五十人
千五百石　山田十太夫(重利)
与力十騎歩同心三十人
三千石　井上太左衛門(重成)
与力十騎歩同心三十人
弐千石　嶋田右京(成重)
与力十騎歩同心三十人
青山大蔵少輔(幸成)御預り鉄炮
歩行同心百人
五百石浅井半兵衛(元成)

鳥見衆
*秀忠上洛

御鳥見衆

佐藤伝助(方春)
佐藤清兵衛
沢九郎兵衛(宗久)
沢長左衛門
尾崎新六郎
桑田孫六郎
大平角助(後宗)
水野半兵衛
多田庄左衛門
林半左衛門
樋口五郎右衛門(敬孟)
田沢庄兵衛(正次)
渡辺孫左衛門
福田藤右衛門
飯高弥十郎
若林金十郎

同二十八日　公御上洛トシテ江戸ノ城御首途、時ニ途中御機嫌ヲ窺ヒ奉リ、江戸ニ註進スヘキノ由、将軍家ノ釣(鈞)命ヲ奉テ、三浦志摩守正次公ニ供奉シ京師ニ到リ、江戸ニ帰テ御勇健ニ御入洛ノ旨ヲ言上ス、道中御旅館ノ所々ヨリ、継飛脚ヲ以テ、御機嫌好キノ旨、毎日江戸ニ註進ス、

東武実録　巻第十四

自六月二十日
至九月六日

寛永三丙寅年

秀忠入洛

六月二十日　公(秀忠)御入洛、

是日　公ノ御入洛御機嫌ヲ窺カハルヘキ為メ、将(家光)軍家ヨリ川勝信濃守(広綱)御使トシテ京師ニ到ル、公信濃守ヲ御前ニ召シテ謁ス、時ニ御書ヲ将軍家ニ進セラル、

為入洛見舞被差越川勝信濃守、早々被入念之段、欣悦之至候、委曲相含口上候也、恐々謹言、

六月廿日　御諱(秀忠)

大樹(家光)

松平忠直室別邸条目

同二十六日　越前宰相忠直(松平三河守)室(高田殿)公ノ御娘、別野ニ寓居在ルニ依テ、仰出サル、御条目、

定

*女出入の事

一、たい(台)所よりおく(奥)へ十よりうへ(上)のおとこ(男)、一切出入すへからさる事

一、女出入の事、つほね(局)書付を筑後守所へつかハし、ちくこ(筑後)手形を以て、出入すへき事

一、出家并陰陽師、たい所へ一切入ましき事

一、扶持人之外、医師むさと入へからさる事

一、札を申ものあらは筑後守を以可申、并おもて(表)むき(向)の使在之時は、これ又筑後守を以つほねまて可申事

一、諸商売人并むさとしたるもの、つほねかたへ入ましき事

*走り込みの女

一、はしり(走)こみ(込)の女、かゝへ(抱置)をくへからさる事

一、わつらひ(煩)のうち、見まひ(舞)の衆一切停止事

一、そうしておくよりの用の事、としより(年寄)たる女ともをつかひたるへし、その外のもの一切む(無)よう(用)の事

寛永三年六月廿六日

御黒印(秀忠)

同晦日　若林和泉(直則)卒ス、※

七月朔日　遠山新八郎為庸大御番ヲ勤仕ス、

同十一日　松平丹後守重忠卒ス、

同十二日　将軍家(家光)御上洛トシテ江戸ノ城出御、是日神奈川(武蔵国橘樹郡)ニ着御、将軍家ノ命ヲ奉テ、道三(今大路親清)玄鑑及ヒ徳隣(秦有室)法眼諸医ノ首トシテ、道中此二人ニ薬ヲ求レハ、貴賤ヲ問ハス貧福ヲ撰ハス、病人ヲ療シ救フ、

同十三日　藤沢(相模国高座郡)ニ着御、

同十四日　雨ニ依テ、此日藤沢ニ御滞坐、

同十五日　小田原(相模国足柄下郡)ニ着御、小田原城主ナシ御番城、

同十六日　三嶋(伊豆国君沢郡)ニ着御、此所ニ一日御滞留、

同十八日　清水(駿河国庵原郡)ニ着御、

同十九日　駿州久能山(有渡郡)東照大権現ノ御廟社ニ御参詣、御装束ヲ着セラル、供奉ノ面々各装束、

是日　駿州府(マヽ)ノ城ニ着御、城主中納言忠長(徳川)卿饗応ス、

同二十日　田中(駿河国益津郡)ノ城ニ着御、此所ハ中納言忠長卿ノ領也、

同二十一日　懸川(遠江国佐野郡)ノ城ニ着御、此城ハ忠長卿ノ臣朝倉筑後守宣正カ居城也、

同二十二日　浜松(遠江国敷知郡)ノ城ニ着御、城主高力摂津守忠房美膳ヲ献ス、

同二十三日　吉田(三河国渥美郡)ノ城ニ着御、城主松平主殿頭忠利美膳ヲ献ス、忠利カ嫡子五郎八郎、後主殿頭ニ任シ忠房ト号ス、御前ニ召シテ拝謁ス、時ニ御脇指貞宗ヲ五郎八郎ニ賜ル、是ヨリ先キ公(秀忠)御上洛ノ時、吉田ノ城ニ於テ五郎八郎公ニ謁ス、時ニ御腰物雲次ヲ五郎八郎ニ賜ル、

同二十四日　岡崎(三河国碧海郡)ノ城ニ着御、城主本多伊勢守忠利饗応ス、

同二十五日　熱田(尾張国愛知郡)ニ着御、

同二十六日　桑名(伊勢国桑名郡)ノ城ニ着御、城主松平河内守定行美膳ヲ献ス、此所ニ一日御滞坐、

*忠長家光を饗応

※「卒上一二字有」直則

家光江戸出御

家光久能山東照宮参詣

*家光入洛

大坂城定番の制

*家光二条城入城

*秀忠淀城渡御

*家光淀城渡御

同二十七日 大坂御城中エ賜ルノ御条目、(摂津国東成郡)

定

一、自然之時、二丸之外へ一切出間鋪事

一、墨付なくして大坂在番之外、二丸より内へ一切入間鋪事

一、下々に至またしか成者をえらひ、可抱置事

右堅可相守此旨者也、

寛永三年七月廿七日

御黒印(秀忠)

阿部備中守(正次)とのへ

高木主水正(正次)とのへ

稲垣摂津守(重綱)とのへ

同二十八日 亀山(伊勢国鈴鹿郡)ノ城ニ着御、城主三宅越後守康信饗応ス、

同二十九日 水口(近江国甲賀郡)ニ着御、此所ニ一日御滞留、

八月朔日 膳所(近江国滋賀郡)ノ城ニ着御、城主菅沼織部正定芳美膳ヲ献ス、

同二日 将軍(家光)家御入洛、供奉ノ面々各旅衣ヲ改メ美服ヲ着ス、在京ノ諸大名御迎ニ出テ拝謁ス、御入洛ヲ拝シ奉ル、京師ノ男女辺境ノ老若家屋ニアフレ山野ニミチ、追分ヨリ山科(山城国宇治郡)ノ辺ニ群衆ス、将軍家二条ノ城ニ入御、公(秀忠)ニ御対顔、此月中旬ヨリ淀(山城国久世郡)ノ城ニ渡御アリ、此所ヲ以テ御旅館ニ定メラル、

是日 本多大学助忠次、大隅守忠純男、卒ス、十七歳、

同六日 脇坂中務少輔安治、京師西ノ洞院ニ於テ卒ス、七十三歳、是ヨリ先キ安治家督ヲ其子淡路守安元ニ譲テ隠居ス、

同九日 公淀ノ城ニ渡御、城中上覧在テ、城主松平越中守定綱ヲ召シテ、命有テ曰ク、城部早ク造畢ス、殿閣ノ経営部外ノ構エ御旨ニ応ス、今度将軍家御在京ノ中御旅館タルヘキノ旨ヲ命セラル、時ニ御腰物・暑衣・黄金ヲ定綱(松平)ニ賜ル、定綱献スルニ御腰物・綿ヲ以テス、是月中旬将軍家淀ノ城ニ渡御アリ、時ニ御腰物・暑衣・黄金ヲ定綱ニ賜

秀忠大政大臣任官

家光従一位左大臣叙任

前田利常従三位権中納言叙任

ル、御腰物・綿定綱是ヲ献ス、（将軍家八月中旬ヨリ九月中旬ニ至テ淀ノ城ニ御滞坐、）

同十八日　公（太）大政大臣ニ任シ給フ、（元右大臣従一位、）

是日　将軍家左大臣ニ任シ、従一位ニ叙シ給フ、（元内大臣正二位、）

同十九日　駿河中納言忠長（徳川）卿権大納言ニ任シ、従二位ニ叙ス、（元従三位、）

是日　尾張中納言義直（徳川）卿権大納言ニ任シ、従二位ニ叙ス、（元従三位、）

是日　紀伊中納言頼宣（徳川）卿権大納言ニ任シ、従二位ニ叙ス、（元従三位、）

是日　水戸参議頼房（徳川）卿権中納言ニ任シ、従三位ニ叙ス、（元正四位下、）

是日　松平筑前守利常、（本氏前田後肥前守ニ改ム、中納言利長卿養子、実ハ大納言利家卿四男、）権中納言ニ任シ、従三位ニ叙ス、（元参議、）

是日　松平陸奥守正宗（政）、（本氏伊達、伊達左京太夫（マヽ）輝宗男、）権中納言ニ任ス、（元参議、）

是日　松平薩摩守家久、（本氏嶋津、嶋津兵庫頭義弘、）権中納言ニ任シ、従三位ニ叙ス、（元参議、）

是日　松平伊予守忠昌、（中納言秀康卿二男、）参議ニ任シ、正四位下ニ叙ス、（元侍従、）

是日　松平宮内少輔忠雄、（本氏池田、松平三左衛門輝政三男、）参議ニ任シ、正四位下ニ叙ス、（元侍従、）

是日　松平下野守忠郷、（本氏蒲生、蒲生飛驒守秀行男、）参議ニ任シ、正四位下ニ叙ス、（元侍従、）

是日　佐竹右京太夫（マヽ）義宣、（常陸介義重男、）左近衛権中将ニ任シ、従四位下ニ叙ス、（元侍従、）

是日　森美作守忠政、（三左衛門可成六男、）左中将ニ任ス、（元侍従、）

是日　井伊掃部頭直孝、（兵部少輔直政二男、）少将ニ任ス、（元侍従、）

是日　松平長門守秀就、（本氏毛利、中納言輝元男、）少将ニ任ス（元従四位下侍従、）

是日　細川越中守忠利、（越中守忠興男、）従四位下ニ叙シ、少将ニ任ス、（元侍従、）

是日　京極若狭守忠高、（参議高次男、）従四位下ニ叙シ、少

*加藤忠広従四位下侍従叙任

*松平忠明従四位下侍従叙任

将ニ任ス、(元侍従、)

是日 松平越前守忠宗、(本氏伊達、松平陸奥守正宗男、〔政、以下同ジ〕)従四位下ニ叙シ、少将ニ任ス、(元侍従、)

是日 上杉彈正少弼定勝、(中納言景勝男、)少将ニ任ス、(元従四位下侍従、)

是日 松平新太郎光政、(本氏池田、松平武蔵守利隆男、)従四位下ニ叙シ、少将ニ任ス、(元侍従、)

是日 藤堂和泉守高虎、(源助虎高男、)少将ニ任ス、(元侍従、)

是日 吉良若狭守義冬、(上野介義弥男、)従五位下ニ叙シ、侍従ニ任ス、(元無官、)

是日 松平出羽守直政、(中納言秀康卿三男、)従四位下ニ叙シ、侍従ニ任ス、(元従五位下、)

是日 佐竹修理太夫(マヽ)義隆、(右京太夫(マヽ)義宣男、)従四位下ニ叙シ、侍従ニ任ス、(元無官、)

是日 伊達遠江守秀宗、(松平陸奥守正宗男、)従四位下ニ叙ス、(元従五位下侍従、)

是日 京極丹後守高広、(丹後守高知男、)従四位下ニ叙ス、(元従五位下侍従、)

是日 松平土佐守忠義、(本氏山内、山内対馬守一豊男、)侍従ニ任ス、(元四品、)

是日 堀尾山城守忠晴、(出雲守忠氏男、)侍従ニ任ス、(元四品、)

是日 浅野但馬守長晟、(彈正少弼長政男、)侍従ニ任ス、(元四品、)

是日 加藤肥後守忠広、(肥後守清正男、)従四位下ニ叙シ、侍従ニ任ス、

是日 松平石見守輝澄、(本氏池田、松平三左衛門輝政四男、)侍従ニ任ス、(元四品、)

是日 松平中務太輔(マヽ)忠知、(本氏蒲生、蒲生飛驒守秀行二男、)侍従ニ任ス、(元四品、)

是日 加藤左馬助嘉明、(三之丞数明男、)侍従ニ任ス、(元諸大夫、)

是日 松平右衛門佐忠之、(本氏黒田、黒田筑前守長政男、)従四位下ニ叙シ、侍従ニ任ス、(元諸大夫、)

是日 鍋嶋信濃守勝茂、(加賀守直茂男、)従四位下ニ叙シ、侍従ニ任ス、(元諸太夫(マヽ)、)

是日 松平下総守忠明、(本氏奥平、奥平美作守信昌四男、)従四位下ニ

叙シ、侍従ニ任ス、元諸太夫、

是日　本多美濃守忠政、中務少輔忠勝男、従四位下ニ叙シ、侍従ニ任ス、元諸太夫、

是日　森右近太夫忠広、美作守忠政男、従四位下ニ叙ス、元従五位下侍従、

是日　松平阿波守忠英、本氏蜂須賀、松平阿波守至鎮男、侍従ニ任ス、元四品、

是日　酒井雅楽頭忠世、河内守重忠男、従四位下ニ叙ス、元五位従下、

是日　土井大炊頭利勝、小左衛門利昌男、従四位下ニ叙ス、元従五位下、

是日　松平周防守康重、本氏松井、松平周防守忠次男、四品ニ叙ス、元従五位下、

是日　松平大和守直基、中納言秀康卿四男、四品ニ叙ス、元従五位下、

是日　有馬玄蕃頭豊氏、中務少輔則頼男、四品ニ叙ス、元従五位下、

是日　松平河内守定行、本氏久松、松平隠岐守定勝男、四品ニ叙シ、隠岐守ニ改ム、元従五位下、

是日　松平土佐守直久、中納言秀康卿五男、四品ニ叙ス、元従五位下、

是日　松平式部太輔(マヽ)忠次、本氏榊原、松平出羽守忠政男、四品ニ叙ス、元従五位下、

是日　松平右京太夫(マヽ)政綱、本氏池田、松平三左衛門輝政四男、四品ニ叙ス、元従五位下、

是日　生駒古法師高俊、左近太夫正俊男、四品ニ叙ス、壱岐守ニ任ス、元無官、

是日　南部信濃守利直、大膳大夫信直男、四品ニ叙ス、元従五位下、

是日　寺沢志摩守広高、越中守広正男、四品ニ叙ス、元従五位下、

是日　水野日向守勝成、惣兵衛忠重男、四品ニ叙ス、元従五位下、

是日　松平丹波守康長、本氏戸田、戸田甚平男、四品ニ叙ス、元従五位下、

是日　藤堂大学頭高次、和泉守高虎男、四品ニ叙ス、元従五位下、

是日　永井信濃守尚政、右近太夫(マヽ)直勝男、四品ニ叙ス、元従五位下、

是日　井上主計頭正就、半右衛門清秀男、四品ニ叙ス、元従五位下、

是日　黒田勘解由長興、筑前守長政二男、従五位下ニ叙シ、

甲斐守ニ任ス、

是日　黒田官兵衛高政、（筑前守長政三男、）従五位下ニ叙シ、東市正ニ任ス、

是日　松平古七郎輝興、（本氏池田、松平三左衛門輝政六男、）従五位下ニ叙シ、右近太（マヽ）夫ニ任ス、

是日　松平刑部定頼、（本氏久松、松平河内守定行男、）従五位下ニ叙シ、河内守ニ任ス、（父河内守定行隠岐守ニ改ルニ依テ也、）

是日　小出吉親、（大和守吉政男、）従五位下ニ叙シ、対馬守ニ任ス、

是日　秋月種春、（長門守種長男、）従五位下ニ叙シ、長門守ニ任ス、

是日　木下利當、（宮内少輔利房男、）従五位下ニ叙シ、淡路守ニ任ス、

是日　稲垣平右衛門重綱、（平右衛門長茂男、）従五位下ニ叙シ、摂津守ニ任ス、

是日　大久保四郎左衛門忠成、（七郎右衛門忠世三男、）従五位下ニ叙シ、玄蕃頭ニ任ス、

是日　稲垣藤七郎重太、（平右衛門長茂二男、）従五位下ニ叙シ、若狭守ニ任ス、

是日　久留嶋通春、（右衛門一康親男、）従五位下ニ叙シ、丹波守ニ任ス、

是日　喜多見五郎左衛門勝重、（摂津守朝忠男、）従五位下ニ叙シ、若狭守ニ任ス、

是日　三宅康盛、（越後守康信男、）従五位下ニ叙シ、大膳亮ニ任ス、

是日　有馬康紀、（左衛門佐直純男、）従五位下ニ叙シ、蔵人頭ニ任ス、

是日　青木源五重兼、（民部少輔一重男、）従五位下ニ叙シ、甲斐守ニ任ス、

是日　堀直政、（式部少輔直之男、）従五位下ニ叙シ、采女正ニ任ス、

是日　秋田季信、（城ノ介実季男、）従五位下ニ叙シ、隼人正ニ任ス、

是日　杉浦市十郎正友、（弥市郎親次二男、）従五位下ニ叙シ、

越後守ニ任ス、（後内蔵允ニ改ム、）

是日　桑山一玄、（左衛門佐一直男、）従五位下ニ叙シ、修理亮ニ任ス、

九月三日　松平小太夫正吉卒ス、

同五日　天野長信台命ヲ奉テ中宮（東福門院、徳川和子）ニ附属ス、時ニ食禄千石ヲ加賜セラレ、従五位下ニ叙シ豊前守ニ任ス、（同十七年命ヲ奉テ禁裏ニ奉仕ス、時ニ采地七百石ヲ加賜セラル、）

同六日　二条ノ城ニ行幸前、晩ヨリ黎明ニ至テ細雨頻リニ洒陰晴、卯ノ時ニ及テ快晴ニ属ス、行幸ノ兼日ヨリ辻固ノ役ヲ定メラル、凡ソ四足ノ御門ヨリ惣門ニ至リ六町一段、惣門ヨリ二条ノ城東ノ御門限ニ至テ十七町九段、二間合二十四町九間、辻固ノ烏帽子着諸大名ニ課テ是ヲ役ス、（領地ノ多少ニ依テ是ヲ定ム、）惣門ノ内ハ駿河亜相忠長（徳川）・尾張亜相義直（徳川）・紀伊亜相頼宣（徳川）・水戸黄門頼房（徳川）四卿ノ家人等是ヲ固ム、其列薦次ヲ乱サス威儀厳粛也、小路毎ニ弓・鉄炮・長刀ヲ備テ是ヲ固ム、禁中御留守ノ御番、武家ヨリ八人ヲ定メラル、各家人ヲ召シ具シテ御築地ノ外ニ伺候シ門々ヲ警衛ス、兼日ヨリ是ヲ定メラル、

諸大名辻警固
天野長信中宮付となる*

行幸ノ日諸大名辻固、兼日ヨリ仰出サルノ輩、

駿河大納言（徳川忠長）
尾張大納言（徳川義直）
紀伊大納言（徳川頼宣）
水戸中納言（徳川頼房）
松平筑前守（前田利常）
松平薩摩守（嶋津家久）
松平陸奥守（伊達政宗）
松平伊予守（忠昌）
松平下野守（蒲生忠郷）
松平宮内少輔（池田忠雄）
松平長門守（毛利秀就）
細川越中守（忠利）
佐竹右京太夫（義宣）（マヽ）

森美作守(忠政)
生駒壱岐守(高俊)
京極若狭守(忠高)
上杉弾正少弼(定勝)
松平新太郎(池田光政)
京極丹後守(高広)
松平阿波守(蜂須賀忠英)
浅野但馬守(長晟)
加藤肥後守(忠広)
鍋嶋信濃守(勝茂)
堀尾山城守(忠晴)
松平土佐守(山内忠義)
藤堂和泉守(高虎)
松平右衛門佐(黒田忠之)
加藤左馬助(嘉明)
寺沢志摩守(広高)
有馬玄蕃頭(豊氏)

稲葉彦六郎(典通)
南部信濃守(利直)
立花飛騨守(宗茂)
伊達遠江守(秀宗)
九鬼長門守(守隆)
松平山城守(忠国)
松平飛騨守(忠隆)
本多甲斐守(正朝)
真田伊豆守(信之)
徳永左馬助(昌重)
一柳監物(直盛)
松浦肥前守(隆信)
有馬左衛門佐(直純)
加藤出羽守(泰興)
伊達修理亮
宗対馬守(義成)
古田兵部少輔(重恒)

中川内膳正（久盛）
石川主殿頭（忠総）
小出大和守（吉英）
松平丹波守（康長）
井上主計頭（正就）
秋田右京亮
永井信濃守（尚政）
浅野采女正（長重）
丹羽五郎左衛門（長重）
松平出羽守（清直）
酒井讃岐守（忠勝）
安藤右京進（重長）

警固ノ者二千六百十二人（一万石ニ付テ二人宛、）
井伊掃部頭（直孝）
本多美濃守（忠政）
小笠原右近太夫（忠真）
酒井雅楽頭（忠世）

〰〰〰〰〰〰〰〰〰〰

土井大炊頭（利勝）
松平河内守（定行）
水野日向守（勝成）
松平式部太輔（忠次）（マヽ）
堀丹後守（直寄）
牧野駿河守（忠成）
本多伊勢守（忠利）
戸田左門（氏鉄）
岡部内膳正（長盛）
松平周防守（康重）

烏帽子着百五十七人（一万石ニ付テ一人宛、）
脇坂淡路守（安元）
亀井大力（茲政）
松倉豊後守（重政）
京極修理亮（高三）
松平大和守
金森出雲守（重頼）

織田（信則）刑部少輔
小出（吉親）信濃守
松平石見守
松平（康盛）右京太夫
保科（正光）肥後守
木下（延俊）右衛門太夫
山崎（家治）甲斐守
秋月（種治）長門守
嶋津右京太夫
松平将監
本多（忠純）大隅守
大久保（忠職）新十郎
木下（利房）宮内少輔
毛利（高政）伊勢守
大村（純信）松千代
戸川（達安）肥後守
松平（池田輝興）古七郎

〜〜〜〜〜〜〜〜〜〜〜〜〜〜〜〜〜〜〜〜

桑山（貞晴）加賀守
本多（政武）因幡守
分部（光信）左京亮
遠藤（慶隆）但馬守
松平（乗寿）和泉守
松平（直良）土佐守
土方（雄重）掃部頭
別所（吉治）豊後守
相良（長毎）左兵衛
土方（雄氏）丹後守
大田原（晴清）備前守
日根野（吉明）織部正
織田（長則）河内守
平岡（頼資）牛右衛門
織田（長政）丹後守
織田（尚長）武蔵守
小出（三尹）大隅守

池田越前守(重村)
三浦左馬助
立花主膳正(種次)
前田大和守(利孝)
建部三十郎(政長)
伊藤丹後守
市橋伊豆守(長政)
久留嶋右衛門市(通春)
桑山刑部少輔
桑山左衛門佐(一直)
三宅越後守(康信)
細川玄蕃頭(興昌)
五嶋淡路守(盛利)

人数千六百五十三人 一万石ニ付テ十一人宛、

本多飛驒守(成重)
片桐出雲守(孝利)
菅沼織部正(定芳)

~~~

本多下総守(俊次)
杉原伯耆守(長房)
水野隼人正(忠清)
戸田因幡守(忠能)
長谷川式部少輔(守知)
片桐主膳正(貞隆)
谷出羽守(衛友)
溝口伯耆守(宣勝)
溝口伊豆守(善勝)
青木民部少輔(一重)
高力摂津守(忠房)
松平右衛門太夫(正綱)
内藤伊賀守(忠重)
稲葉丹後守(政勝)
青山大蔵少輔(幸成)
板倉内膳正(重昌)
酒井阿波守(忠行)
~~~

京極(高通)主膳正
秋元(泰朝)但馬守
松平(定綱)越中守
板倉(重宗)周防守

禁裏四ツ足ノ御門ヨリ二条ノ御城東ノ御門限ニ至テ二十四町九間、

右ノ間数千四百四十九間

人数三千三百二十七人一万石ニ二人宛、

行幸ノ役者千六百六十三人一万人ニ一人宛、

小路当ノ人数十万石ニ付テ十人宛、

小路四十一箇所十万石ヨリ上三十人宛

供奉ノ諸公家騎馬ノ龍蹄、悉ク武家ヨリ調進アリ、

東武実録　巻第十五

行幸

寛永三丙寅年

九月六日　行幸大殿祭、儲ノ御所ニ於テ（行幸ノ前ノ夜、但シ九月五日、）

祭主（神祇権少副大中臣友忠）、是ヲ勤ム、

役者

主殿寮掌燈ヲ供ス、

木工寮結灯台ヲ献ス、

掃部寮小半畳三畳薦三枚ヲ設ル、

御先御供の女中衆

行啓ノ御先御供ノ女中衆

長柄　七十丁

釣輿　八十五丁

包輿　六十九丁

布衣　六十五人

烏帽子着　二百四十人

十徳着　千百十人

右是ハ中宮（東福門院、徳川和子）御供女中衆ノ輿副并駕輿丁也、

其次

長柄　三十五丁

釣輿　四十七丁

包輿　二十五丁

布衣　四十人

烏帽子着　百十人

十徳着　五百二十五人

右是ハ女院（中和門院、近衛前子）御供女中衆ノ輿副并駕輿丁也、

其次

長柄　四十七丁

釣輿　五十七丁

包輿　三十六丁

布衣　四十五人

烏帽子着　百五十人

十徳着　七百四十人

右是ハ禁中御供女中衆ノ輿副并駕輿丁也、此内少々前晩ヨリ来儀ノ衆アリト云々、

中宮行啓

中宮行啓

供奉行列

武家諸大夫兼テ二十員ヲ定メラル、各束帯一日晴騎馬　二行

左　　　　　　　　右

水野遠江守(忠直)　　松平肥前守(定房)

松平豊前守(勝政)　　松平出雲守(勝隆)

三宅越後守(康信)　　安倍摂津守(信盛)

神尾刑部少輔(守世)　　皆川志摩守(隆庸)

戸田因幡守(忠能)　　丹羽式部少輔(氏信)

久貝因幡守(正俊)　　秋元但馬守(泰朝)

板倉内膳正(重昌)　　青山大蔵少輔(幸成)

高力摂津守(忠房)　　保科肥後守(正光)

松平将監(成重)　　松平玄蕃頭(清昌)

酒井阿波守(忠行)　　松平紀伊守(家信)

右二十人各供奉長刀持男一人、素袍袴烏帽子ナシ、烏帽子着

三人、馬副三人白張、傘持一人白張、諸大夫衆各此ノ如シ、

一行

今大路民部太輔(親昌)(マヽ)典薬頭

二行

左　　　　　　　　右

荷田信勝　　卜部兼林

菅原正次　　荷田信吉

秦親明　　賀茂久信

右六人非蔵人

供奉ノ公家・武家各一日晴、諸公家召具ス所ノ白丁・馬副・布衣・傘持、其仁躰ニ依テ、多少有テ差異ナリ、

小槻忠利壬生極臈　　藤原通規塩小路新蔵人

実為小倉侍従　　実村橋本侍従

隆術四条侍従　　雅昭飛鳥井侍従

秀雄舟橋式部少輔　　有純六条少将

泰重土御門中務少将　共綱清閑寺中宮権大進
公勝朝臣三条西侍従　綱〔経〕広勧修寺弁
永（高倉）慶朝臣右衛門督　通前朝臣久我中将

一行

御*車

右大弁宰相柳原宰相業光
中宮権大夫中院中納言通村
日野中納言光慶
広橋大納言総光
日野新大納言光（烏丸）広
日野大納言資勝
中宮大夫（三条西）実条
内大臣二条康道

一日晴

御*随身

下襲唐織物蕪芳地紋菱散紙銀杏
表袴唐織物萌黄紋窠霰
韈唐織物地紋菱散紙亀甲

右前後左右ノ供奉、先ツ地下ノ傘持十人、白丁六人、諸大夫二人騎馬、随身四人騎馬、居飼二人、

副舎人二人、布衣馬副二人、下臈随身二人歩行、退紅一人、

二行

左　右

雅胤朝臣飛鳥井中将　為（上冷泉）頼朝臣冷泉中将

中宮御方御車

右御車前後左右ノ御供奉、牛飼四人、一人ハ童形、二人ハ御轅ヲ持チ、一人ハ御榻ヲ持ツ、御車副八人褐冠、舎人二人白張、退紅二人、

二行

左　右

少進天野豊前守藤原長信　大橋越後守藤原親次
権小進小槻亮昭　大属中原職在
小属高橋亮春

右五人狩衣紋紗、下襲唐綾、指貫同

御随身

二行

左　右

主計頭(正就)・永井信濃守(尚政)御門外ニ候シテ諸般ヲ奉行ス、

女院御幸中宮行啓ノ次同刻

供奉行列

二行

左	右
賀茂頼久	藤原昌徳
卜部兼里	藤原元知
卜部兼則	賀茂説久
右六人非蔵人	安倍泰吉倉橋
定時(藤江)右京大夫	在村唐橋民部少輔
具堯(岩倉)木工頭	具起岩倉侍従
雅陳(白川)伯侍従	公業阿野侍従
李〔季〕福裏辻侍従	隆経油小路侍従
公久花園侍従	公根小倉侍従
忠定清水谷侍従	基教〔秀〕〔河〕川鰭侍従
隆朝櫛笥侍従	

柳生又右衛門(宗矩)	小川新九郎(長保)
岡野平兵衛(房恒)	高木九兵衛(正次)
花井勝右衛門(吉高)	久永源兵衛(重勝)

右六人武家ヨリ遣ハサル、常ノ如シ、褐文紗縫物紋鶴、・衣唐綾萌黄薄紋雁金裏アリ、・袖單赤地金襴付大帷、・袴唐綾・石帯糸鞋、

*女院御幸

御車寄ニ於テ乗御在テ御出西ノ四足ノ御門ヲ北へ析〔折〕、正親町ヲ西へ行、堀河ヲ南へ行、二条御第ノ東門ニ入セ給フ、南四足ノ門外ニ於テ放牛手牽、宮司権少進大小属等、諸大夫青山大蔵少輔(幸成)・板倉内膳正(重昌)・秋元但馬守(泰朝)・松平豊前守(勝政)・阿部摂津守(信盛)・久貝因幡守(正俊)・神尾刑部少輔(守世)等是ヲ役ス、御車寄ニ於テ下御、予シメ御屏風・御几帳ヲ立ル、先立テ参着ノ女房出迎ヒ奥ノ間ニ入御、供奉ノ公卿ハ、中門ノ内東上北面シテ列ヒ立テ警屈ス、殿上人ハ中門ノ外ニ留ル、啓将亮権亮大進等ハ御車ニ随テ其後入ル、御車ハ中門ノ外北ノ方ニ立ル、厩橋侍従(酒井忠世)・佐倉侍従(土井利勝)・板倉周防侍従(重宗)・酒井讃岐守(忠勝)・井上

経敦朝臣大炊御門侍従　遂長西坊城新少納言
公信朝臣徳大寺中将　長維朝臣東坊城少納言

一行
右衛門督（高倉）長慶
前宰相水無瀬氏成
花山院宰相中将定好
阿野中納言実顕
四辻中納言季継
右大将九条大納言忠象
一日晴
下襲唐織物穐芳地紋亀甲散紋紅葉
表袴唐織物穐芳紋窠霰
韈唐織物穐芳地紋菱散紋蝶
右前後左右ノ供奉先ツ地下ノ傘持八人、白丁六人、諸大夫二人騎馬、上臈随身二人騎馬、下臈随身四人歩行、副舎人二人、布衣二人、馬副四人褐冠、退紅

右大臣一条兼遐
一日晴
下襲唐織物黄紅葉浮線綾
表袴唐織物萩重紋窠霰
右前後左右ノ供奉先ツ地下ノ傘持十人、二行但シ横ニ連ル、白丁六人、諸大夫二人騎馬、居飼一人、厩舎人一人、朧二人、上臈随身四人騎馬、五位侍二人、下臈随身二人、馬副四人退紅、

女院御方
御車
右御車前後左右ノ御供奉御壺召、次六人、狩衣葛袴葛葉緑青絵、牛飼四人、一人ハ童形一人ハ御搨ヲ持テ二人ハ御轅ヲ持ツ、御車副八人褐冠、主典代安倍盛勝、廳官紀宗重、雑色四人、舎人二人白張、退紅二人、

後騎
一行
西園寺大納言公益
左衛門大尉中原治興
召次長多吉継　狩衣白唐織

姫宮渡御

女院ノ御車中宮行啓ノ次也、放牛牛牽下、公卿・殿上人ノ作法同前、但シ御車寄牛牽ノ役別人是ヲ勤ム、其後御車ハ中門ノ外、中宮ノ御車ノ西ニ是ヲ立ル、

姫宮渡御（女一宮、興子内親王）女院御幸ノ次、同刻、

供奉行列

二行

左	右
篠原元知	鴨祐信
秦公慶	秦親修
賀茂誠平	荷田信重

右六人非蔵人

隆脩七条侍従	清原賢忠清蔵人
宗種難波侍従	基定持明院侍従
宗保松木侍従	通式久世少将
基秀川鰭侍従	公景姉小路少将
信孝樋口少将	隆量鷲尾侍従
為賢朝臣藤谷中将	時興朝臣平松侍従
康胤朝臣堀河中将	孝治朝臣竹内刑部少将

一行

西園寺宰相中将実晴

清閑寺中納言共房

左大将鷹司教平

一日晴
下襲唐織物黄紋浮織紅葉

表袴唐織物紋窠霰

右前後左右ノ供奉先ツ地下ノ傘持八人、白丁六人、諸大夫二人騎馬、上﨟随身二人騎馬、下﨟随身四人歩行、副舎人二人、布衣二人、居飼二人、退紅、

御車姫宮御方

右御車前後左右ノ御供奉牛飼四人、一人ハ童形、二人ハ御轅ヲ持チ、一人ハ御榻ヲ持ツ、御車副八人褐冠、舎人二人白張、退紅二人、

此次出車六両

一車

右車前後左右ノ供奉、牛飼二人、（二行左ニ榻ヲ持ツ、）白丁四人、車副二人、舎人二人、布衣二人、退紅一人六両、各供奉同前、

判官騎馬左衛門尉大石昌弘

二車

判官騎馬左衛門尉大石正弘

右二両ノ御供車、中宮ノ女中十五人是ニ乗ル、

三車

判官騎馬姉小路左衛門志※大石久弘

四車

判官騎馬町口右衛門少志家弘看督長是ナシ、使庁是アリ、以下同、

右二両ノ御供車、女院ノ女中八人是ニ乗ル、

五車

判官騎馬堀川左衛門大志大石高広

六車

判官騎馬勢田左衛門少志中原治直

右二両ノ御供車、

※「志上一大字有」

禁中ノ女中八人是ニ乗ル、

下北面

二行

左	右
藤原通氏（河端隼人正）	藤原光益（速水長門守）
藤原宗頼（山形右衛門尉）	藤原重尚（世続甲斐守）
藤原直益（速水右近大夫）	藤原将益（速水右京大進）
藤原通春（河端左衛門少志）	賀茂氏顕（岡本美作守）
藤原栄益（速水采女正）	賀茂清田（岡本丹波守）
賀茂清生（岡本熊助）	源元教（富嶋伊豆守）
藤原重好（大沢内匠助）	

姫宮ノ御車女院ノ次也、作法共ニ以テ同前、入御ノ儀先ツ中宮ノ御車南ノ四足ノ門外ヲ出テ御車屋ニ入、次ニ女院ノ御車次第ニ是ニ入ル、御供ノ車六両ノ出車ハ、是ヨリ先キニ女院御車寄ノ方ニ引入ル、出車六両姫宮御車ノ次也、

御城東御門外ニ於テ放牛手牽、但シ武家白丁相加

ル也、騎馬ノ衆御門外ニ於テ下リ、随車道明キ次第南ノ四足ノ門ノ前西ノ方ニ引入、女院御殿車寄ニ於テ下、此車寄ハ女中方末ノ衆女嬬等屛風ヲ立、一車ヨリ六車ニ至テ下車ノ者、次第ニ車屋ニ引入ル、営中ニ於テ兼テ数局ヲ建ル事、各長棟凡ソ三十五所、局毎トニ昼夜ノ衣類手道具台子以下、行水所ノ雑物并伽羅焼物等ヲ予シメ是ヲ調置ル、抹茶ハ宇治ニ課セテ数百斤是ヲ貢ス、右諸ノ御道具後日ニ悉ク是ヲ送ラル、

将軍家御参内ノ行粧、

昵近ノ公卿・殿上人各前駆、

行列奉行堀因幡守(秀信)・宮城甚右衛門(和甫)・堀田勘左衛門(正吉)・内藤久五郎(直政)・稲垣若狭守(重太)・三枝宗四郎(守恵)・加々爪民部少輔(忠澄)・永井監物(白元)・渡辺半四郎(宗綱)・豊島主膳正(信満)・今村伝四郎(正長)・永田勝左衛門(重真)・長谷川四郎兵衛・堀三右衛門(直之)、

雑色十人二行、左右烏帽子上下、

行列

供奉ノ武士各長刀持、烏帽子着、馬副白丁、傘持是ヲ召シ具ス、

一行　板倉侍従(重宗)

二行

左	右
居飼一人騎馬	居飼一人騎馬
御厩舎人一人	御厩舎人一人
松平和泉守(乗寿)	松平山城守(忠国)
小笠原右近大夫(忠真)	松平飛驒守(忠隆)
松平周防守(康重)	本多伊勢守(忠利)
本多下総守(俊次)	牧野駿河守(忠成)
松平河内守(定行)	松平豊後守(定次)
松平対馬守(忠豊)	藤堂大学頭(孝次)

加藤(明成)式部少輔
本多(政朝)甲斐守
岡部(長盛)内膳正
菅沼(定芳)織部正
南部(重直)山城守
鍋嶋(元茂)紀伊守
松平(忠光)加賀守
松平(康信)若狭守
水野(忠次)和泉守
前田(利孝)大和守
金森(重頼)出雲守
岡部(宣勝)美濃守
黒田(長興)甲斐守
畠山(義真)長門守
真田(信吉)河内守
杉原(長房)伯耆守
織田(尚長)越後守
有馬(忠頼)兵部少輔
浅野(長重)采女正
水野(忠清)隼人正
戸田(氏鉄)左門
京極(高三)修理大夫
寺沢(堅高)兵庫頭
水野(成信)紀伊守
松平(康政)左近大夫
戸田(氏信)采女正
堀(直次)兵部大輔
堀(直寄)丹後守
三宅(康盛)大膳大夫
黒田(高政)市正
織田(長政)丹後守
秋田(俊秀)河内守
溝口(宣勝)伯耆守
織田(高重)美作守

一柳(直盛)監物
松下(重綱)石見守
松浦(隆信)肥前守
池田(長幸)備中守
中川(久盛)内膳正
徳永(昌重)左馬助
青木(重兼)甲斐守
木下(延俊)右衛門大夫
毛利(高政)伊勢守
谷(衛友)出羽守
遠藤(慶利)伊勢守
片桐(貞隆)主膳正
小出(吉親)対馬守
木下(利房)宮内少輔
島津(忠興)右馬頭
分部(光信)左京亮
伊藤(長昌)若狭守
九鬼(守隆)長門守
大田原(晴清)備前守
伊藤(祐慶)修理大夫
小出(吉英)大和守
石川(忠総)主殿頭
稲葉(紀通)淡路守
加藤(泰興)出羽守
佐久間(勝之)大膳亮
片桐(貞昌)石見守
平野(長泰)遠江守
本多(政武)因幡守
山崎(家治)甲斐守
相良(長毎)左兵衛尉
片桐(孝利)出雲守
市橋(長政)伊豆守
長谷川(重隆)式部少輔
竹中(重門)丹後守

蒔田権之佐(広定)　一柳美作守(直家)
五嶋淡路守(盛利)　桑山修理亮(一玄)
一柳丹後守(直重)　松倉長門守(重次)
本多飛驒守(成重)　池田出雲守(長常)
戸川土佐守(正安)　戸川肥後守(達安)
立花主膳正(種次)　佐久間信濃守(勝年)
溝口出雲守(宣直)　小出大隅守(三尹)
遠藤但馬守(慶隆)　古田兵部少輔(重恒)
土方丹後守(雄氏)　相良壱岐守(頼寛)
溝口伊豆守(善勝)　関兵部少輔(氏盛)
桑山加賀守(貞晴)　脇坂主水正(安信)
堀田兵部少輔(一通)　細川玄番頭(興昌)
井上淡路守(庸名)　竹中筑後守(重信)
秋月長門守(種春)　有馬蔵人(康純)
石河伊豆守(貞政)　小堀遠江守(政一)
脇坂淡路守(安元)　日根野織部佐(吉明)
横山土佐守(興知)　内藤豊前守(信照)

竹中采女正(重義)　三浦監物(重成)
那須美作守(資重)　水野河内守(守信)
土方掃部頭(雄重)　佐久間河内守(実勝)
仙石大和守(久隆)　三好越後守(可正)
川勝信濃守(広綱)　加々爪民部少輔(忠澄)
朽木兵部少輔(宣綱)　堀因幡守(秀信)
松平伊賀守(忠晴)　京極主膳正(高通)
高力左近大夫(高長)　土屋民部少輔(利直)
阿部修理亮(正澄)　井上河内守(正利)
本多能登守(忠義)　藤堂左兵衛尉(高重)
成瀬伊豆守(之成)　本多将監(景次)
堀市正(利重)　田中主殿頭(吉官)
神尾宮内少輔(守勝)　三浦志摩守(正次)
小笠原壱岐守(忠知)　水野摂津守(光綱)
酒井主膳正(勝吉)　秋田隼人正(季信)
島田刑部少輔(時成)　小笠原出雲守(長俊)
佐野左京亮(政直)　高林河内守(後春)

松平兵部少輔(信秋)　酒井加賀守(忠定)
服部玄番頭(政久)　朽木民部少輔(稙綱)
池田帯刀(長賢)　松平伊豆守(信綱)
阿部豊後守(忠秋)　安藤右京進(重長)
内藤伊賀守(忠重)　稲葉丹後守(政勝)
井上主計頭(正就)　永井信濃守(尚政)
松平越中守(定綱)　酒井讃岐守(忠勝)

一行
佐倉侍従(土井利勝)
厩橋侍従(酒井忠世)

二行
左　右
番頭四人　番頭四人
右八人烏帽子白張但シ平緒、衣平絹色紅裏アリ、
帯刀
二行
左　右

三好勝左衛門(直重)　能勢次左衛門(頼重)
北条久五郎(氏利)　長谷川縫殿助(正尚)
内藤主馬(重次)　内藤伝左衛門(長教)
真田長兵衛(幸政)　川口長三郎(正武)
花房勘右衛門(正盛)　森九郎左衛門(吉安)
能勢小十郎(頼隆)　跡部民部少輔(良保)
加藤勘右衛門(正信)　駒井次郎左衛門(昌保)
安藤次右衛門(正珍)　永見新右衛門(重成)
西尾主馬(忠知)　野一色外記(義重)
新庄甚助(直房)　滝川三九郎(一積)
林丹波守(勝正)　多賀左近(常長)
村上源助　大久保源三郎(忠之)
佐藤勘右衛門(継成)　桑山内匠(貞利)
徳山五兵衛(直政)　加藤平内(光直)
松平甚兵衛(信直)　一色左兵衛(範勝)
右三十人歩行烏帽子萌黄ノ上下金薄ヲ以テ唐花ヲ紋所ニ貼、糸鞋ヲ着シ金熨竹ノ太刀ヲ帯ス、
番長

二行

左　　右

井上清兵衛(政重)　　秋山十右衛門(正重)

右二人騎馬、冠常ノ如ク褐平絹裏アリ、単赤地、金襴袴白唐綾裏アリ、石帯糸鞋、

御車

右御車前後左右ノ御供奉、御長刀持布衣十人、烏帽子風折狩衣紋紗色薄浅黄衣唐綾色紅裏在リ、袴、唐綾色萌糸鞋、御牛飼三人、童形一人ハ御車ノ先キ、二人ハ御轅ヲ持ツ、薄鬙狩衣紋紗赤地黄襴袴唐綾萌黄末濃裏アリ、御車副八人褐冠、舎人二人白張、御榻持一人白張、御階持一人白張、権御随身二人、左ニ御沓ヲ持ツ、下﨟御随身六人、歩行唐綾色萌黄金薄紋雁裏アリ、袖単赤地金襴付、大帷袴唐綾色三人赤地三人黄色縫紋アリ、裏アリ、石ノ帯糸鞋、

御馬

右御馬前後左右ノ行列居飼一人、烏帽子平礼直垂上下生色紫黄相雑、御厩舎人一人、烏帽子平礼直垂上下生色薄萌黄、御馬副八人、冠常ノ如ク褐絹薄平紋三葉柏裏アリ、軍萌黄金襴袴白生裏アリ、石帯糸鞋、

後騎

一行

*徳川義直行列

尾張大納言義直(徳川)

右ノ供奉長刀持一人、烏帽子ナシ素袍袴、布衣六人、馬副四人褐冠、副舎人二人、絹直垂烏帽子ナシ、居飼一人、烏帽子ナシ絹直垂、白丁十人、此次諸大夫二人騎馬、

左　　右

竹腰山城守(正信)　　成瀬隼人正(正虎)

*徳川頼宣行列

紀伊大納言頼宣(徳川)

右供奉同前　諸大夫二人騎馬

左　　右

安藤帯刀(直次)　　水野淡路守(重良)

*徳川忠長行列

駿河大納言忠長(徳川)

右供奉同前　諸大夫二人騎馬

左　　右

鳥居土佐守（成次）　朝倉筑後守（宣正）

徳川頼房行列

水戸中納言頼房（徳川）

右供奉同前　諸大夫二人騎馬

左　右

村瀬左馬助（重治）　中山備前守（信吉）

仙台中納言（伊達政宗）
加賀中納言（前田利常）
薩摩中納言（嶋津家久）
越前宰相（松平忠昌）
備前宰相（池田忠雄）
会津宰相（蒲生忠郷）

二行

左　右

美作中将（森忠政）　秋田中将（佐竹義宣）
長門少将（毛利秀就）　豊前少将（細川忠利）

〜〜〜〜〜〜〜〜

若狭少将（京極忠高）　仙台少将（伊達忠宗）
米沢少将（上杉定勝）　因幡少将（池田光政）
豊浦宰相（毛利秀元）　白川宰相（丹波長重）
彦根少将（井伊直孝）　美作侍従（森忠広）
柳川侍従（立花宗茂）　臼杵侍従（稲葉紀通）
大野侍従（松平直政）　山崎侍従（池田輝澄）
上山侍従（蒲生忠知）　阿波侍従（蜂須賀忠英）
丹後侍従（京極高国）　伊達侍従（秀宗）
織田侍従（信則）　秋田侍従（佐竹義隆）
安芸侍従（浅野長晟）　対馬侍従（宗義成）
肥後侍従（加藤忠広）　出雲侍従（堀尾忠晴）
土佐侍従（山内忠義）　筑前侍従（黒田忠之）
肥前侍従（鍋嶋勝茂）　松山侍従（加藤嘉明）
郡山侍従（松平忠明）　姫路侍従（本多忠政）

右中少将・侍従共二三十二人

二行

左　右

松平大和守（直基）　松平土佐守（直良）
松平右京大夫（政綱）　有馬玄番頭（豊氏）
生駒壱岐守（高俊）　南部信濃守（利直）
寺沢志摩守（高広）　水野日向守（勝成）
松平隠岐守（定行）　松平丹波守（康長）
松平式部少輔（忠次）

右四品十一人

二条御殿御車寄ニ於テ御乗車、御束帯一日晴御下襲紅二重織物、御紋葵ノ九色白表、御袴朽葉唐織御紋窠霰、

禁中西四足ノ御門北ノ方ニ於テ下御、此時殿上ノ方ヨリ関白以下庭上ニ下迎接シ一礼、畢テ清涼殿ノ南階ニ昇ラセ給フ、南東ノ縁ヲ過キ給ヒテ常ノ御所ニ参リ給ヒ御粛礼、中柱ノ西ニ御着座、二献ノ御祝儀アリ、初献、主上（後水尾天皇）御盃、将軍家（家光）ニ是ヲ賜リ、其御盃女中ニ巡流、二献同前、天酌是ヲ略セラル、常ノ御参内ハ三献、此時ハ二献也、祝礼畢テ退出、下御ノ処ニ於テ乗車、還御本ノ如ク二条第御車寄ニ於テ下御、還御ノ行列同前、

東武実録　巻第十六

寛永三寅年自九月六日至同月七日

九月六日　行幸、前駆後従ノ供奉人各一日晴、東帯袍等常ノ如ク、参議以上ハ唐織ヲ用ヒ、中将以下ハ縫物或ハ薄ヲ用ユ、行幸ノ期ニ臨テ南殿ノ御隔子ヲ上ケ関白(近衛信尋)諸下知有、上卿一条右大臣兼遐陣ニ於テ召シ仰スルノ儀アリ、奉行職事ハ頭中将基(園)音朝臣両局諸司ヲ催シ、出納役者ニ催ス、御留守ノ公卿ハ正親町三条中納言実有、弁ハ甘露寺時長、主上(後水尾天皇)南殿ニ出御、束帯御袍黄櫨染御下襲蘇芳御引部木紅綾表御袴、白浮織窠霰、御殿ヨリ長橋御後南殿ニ至リ敷莚道布毯、関白御裾ヲ取リ内侍大納言典侍新内侍剣金ヲ持ツ、陰陽ノ頭賀茂友景反閇是ヲ勤ム、囲司奏者今度是ヲ略セラル、鈴奏少納言為適朝臣着版是ヲ奏ス、鳳輦ヲ階間ニ寄左右ノ次将相副フ、花山院宰相中将定好剣璽ヲ役ス、鳳輦ニ入御ノ後関白御裾ヲ畳ミ入ラル、中門ノ外ニ於テ大将有御綱仰御道出御、左衛門陣東ノ洞院大路ヲ北へ行、正親町小路ヲ西へ行、堀河大路ヲ南へ行、二条第ニ入御、

行幸ノ御先

二行

左	右
伶人二十五人	伶人二十五人
太鼓白丁二人是ヲ持、	太鼓白丁二人是ヲ持、
鉦鼓白丁二人是ヲ持、	鉦鼓白丁二人是ヲ持、
烏帽子着二十五人素袍袴	烏帽子着二十五人素袍袴
白丁二十五人	白丁二十五人
傘持二十五人	傘持二十五人

戸屋主一人烏帽子布直垂

掃部寮一人烏帽子素袍

内蔵寮二人衣裳上ニ同、

御道具

御倚子白丁二人是ヲ舁、
毯代箱白丁一人是ヲ持、
布毯箱白丁一人是ヲ持、
御草鞋箱白丁一人是ヲ持、
御靴箱白丁一人是ヲ持、
文杖白丁一人是ヲ持、
日給札白丁一人是ヲ持、
切台盤一脚白丁二人是ヲ舁、
台盤三脚白丁六人是ヲ舁、
燈台日本白丁二人是ヲ持、
折敷二本白丁二人是ヲ持、

出納職忠朝臣騎馬
御蔵因幡守歩行
御蔵民部丞
御蔵宮内丞
御蔵正直

行幸未ノ刻
行列
二行
左　　　　右
隼人兵士十人　　隼人兵士十人
右二十人鳥甲赤衣袴糸鞋戈ヲ持ツ、
一行
隼人正騎馬烏帽子狩衣ヲ着シ下襲アリ、
左衛門府
尉　昌弘騎馬
佐　共綱清閑寺騎馬
左兵衛府
佐　宣順中御門騎馬
少納言
為適朝臣五条
公卿
〔右〕
左衛門督西洞院時直

右大弁宰相柳原業光
中宮権大夫中院通村
日野中納言光慶
清閑寺中納言共房
阿野中納言実顕
中御門中納言宣衡
四辻中納言季継
今出川大納言宣季
西園寺大納言公益
広橋大納言総光
日野新大納言(烏丸)光広
中宮大夫三条西実条
三条大納言転法輪公広
(二条康道)内大臣
右供奉前ニ見ユル
(一条兼遐)右大臣
右供奉前ニ見ユル

二行

左	右
(鷹司教平)左大将	(九条忠象)右大将

右二人ノ供奉前ニ見ユル

次将左	次将右
雅胤朝臣飛鳥井中将	元親朝臣中山中将
季吉朝臣滋野井中将	重秀朝臣庭田少将
康胤朝臣堀川中将	為尚冷泉少将
兼俊水無瀬中将	

鳳輦内竪右康持御草鞋御箱ニ居、
四府駕輿丁兄部四人、右近府沙汰人一人、下座四十五人、猪熊座三十六人、以上白張ヲ着シ、鳳輦ヲ舁ク、
御後
二行

左	右
(藪)嗣良朝臣高倉中将	高有綾小路少将
為頼朝臣冷泉中将	公景姉小路少将

親顕朝臣北畠少将　言総山科少将

基音朝臣園頭中将

一行

花山院宰相中将定好

西園寺宰相中将実晴

職事

二行

左　右

経広勧修寺弁　小槻忠利極﨟

安倍泰吉倉橋　清原賢忠

藤原通規塩小路　荷田信次

藤原元辰　賀茂以久

鴨祐信　藤原俊祇

秦元純

一行

右兵衛府

尉　生行(宗岡)

佐　綱房万里小路

右衛門府

佐　永将朝臣高倉右衛門

諸司行列

二行

左　右

陣官人櫛田　陣官人戸島

右二人歩行六位平絹袍闕腋帯剣

大外記中原師生　左大史(壬生)官務孝亮

三行各歩行

白丁十人　白丁十人　白丁十人

少外記生職　右大史英芳　伴友忠

権少外記生友　左少史忠亮盛　主殿秀勝

権少外記生慶　史生孝昌　内竪勝康

権少外記生利　左官掌氏房　主殿職則

史生行時　左官掌氏春　兵庫頭賢在

史生生宣　左官掌永昌　戸屋主正清

召使生重　召使亮行　修理職家次
大舎人生重　召使亮之　修理職重次
大舎人生久　大蔵省　木工寮
御倉康善　衛士四人　仕人三人
使部一人　使部四人　大工五人
諸司白丁前駆十人宛　三行
残白丁傘持等後ニ有　三行

関白
車 近衛左大臣信尋
下襲唐織物 地黄紋菱
表袴唐織物 地萌黄紋窠霰

右車前後左右ノ供奉警固四人、前駆ノ傘持十三人、白丁十人、諸大夫五人、騎馬左三人右二人上臈随人四人歩行、布衣二人、警固二人、牛飼一人、居飼二人、退紅一人、鳳輦四足ニ至リ暫ク舁キ居ヘ奉ル、神祇官祭主大麻ヲ(大中臣友忠)奉ケ、伶倫立薬ヲ奏ス、此時大相国(秀忠)、御束帯、一日晴、御袍常ノ如ク御下襲黄、二重織物御紋葵ノ丸色紫表御袴白唐織御紋窠霰、御本丸ヨリ儲ノ御所ニ出御シ給フ、将軍家(家光)一同ニ儲ノ御所東ノ階ヲ下リ立チ、中門ノ内北ノ方ニ候シ給フ、大相国御剣大沢中将(基宿)是ヲ役ス、御腰物同侍従是ヲ役ス、将軍家御剣吉良少将(義弥)是ヲ役ス、御腰物同侍従是ヲ役ス、彦根少将(井伊直孝)・姫路侍従(本多忠政)・郡山侍従(松平忠明)御後ニ候ス、酒井下総守(忠正)・本多美作守(忠相)・太田采女正(資宗)・鳥居讃岐守(忠頼)以下各廊下ニ候シ、予シメ敷莚道布毯儲ノ御所ニ於テ、中山頭中将元親是ヲ奉行シ出納是ヲ催ス、鳳輦中門ニ至ル、時次将立替ル、鳳輦過ル時各警屈ス、大相国・将軍家御磬折、鳳輦南階ニ至ル時、大相国・将軍家本階ニ昇リ給フ、主上(後水尾天皇)入御下御ノ時、関白御裾ヲ取リ、御後ニ畳ミ置退キ西ノ方ニ侍フ、主上暫ク南面ニ立御、大相国・将軍家東南ノ縁ヲ歴給ヒテ入座、蹲踞シ給フ、主上御前御目見有リ、簾中ニ入御、大相国・将軍家本ノ如ク東南ノ縁ヲ歴給ヒテ入御、厩橋侍従(酒井忠世)・佐倉侍従(土井利勝)・板倉周防侍従(重宗)・酒井讃岐守(忠勝)・井上主計頭(正就)・永井信濃守(尚政)内外ヲ下知ス、

御座敷餝

儲ノ御所

南ノ御上壇ノ間

一、御床ノ押板

御文台蒔絵

御硯

一、御違棚

六種ノ御香ノ箱

中御棚 銀ノ御火取銀ノ六角ノ盆ニ居、

一、御棚ノ下押板

御重硯二十一面

一、南面

御簾鎮二対獅子虎

一、御座東面ニ御茵是アリ、

中ノ御上壇ノ間

一、西南ノ角

御衣桁御衣ヲ掛ル、

※「返上一焼字有」

一、西北ノ角

御鏡台蒔絵御鏡ヲ掛ル、

一、同所

御泔杯銀台蒔絵御櫛一双是ニ居、

一、東南ノ角

御黒棚蒔絵

銀ノ御香炉

銀ノ御香合一対

銀ノ御返※入

右銀ノ四方盆ニ居ル、

御昆布ノ箱蒔絵

御鳥篝

右御棚ニ在リ

一、御帳台ノ引物紫地ノ金襴、装束ノ糸五色、

一、御座北面ニ御茵アリ、

御帳台ノ内

一、西北ノ角

銀ノ御衣桁一対御衣三重ヲ掛ル、

一、西南ノ角

御衣ノ箱一荷蒔絵上ニ御宿直物有リ、同ク御枕有リ、

一、花梨ノ御脇息脇網代ノ御枕

一、御伏籠蒔絵

一、東北ノ角

御歯黒ノ御箱

同御小道具銀蒔絵ノ盆一対ニ居、

一、中ノ御座南西ニ御茵アリ、

御座ノ上ニ銀作ノ御剣行平蒔絵ノ御箱ニ入、

北ノ御上壇ノ間

一、西南ノ角

御逗子ノ御棚

御料紙色々脇ニ御水引包是ニ副、

御硯箱蒔絵

銀ノ御空焼ノ御火取香炉

御鳥箒

〜〜〜〜〜〜〜〜〜〜

一、西北ノ角

銀ノ御手拭掛白布ノ御手拭三是ニ掛ル、

一、御座南西ニ御茵アリ、

北ノ三ノ間

一、西南ノ角

銀ノ御台子

金ノ御風炉釜

金ノ御水指翻物

金ノ御柄杓立

一、御台子ノ上

金ノ御茶入三

金ノ御天目同台象牙ノ御茶杓

金ノ御茶碗蒔絵ノ台ニ居ル、

銀ノ御鵜飼茶碗一対銀ノ台ニ居、

同四ノ間

一、西南ノ角

蒔絵ノ御台子茶碗・茶入・棗

一、東南ノ角
銀ノ御棙角盥
銀ノ御耳盥
一、西北ノ角
御硯箱蒔絵
一、東北ノ角
御簾鎮十対獅子虎猫
御釣殿
一、東南ノ角
二階棚
御短冊箱
御硯蒔絵
一、御座　御
一、御天井　掛風鈴
一、御廊下　玳瑁ノ御燈籠
御休息ノ御殿
一、御書院ノ押板

御硯蒔絵
御鳥箒
一、御床ノ押板
金ノ孔雀ノ御香炉銀ノ盆ニ居、
一、御違棚
御香炉蒔絵ノ盆ニ居、
堆紅ノ御香合一対堆朱、六角ノ盆ニ居、
沈ノ御枕一位
一、東北ノ角
銀ノ御手巾掛白布ノ御手巾二片ヲ掛ル、
一、御座東西　御
御座ノ上ニ沈ノ御脇息有
御広間御飾
一、御上壇ノ御床
三幅一位　牧渓〔谿〕筆左龍中寒山拾得右虎
一、御床ノ押板
中　花梨ノ折草

銀ノ御花瓶
銀ノ御枕鶴亀
銀ノ香炉獅子
銀ノ御香合菱
銀ノ香匙ノ台
両脇花梨ノ卓
銀ノ御花瓶一対
一、下壇　御台梨地・御風炉釜・御水指
御水滴・御蓋置以下　皆黄金
右ノ諸餝悉ク御進上也、
儲ノ御所晴ノ御膳
御座ノ畳ヲ敷御茵ヲ設ル、

簾*中御宴

後水尾天皇出御

主上出御、御直衣南面、大相国・将軍家御着座、長押ノ内ニ兼テ円座二ヲ設ケ、南ノ簀子階ノ東一列ニ円座アリ、関白近衛左大臣信尋・右大臣一条兼遐・内大臣二条康道・日野大納言資勝・西園寺大納言公益・今出川大納言宣季・左大将鷹司教平・右大将九条忠象晴ノ御膳以前、大相国・将軍家以下各衝重ヲ献ス、
大相国御前陪膳、柳原宰相(業光)
将軍家御前陪膳、中山頭中将(元親)
関白御前陪膳、勧修寺弁公卿陪膳(経広)
山科少将(言総)、土御門中務杯酌一返(泰重)
大相国・将軍家・関白以下巡流、其後、主上御前晴ノ御膳御陪膳、鷹司左大将御手長(教平)、柳原宰相・烏丸宰相(光賢)・右衛門督(西洞院時直)・両頭中将(中山元親・園基音)、事畢テ入御、各下座ヨリ退出、右晴ノ御膳内膳司高橋清定是ヲ供ス、

内々献方

初献　御盃、
主上御前一　女院御前一(中和門院、近衛和子)　中宮御前一(東福門院、徳川和子)　盃敷三
主上御盃、大相国・女院御盃・将軍家・中宮御盃、姫宮・女二ノ宮但シ両姫宮御幼少タルニ依テ、深更ニ及フ故出御ナシ、
二献　御盃数同前
主上御盃、将軍家・女院御盃、大相国・中宮御盃、将軍家

三献　御盃数同前、
主上御盃、大相国・女院御盃、将軍家・中宮御盃
　大相国
七ノ御膳、御相伴同前、
内々ノ御膳、
主上御掛盤・御器・御銚子・御瓶子・御提子・諸ノ御道具以下悉ク黄金ヲ以テ是ヲ製ス、中宮御膳・女院御膳黄金白銀ヲ以テ是ヲ雑製ス、姫宮・女二ノ宮御膳亦同シ、左録ニ詳ナリ、右ノ御膳ノ御道具悉ク後日進上、
主上御膳方ノ奉行
　彦根少将（井伊直孝）　板倉周防侍従（重宗）
中宮・女院・姫宮・女二ノ宮御膳方ノ奉行、
　厩橋侍従（酒井忠世）　伊丹播磨守（康勝）
右両人将軍家ヨリ仰付ラル、
　佐倉侍従（土井利勝）　松平右衛門大夫（正綱）
右両人、大相国ヨリ仰付ラル、女中方上下共ニ右ノ中ニアリ、
同晩行幸供奉ノ役人衆百三十余人、楽人五十七人七五三ノ点待アリ、平折敷、諸公家衆或ハ昵近或ハ外様百余人点待同前、但三方足打人躰ニ依テ替リ有リ、

七日　行幸ノ翌日快晴　朝御膳御内々ノ儀、将軍家御進物兼テ陳列乎、儲ノ御所東南ノ御簾ヲ鈎、
一、白銀参万両台三十ニ是ヲ載セ、簀子ニ列ス、
一、御服二百領長櫃二十ニ是ヲ入縁ニ列ス、櫃ノ内外梨地蒔絵菊金具、皆金銀ヲ用ル、棒亦同シ、
一、沈木壱本長サ二間余、廻リ両肘紅糸ノ綱ヲ以テ三所是ヲ結ヒ、台ニ載、庇ノ間ノ内ニ置、
一、襴絹百巻台五ニ是ヲ居、南長押ノ内ニ列ス、
一、紅糸二百斤台一ニ是ヲ積、襴絹ノ次ニアリ、
一、玳瑁三十枚台一ニ是ヲ積、北ノ方ニアリ、
一、麝香五斤台一ニ是ヲ積、玳瑁ノ次ニアリ、
刻限ニ至テ、主上出御、御座面ノ上壇ニ於テ東面、将軍家庇ノ間ヨリ御出、御太刀行平上壇ニ上ル、上壇ノ際ニ於テ御一礼、終テ御退出、主上入御、

*朝御膳家光の進物陳列
諸道具は皆黄金

*家光より東福門院への進物

同日　将軍家(家光)ヨリ中宮(東福門院・徳川和子)エ献セラル御進物、但シ御内々、

一、白銀壱万両
一、御服五十領
一、沈香七十五斤
一、紅糸百斤
一、緋華糸絹五十巻
一、白綾子五十巻
一、麝香二斤

*家光より女二の宮への進物　家光より女院への進物

同日　将軍家ヨリ女院エ献セラル御進物、但シ御内々、

一、白銀壱万両
一、御服五十領
一、沈香七十五斤
一、紅糸百斤
一、緋華糸絹五十巻
一、白綾子五十巻
一、麝香二斤

*家光より興子内親王への進物

同日　将軍家ヨリ女一ノ宮(興子内親王)エ献セラル御進物、但シ御内々、

一、白銀三千両
一、御服三十領
一、金襴十巻
一、黄金五百片但シ一片黄金一分ヲ以テ是ヲ製ス、雛ノ玩也、
一、白銀五百片同前

同日　将軍家ヨリ女二ノ宮エ献セラル御進物、但シ御内々、

一、白銀二千両
一、御服二十領
一、金襴十巻
一、黄金五百片但シ一片黄金一分ヲ以テ是ヲ製ス、雛ノ玩也、
一、白銀五百片同前

宮衆・摂家衆・先宮ノ大臣・諸門跡衆・諸公家衆残ラス舞御覧トシテ出仕并諸大名衆・諸大夫以下

後水尾天皇舞御覧

残ラス伺候ス、未ノ刻ニ至テ舞御覧、主上出御、階ノ間御簾ノ際ニ兼テ御座一畳御茵ヲ設ル、西ノ間、中宮・女院御座一畳宛御茵アリ、同間、姫宮・女二ノ宮御座、（但シ畳ナシ）東ノ間、大相国・将軍家御座屏風ヲ以テ是ヲ囲フ、同間東二ノ間親王衆・門跡衆・前宮ノ大臣衆ノ座、関白以下公卿・殿上人縁ヨリ平張ニ至テ列坐ス、兼テ円座ヲ敷、舞楽已前、

舞台　修理職奉行シテ是ヲ構フル、舞終テ是ヲ徹、

幄骨　木工寮是ヲ奉行ス、

幄履　大蔵省是ヲ奉行ス、殿上人ノ居所ハ段子ヲ以テ是ヲ覆ノ左右楽人ノ幄ハ紺布ヲ以テ是ヲ覆ヒ、紅白綾ノ幕（爪紋）ヲ以テ四方ニ是ヲ張、

先楽人中門ノ外ニ於テ三度ノ乱声、左次右次左右共ニ発ス、次ニ吹調子平調参、音声慶雲楽、次左右ノ楽行事、左近衛中将嗣良朝臣、右頭中将基音朝臣、中門ニ入テ楽屋ノ前ニ立ツ、左右ノ楽人・舞人庭中ニ列リ立テ一鼓、舞舞畢テ楽屋ニ入ル、次楽行事本路ヲ経テ退ク、

次万歳楽*

次右振鉾　秦兼秋

次左振鉾　狛近元

次万歳楽

狛近元　狛友安　狛近盛

狛近慶　狛友久　狛近朝

次延喜楽*

秦兼秋　秦兼貞　秦廣光

多忠行　多忠貞　多忠常

次青海波*

序（輪台）

通純（中院侍従）　雅昭（飛鳥井侍従）

忠勝（左京太夫）（マヽ）　宗朝（治部大輔）

破（青海波）

公理（四辻侍従）　時良（西洞院侍従）

麹塵闕腋袍下襲紅葉表袴紅葉　巻纓冠　蒔絵野太

刀　紫緂平緒　糸鞋
青海波二人　菊挿頭
垣代三十四人、舞人六人、以上四十人也、殿上人四十人、伶人十二人、御随身八人、

殿上人

堀川中将康胤朝臣（垣代音笙ヲ取、）　弓壺胡籙
冷泉中将為頼朝臣　同
刑部少輔孝治朝臣（垣代音觱篥ヲ取、）　同
北畠少将親顕朝臣　同
（庭田）源少将重秀朝臣　同
平松少将時興朝臣　同
樋口少将信孝（垣代音笛ヲ取、）　同
姉小路少将公景　同
六条少将有純　同
松木侍従宗保
東園侍従基教
難波侍従宗種

〰〰〰〰〰〰〰〰〰〰〰〰〰〰〰〰〰〰〰〰〰

持明院侍従基定
裏辻侍従季福

染装束

左右伶人十二人

秦兼延　大神景福
秦広頼　多忠真
安倍季勝　多忠行
秦兼次　多忠清
秦昌長　多忠常
秦広寿　多忠定

襲装束

御随身八人

下毛野武村　下毛野武通
源武慶　下毛野武信
秦吉武　紀長房
源元清　藤原武次

御所作　御筆

簾中

兵部卿宮伏見貞清親王　琵琶

彈正宮高松斉祐親王　箏

御児御所伏見若宮　琵琶

簀子着座

関白左大臣信尋　箏中山頭中将元親朝臣絃持参、

右大臣一条兼遐　箏東坊城長維朝臣絃持参、

前関白九条忠栄　箏同

内大臣（一条）康道　笙御笛箱長維朝臣持参、

左大将鷹司教平　笛

右大将九条大納言忠象卿　笛

四辻中納言季継　箏西坊城遂長絃持参、

西園寺宰相中将実晴卿　琵琶同

右衛門督西洞院時直　篳篥

殿上人

言総山科少将　笙

隆朝櫛笥侍従　笛

忠定清水谷侍従　箏蔵人絃持参、

通式久世少将　箏同

公根小倉侍従　琵琶同

公久花園侍従　笙

在村唐橋民部少輔　篳篥

座ノ末ニ打板ヲ構ヘ円座ヲ敷、殿上人ノ座トス、

同方砌ニ打板ヲ構ヘ円座ヲ敷、地下楽人ノ座トス、

地下楽人

笛

狛近直　狛直葛　狛元朝　狛友久

笙

狛近元　狛友隆　狛近長　豊信秋

篳篥

狛近次　狛近光　狛近慶

鞨鼓

狛近弘

太鼓

狛近益

鉦鼓

狛近正

垣代次第中門ニ入、舞人打須知可倍逆匝庭中（是ヲ大輪ト云、）当御座前東西作輪（是ヲ小輪台ト云、青海波舞人六人ノ外作輪、）序舞人在両輪内次一行平立、

次舞畢舞人打須知可倍巡匝前行、（上臈前ニ在リ、下臈後ニ在リ、）

次敷手

秦兼秋　　秦兼貞

秦広光　　秦兼護

次陵王

狛近元

舞終ル刻限、御座ノ間西ノ方ニ衣（菊）・袴（紅打衣）推出サル、関白（近衛信尋）進ミ寄御簾ノ下ニ置キ、是ヲ取テ階ニ於テ舞人ニ賜ル、舞人左ノ肩ニ掛ケ一曲ヲ舞テ退ク、

次納蘇利

多忠辰　　多忠清

舞終ル刻限、右大臣禄ヲ取テ階ニ於テ舞人ニ賜ル（紅葉衣袴）、一曲ヲ舞テ退ク、今一人ノ舞人楽屋ニ入ント欲ル時、内大臣召還シ禄ヲ賜ル事右ノ如シ、

次左右舞終テ退出音声

長慶子

次所役人管弦ノ具ヲ取ル、

次入御、

次下臈ヨリ退出、

左ノ伶人

笛

大神景治　　狛近直　　狛直葛

狛葛久　　多忠俊　　多忠近

笙

狛友隆　　狛近長　　多忠秀

豊光秋　　豊信秋

篳篥

狛近次　狛近光　安信秀為

鞨鼓

狛近弘

太鼓

狛近益

鉦鼓

狛近正

右ノ伶人

笛

大神景福　秦昌辰　秦兼政

秦昌秀

篳篥

安倍季勝　秦兼次　秦兼清

秦兼元　安倍季守　多忠真

三鼓

秦昌忠

*七五三の御膳

太鼓

秦広頼

鉦鼓

秦兼信

今度襲装束舞装束悉ク新調也、左右ノ楽屋五間纐纈ノ幔ヲ引ク大文アリ、縫唐綾黒ト赤ト二色也、舞台地敷四方ニ幔ヲ引ク、

舞畢テ御内々ニ於テ七五三ノ御膳、宮衆・摂家衆前官ノ大臣小広間上壇下ノ間ニ於テ點待アリ、七五三金銀ノ膳部也、逐一ノ御膳金銀ノ台ノ物美麗ヲ尽ス、

左座

八条宮(智仁親王)　伏見宮(貞清親王)

八条若宮(智忠)　伏見若宮(邦尚)

西園寺前右大臣(実晴)　花山院前右大臣(定煕)

右座

関白近衛左大臣(信尋)　一条右大臣(兼遐)

高松宮(好仁親王)　鷹司太閤(信房)
九条前関白(忠栄)　二条内大臣(康道)
左大将鷹司(教平)　右大将九条(忠象)
右ノ座奉行
本多美濃守(忠政)侍従　小笠原右近大夫(忠真)
給仕
三浦山城守(重次)　京極主膳正(高通)
戸田淡路守(氏経)　伊沢隼人正(政信)
内藤市正(信広)　柴田筑後守(康長)
田中主殿頭(吉宮)　小笠原壱岐守(忠知)
佐久間河内守(実勝)　神尾宮内少輔(守勝)
以上十人諸大夫
諸門跡衆・同小広間下壇次ノ間ニ於テ點待アリ、
膳部台ノ物以下金銀ヲ鏤ムル、
左座
仁和寺門跡(覚深)　大覚寺門跡(尊信)
聖護院門跡(興意)　照高院門跡(興意)

梶井門跡(応胤)　大乗院門跡(義尋)
実相院門跡(慈運)　円満院門跡(養慶カ)
三宝院門跡(義演)
右座
竹内門跡(覚恕)　一乗院門跡(尊勢)
妙法院門跡(常胤)　知恩院門跡(尊照)
青蓮院門跡(尊朝)　随心院門跡(長静)
勧修寺門跡(聖信)　毘沙門堂門跡(公厳カ)
右ノ座奉行
松平下総守(忠明)侍従　松平河内守(定行)四品
給仕
織田丹後守(長政)　小出信濃守(吉親)
関兵部少輔(氏盛)　水野因幡守(春守)
山内伊豆守(一唯)　竹中筑後守(重信)
横山土佐守(興知)　井上淡路守(庸名)
本多将監(景次)　秋田隼人正(季信)
徳永出羽守　佐々木民部少輔(高知)

川勝(広綱)信濃守

以上十三人諸大夫

諸公家・公卿・殿上、次ノ間奥ノ間廊下ニ於テ點待アリ、凡ソ百三十余人、七五三ノ膳部摂家同前、但シ公卿ハ三方ヲ用ヒ、殿上人以下緋蔵人ニ至テハ足打、

座奉行

松平(忠次)式部大輔　松平(定綱)越中守
松平(康重)周防守　水野(忠清)隼人正
岡部(長盛)内膳正

以上五人

給仕

森(重政)伊豆守　佐久間(勝年)信濃守
堀田(一通)兵部少輔　森(可澄)左兵衛
赤井(忠泰)豊後守　朽木(宣綱)兵部少輔
本多(重世)丹後守　牧野主水正
岡部(興賢)大和守　松平筑後守

柳川豊前守　松平(知乗)日向守
三好(可正)越後守　酒井(勝吉)主膳正
松平(政良カ)備前守　東条(長頼)紀伊守
仙石(久隆)大和守

以上十七人諸大夫

地下百六十余人殿上ノ下ノ間ノ縁ニ於テ點待アリ、平折敷膳部七五三也、

馳走衆

本多(成重)飛騨守　戸田(忠能)因幡守
丹羽(氏信)式部少輔　杉原(長房)伯耆守
片桐(孝利)出雲守　谷(衛友)出羽守
青木(一重)民部少輔　蒔田(広定)権佐
溝口(善勝)伊豆守　長谷川(重隆)式部少輔
石河(貞政)伊豆守　片桐(貞隆)主膳正

以上十二人

給仕ハ馳走衆ノ家中ノ侍、烏帽子上下ヲ着シ是ヲ役ス、

公卿・殿上人・諸大名、殿上ノ上壇ノ間ニ於テ點
待アリ、膳部公家衆同前、

　座奉行

松平丹波守(康長)　水野日向守(勝成)
戸田左門(氏鉄)　牧野駿河守(忠成)
菅沼織部正(定芳)　本多伊勢守(忠利)
本多下総守(俊次)

　以上七人

給仕ハ御近習衆ノ内、平侍烏帽子上下ヲ着
シ是ヲ役ス、

諸大名以下諸大夫衆便宜ノ間ニ於テ點待アリ、膳
部同前、

　座奉行

高力摂津守(忠房)　保科肥後守(正光)
堀丹後守(直寄)　溝口伯耆守(宣勝)
佐久間大膳亮(勝之)

　以上五人

給仕ハ御近習衆ノ内、平侍烏帽子上下ヲ着
シ是ヲ役ス、

舞以前、宮接家・門跡・諸公家・諸大名・諸大夫
草振舞アリ、座敷并奉行給仕同前、此七五三ノ引
替草振舞兼テ是ヲ用意ストイヘ共、深更ニ及フニ
依テ是ヲ出サス、同晩宮衆・摂家衆・門跡・諸公
家衆、地下ニ至テ各賜モノアリ、或ハ白銀三千両
綿衣二十領、或ハ二千両千両五百両、綿衣十領五
領、仁体ニ依テ甲乙アリ、左録ニ見ユ宮衆・公卿
衆ニハ御太刀一腰ヲ添ラル、共ニ名作、
当晩歌ノ御会是アルヘキノ由、兼日治定ストイヘ
共、深更ニ及フヘキニ依テ、来日ニ延ラル、

東武実録　巻第十七

寛永三丙寅年　自九月八日至同月十日

秀忠よりの進物陳列

九月八日　行幸第三日、小雨洒

朝御膳内々ノ儀、大相国(秀忠)ヨリ御進物兼テ陳列乎、儲ノ御所東南ノ御簾ヲ鈎、

一、御服百領長櫃十二ニ是ヲ入縁ニアリ、長櫃内外梨地、蒔絵菊水、金具金銀ヲ用ル、棒亦同シ、

一、黄金二千両台二ニ是ヲ居、長櫃ノ東ニ並ル、

一、緋綾子百巻台二ニ是ヲ居、黄金ト並ル、

一、伽羅十斤白銀ノ箱二ニ是ヲ入、台ニ居、上壇ノ下ノ左ニアリ、

一、麝香五斤白銀ノ棗五ニ是ヲ入、伽羅ト並フ、

一、蜜六十斤白銀ノ壺二ニ是ヲ入、上壇ノ下ノ右ニアリ、

刻限ニ至テ、主上(後水尾天皇)出御、御座西ノ上壇、大相国庇ノ間ヨリ御出、御太刀菊金作上壇ニ上ケ、上壇ノ際ニ於テ御一礼、終テ御退出、主上入御、

*秀忠より中和門院への進物

同日　大相国ヨリ中宮(東福門院、徳川和子)エ献セラル御進物、但シ御内々、

秀忠より東福門院への進物

一、白銀一万両

一、御服三十領

一、沈木七十五斤

一、伽羅五斤

一、花糸絹五十巻

同日　大相国ヨリ女院(中和門院、近衛前子)エ献セラル御進物、但シ御内々、

一、白銀一万両

一、御服三十領

一、沈木七十五斤

一、伽羅五斤

一、花糸絹五十巻

*秀忠より女一の宮への進物

同日　大相国ヨリ女一ノ宮(興子内親王)エ献セラル御進物、但シ御内々、

一、白銀三千両

一、御服二十領

一、雛ノ御道具

一、傀儡ノ御翫

秀忠より女二の宮への進物

同日　大相国(秀忠)ヨリ女二ノ宮エ献セラル御進物、但シ御内々、

一、白銀二千両

一、御服二十領

一、雛ノ御道具

一、傀儡ノ御翫

和歌御会

殿主御覧、但シ叡望ニ依テナリ、中宮・女院御随従、此儀俄タルニ依テ縁道悉ク紅氈ヲ布キ、狭間以下御簾ヲ垂ル、四方遠景献覧数刻ニシテ下御、御内々ニ於テ御膳ヲ献セラル、数般ノ珍烹、暮色ニ及テ和歌ノ御会始ル、儲ノ御所階ノ間ノ閾是ヲ除キ、東南ニ御簾ヲ鈎、燈台三所座上ニ御座二畳繧繝縁御茵ヲ設ク、主上御座、東面、畳廻敷、高麗縁、

左座

大相国御直衣御衣朽葉固織物、御紋鶴菱御指貫萌黄唐織物、御紋丁子ノ丸、

関白(信尋)近衛左大臣、直衣衣色黄紋立涌牡丹、

二品(貞清親王)伏見宮、直衣衣色黄紋紅葉浮織物、指貫萌黄唐織物、紋藤ノ丸、

太閤(信房)鷹司

内大臣(康道)二条、直衣衣蒲蘇芳織色紋唐松指貫、

新大納言(光広)烏丸

左大将(教平)鷹司、衣蒲蘇芳紋亀甲、

右大将(忠象)九条、衣織黄織色紋唐花指貫、

宰相(業光)柳原

右座

将軍家(家光)御直衣御衣紅浮織物、御紋鶴菱御指貫紫唐織物、御紋丁子ノ丸、

右大臣(兼遐)一条、衣生浮織物、紋菊袴生浮織物、紋藤ノ丸、

一品(智仁親王)八条宮、直衣衣薄紫、紋枝菊指貫黄唐織物、紋藤ノ丸、

無品(好仁親王)弾正宮、衣黄浮織物、紋紅葉散袴唐織物、紋鳥襷、

前関白(忠秀)九条

大納言(義直)尾張

詠竹契遐年*
御水尾天皇御製*
秀忠和歌*

中納言水戸（頼房）
大納言駿河（忠長）
大納言紀伊（頼宣）
以上十八人、次第ニ着座ス、兼テ読師・講師ノ円座ヲ御座ノ前ニ設ル、頭中将基音（園）朝臣燈台ヲ持講師ノ円座ノ左ニ置、勧修寺弁経広火ヲ持燈台ノ上ニ置ク、高倉中将嗣良（藪）朝臣懐紙ヲ硯ノ蓋ニ盛リ、読師ノ円座ノ前ニ置ク、内大臣（二条康道）座ヲ起テ講師ノ座ニ就ク、冷泉（上冷泉）中将為頼朝臣講師ノ円座ニ就ク、四辻中納言（季継）発声ヲ役ス、講師ノ後左ノ方ニ就ク、円座ナシ、其次日野大納言（資勝）、其次中院中納言（通村）・三条大納言（三条西実条）講師ノ後右ノ方ニ就ク、其次阿野中納言（実顕）、以上五人公卿ノ分講頌ノ衆也、飛鳥井中将（雅胤）・高倉中将（藪嗣良）・綾小路少将（高有）・持明院侍従（基定）、以上四人殿上人講頌衆トシテ南簀子ニ候ス、柳原宰相（業光）ヨリ懐紙次第ニ上是ヲ講ス、三条大納言懐紙ニ至テ一返、親王・大臣ノ懐紙三返、大相国并将軍家ノ御懐紙五返、主上ノ御懐紙七辺、但主上ノ御懐紙ノ時ハ、先読師本座ニ帰着シ講師ハ縁ニ退ク、其時関白（近衛信尋）読師ノ縁座ニ移ル、鳥丸大納言（光広）講師ノ円座ニ就ク、発声講頌ノ衆ハ元ノ如シ、披講畢テ
主上入御ノ時着座ノ公卿円座ヨリ下リ、一礼、入御ノ後安座シテ後各末座ヨリ退出ス、

詠竹契遐年
和歌
もろこしの鳥もすむ
へくれ竹のすく
なる世こそかきりし
られね

秋日侍　行幸二条亭同詠
竹契遐年和歌
太政大臣源秀忠（徳川）
くれ竹のよろつ代

まてとちきるかな
あふくにあかぬきみか
行幸を
　　　　左大臣源家光（徳川）

家光和歌

御幸するわかあふ
君は千代ふへき
ちいろの竹をためしとそ
おもふ
　　　　関白左大臣信尋（近衛）
よろつ代もかはらぬ色にくに民の
なひくすかたや庭のくれ竹
　　　　右大臣兼遐（一条）
限なき御代にちきらむやちとせも
ときはかきハの庭のくれ竹
　　　　式部卿和仁親王
いくちとせちきりをくらしくれ竹の
よゝにこえたる行幸まちえて

　　　　兵部卿貞清親王（伏見宮）
いくとせも葉かえぬ竹のいろそひて
君かみゆきをちきりをくらし
　　　　彈正尹好仁親王（高松宮）
つきせしなすくなるからにくれ竹の
よろつのくにも見るなひく世は
　　　　従一位藤原信房（鷹司）
いくちとせ君か見るへきためとしも
うへそえけりなその、くれ竹
　　　　従一位藤原忠栄（九条）
行すえの君かさかえをよろこひて
こえある竹や千代をならさむ
　　　　内大臣康道（二条）
くれ竹のよろつ代かけてちきるてふ
君かみゆきのかきりしられぬ
　　　　従一位藤原実益（西園寺）
としことにねさし〳〵てくれ竹の

けふよりも君にひかれてくれ竹の
ちいろもなをや千代をかさねむ
　　権大納言藤原(今出川)宣季
すなをなる沐はいまそとあふけるを
よゝをちいろの竹にちきりて
　　左近衛大将藤原(鷹司)教平
すえとをき御代にもあるやかはたけの
かはらぬいろを君にちきりて
　　右近衛大将藤原(九条)忠象
かきりなき君か御代なるたくひもや
けになか月のそのゝくれ竹
　　権大納言源(徳川)義直
わか君とよハひならふるくれたけの
葉かえぬ色はちよもかきらし
　　権大納言源(徳川)頼宣
とし〳〵にねさしをそへて竹のはの
いろかへぬかけや千代の行すえ

よゝのちきりを君にしるへき
　　従一位藤原(花山院)定凞
植そへてなをちきりてよすえとをき
見きりの竹のよろつ代まてを
　　中宮大夫藤原(三条西)実条
千々の秋をおひせぬやとのくれ竹に
きみこそちきれやまとことのは
　　権大納言藤原(日野)資勝
契りをかむ君かちとせのゆくすえも
すくなる竹をためしにはして
　　権大納言藤原(烏丸)光広
天下ときはのかけになひかせて
君はちよませやとのくれ竹
　　権大納言藤原(広橋)総光
かさぬへき行幸の秋をいく千代も
ちきりつゝ見む庭のくれ竹
　　権大納言藤原(西園寺)公益

権大納言源(徳川)忠長

しつかなる風のこゝろもよろつ代の

こえなりけれな軒のくれ竹

権中納言藤原(四辻)季継

色かえぬ松のよハひにならへ見む

みきりの竹のよろつ代のかけ

権中納言藤原(中御門)宣衡

千代ふへき君かよハひをくれ竹に

行すえかけてなをやちきらむ

権中納言藤原(阿野)実顕

絶せしなやちとせこもるくれ竹の

よはひを君にちきる行幸は

権中納言藤原(清閑寺)共房

うつしこふる軒はの竹のよゝことに

君かちとせのかけやこもらん

権中納言藤原(日野)光慶

君もなをちきりをきてよ色かえぬ

見きりの竹にこもる八千代は

中宮権大先源(中院)通村

いくたひか行幸まち見んくれ竹の

末の世なかき秋にかはらて

権中納言源(徳川)頼房

いく千代をかさねてもなをくれ竹の

かはらぬかけをたれかたのまぬ

参議源(白川)雅朝

おさめしる君と臣とのあひ竹に

よろつの秋をしらへそふらむ

参議右大弁藤原(柳原)業光

ときハなる松はあれともわきてけふ

なをよろつ代は竹にちきらむ

参議右近衛権中将藤原(花山院)定好

くれ竹の久しきよゝをちきれなを

おさまるくにのたミの心ろも

参議藤原(烏丸)光賢

いはし水すめるを沐と千代をへむ
うてなの竹のかけなひくなり
参議左近衛権中将藤原（西園寺）実晴
千代かけてすなほになひくくれ竹を
君かよハひにけふよりにかる
正三位藤原（水無瀬）氏成
世になひく竹はさなからゆミはりの
月を見きりに秋をふるらむ
右衛門督平（西洞院）時直
よろつ代をよはふとうきく御あそひも
かゝる見ゆきにあひ竹のこえ
中宮亮藤原（高倉）永慶
くれ竹のかけにすむてふ仙人や
すなほなる世をなをあふくらむ
左近衛権中将藤原（飛鳥井）雅胤
千年ふるかけやちきらむこのやとの
竹をかさしのけふのみゆきに

右近衛権中将藤原（滋野井）季吉
いく秋もはかえぬ竹によそへ見む
君と臣との代々の行すえ
左近衛権中将藤原（水無瀬）兼俊
君か代になをかけたかくさかへゆかむ
竹はすくなるみちにひかれて
左近衛権中将藤原（藪）嗣良
玉をしくみきりにそえてくれ竹の
ちとせへぬへきかけに見へける
左近衛権中将藤原（上冷泉）為頼
すえとをくよろつよまてもさかへゆかむ
竹をしるしにうらしまのみち
蔵人頭左近衛権中将藤原（中山）元親
よろつ代につかえむやとのくれ竹の
みさほを君にかけてきちらん
左近衛少将源（北畠）親顕
ふしことにちとせをこめてこのとのゝ

みきりことなる庭のくれ竹
蔵人頭右近衛中将藤原（園）基音

君に見むみきりの竹のふしのおもひ
をきてかそふる千代の行すえ
左近衛権少将源（庭田）重秀

くにたミのこゝろと竹となひきあひて
千代をへぬへきためしをもみむ
少納言菅原（五条）為適

おさまれるみよのためしハすなほなる
竹のはかへぬ色にちきらん
蔵人左少弁藤原（甘露寺）時長

わか君の千代よろつよを一ふしに
こめてになひし庭のくれ竹
蔵人中宮大進藤原（勧修寺）経広

君か代はみきりにおふるくれ竹の
おなしときはの色にちきらむ
中務少輔安倍（土御門）泰重

代々をへて色もかはらぬくれ竹を
きみかよハひのためしとそみる
右近衛権少将藤原（冷泉）為尚

色かへぬみきりの竹をためしにて
すくなるみよのすえにひさしき
右近衛少将源（綾小路）高有

うつしこふる竹の園はのかけふかく
ねさしてちゝの代々をかさねん
右近衛少将藤原（姉小路）公景

よろつ代もかはらぬ色にくれ竹を
ちきりおきつゝあふくきみかな
侍従藤原（持明院）基定

千代になをいくちよそへて竹のはの
かするやとらむ君かよハひを
侍従藤原（清水谷）忠定

君も臣もけふことふきをくれ竹の
よくにこめてやちきりをくらむ

侍従藤原（阿野）公業
君か代は竹のはやさのうこきなく
色もかはらし千々のはる秋
神祇伯（白川）雅陣（陳）王
くれ竹のかはらぬかけに今よりは
きみかちとせをいはふけふかな
侍従源（岩倉）具起
わか君のよハひにちきれかけふかき
ちいろの竹のちよの行すえ
覚深
色かえぬ竹にけふよりちきりをきて
こもれる千代を君にかそへむ
沙門良恕
あふけなをけふの行幸にあひ竹の
すくなるきみの代々のゆくすえ
尊性
色ふかく生そふ竹のよゝをへて
君かよハひのかすや見すらむ
堯然
すくなるを君かこゝろにならひつゝ
みきりの竹もいく千代をへむ
尊覚
千とせふる松もしらえなくれ竹の
よゝにつきせぬ君かちきりは
良純
秋津洲のほかまて御代をいはふかな
かはらぬやとの竹をためしに
道晃
代々かけてかはらぬ色はくれ竹の
すえなをとをきちきりならまし
道周
葉かえせぬ竹のためしにわか君の
をさめしる世のすえそ久しき
最胤

すえかけてかはらぬ世々をつゝにいて
みきりの竹のいろにみせぬる

尊純

すえとをく君になれみむおさまれる
世になひきあふ竹のすかたは

増孝

いく千代もかはらぬ御代に契をきて
ともにつかえむ庭のくれ竹

大僧正信尊

とことはにかはらぬ色のくれ竹の
よゝにやちよを君につかえむ

義尊

行すえをおもふも久しかきりなき
よハひをちきる庭のくれ竹

常尊

庭のおもにおひそふ竹のかけまても
君かちとせのいろそこもれる

沙門覚定

千とせにもかはらぬ色を君か代の
ためしにうふる庭のくれ竹

寛奥

代々ふへき見きりの竹や久かたの
空のみとりにちきりおくらむ

公海

千尋ある見きりの竹のよゝをへて
かはらぬ色は君に見るへき

桑門円空

いまよりのみゆきになれむふしことに
ちよをこめたる軒のむら竹

題者　(飛鳥井)雅胤
読師　(二条康道)内大臣
講師　(上冷泉)為頼朝臣
御製読師　関白

管弦御遊

講師　日野大納言

御遊和歌ノ御会終テ儲ノ御所庇ノ間共ニ畳ヲ敷キ、東南ノ御簾ヲ下ス、庇ノ間東御簾ノ際ニ御座ヲ設ケ、次ノ間御簾ノ内大相国・将軍家御座各宮摂家衆伺候ス、

調子平調

催馬楽伊勢海拍子楽子継

百余年ニ及テ断絶ス、今度別ニ勅ヲ四辻中納言季継ニ下シテ再興、

万歳楽

林歌残楽

朗詠徳是

泰平楽急

夜半楽残楽

朗詠嘉辰

慶徳

簾中

御所作　御箏催馬楽

関白　箏

(一条兼遐)右大臣　箏

(貞清親王)兵部卿宮　琵琶

(好仁親王)彈正宮　箏

(邦尚親王)御児御所伏見宮　琵琶

(鷹司信房)前関白　箏

内大臣　笙

(鷹司教平)左大将　笛催馬楽

(九条忠象)右大将　笛

簀子ニ畳ヲ敷、公卿ノ座トス、

(季継)四辻中納言　箏催馬楽拍子朗詠

(実晴)西園寺宰相中将　琵琶

(西洞院時直)右衛門督　篳篥

円座ヲ敷、殿上人ノ座トス、

雅胤朝臣飛鳥井中将催馬楽付歌朗詠

康胤朝臣堀河中将　笛

嗣良朝臣高倉中将　箏
孝治朝臣竹内刑部少輔　篳篥
基音朝臣園頭中将　笙
信孝樋口少将　笛朗詠付物
言総山科内蔵頭　笙
高有綾小路少将　朗詠
公理四辻侍従　箏
隆教櫛司侍従　笛
忠定清水谷侍従　箏
通式久世侍従　箏
基定持明院侍従　朗詠
公根小倉侍従　琵琶
公久花園侍従　笙
在村唐橋民部少輔　篳篥

殿上人ノ座ノ末ニ打板ヲ構ヘ円座ヲ敷、地下ノ楽人ノ座トス、

笛

猿*楽叡覧

大神景治　大神景福　狛近直
笙
狛友隆　狛近長　秦広頼
篳篥
秦兼貞　安倍季勝　狛近光
狛近慶催馬楽
鞨鼓
秦昌忠
太鼓
狛近元
鉦鼓
秦兼松
松明
主殿二人、下司二人、御蔵二人掌灯、
御遊ノ間頻リニ雨天、事畢テ各退出ス、其後御内々ニ於テ御膳宴遊暁更ニ及フ、

九日　第四日、半雨半晴　朝御膳御内々ノ儀、今日猿楽叡

能*
組

覧、大広間上壇ノ下ノ間ニ御簾ヲ垂ル、御簾ノ際中ニ御座ノ畳ヲ敷、御茵ヲ設ケ、主上ノ御座トス、左リニ御座ノ畳ヲ敷、御茵ヲ設ケ中宮ノ御座トス、右ニ御座ノ畳ヲ敷、御茵ヲ設ケ女院ノ御座トス、儲ノ御所大広間ノ縁通リニ至テ、屏風ヲ以テ是ヲ囲ヒ莚道敷、布毯蓋猿楽御覧、密々ノ儀也、宮摂家・前宮ノ大臣・諸公家・諸門跡・諸大名以下諸大夫残ラス出仕、次ノ間ニ御簾ヲ掛ケ、屏風ヲ以テ是ヲ囲ヒ、大相国・将軍家ノ御座トス、其次御簾ヲ垂レ、宮摂家・先官ノ大臣・諸門跡ノ座トス、駿河(徳川忠長)・尾張(徳川義直)・紀伊(徳川頼宣)三大納言、水戸中納言(徳川頼房)御同座、此外ノ公卿・殿上人各縁ニ伺候ス、兼テ円座ヲ敷、廊下ヲ以テ大名以下諸大夫衆ノ座トス、殿上ノ間ノ縁ヲ以テ諸司・宮司・院司・北面諸大夫・坊宮等ノ座トス、猿楽以前造花ノ菊敷、朶白銀ノ手桶三、一ハ紋菊水、二ハ葵ノ丸、長サ一尺五寸、廻リ三尺、大相国ヨリ御進上、叡感殊ニ甚シ、猿楽ノ内御膳数度、金銀ノ台ノ物以下陳列、但シ御内々ノ儀、女中ノ外是ヲ知ラス、

猿楽七番

能組

難波	観世大夫(左近重成)
田村	金春大夫(重勝)
源氏供養	七大夫(喜多長能)
道成寺	観世大夫
熊坂	七大夫
三輪	金春大夫
猩々	観世大夫

猿楽三番過テ、公家・武家各前々ノ間ニ於テ點待アリ、一二三諾皆金銀ヲ用ユ、其後見物ノ席ニ於テ金銀ノ台ノ物ヲ出シ、酒ヲ勧ル事数返、猿楽以後各點待ノ用意アリトイへ共、御沈酔再三御理リ是アルニ依テ、隷燭ノ程退出、

此日重陽ニ依テ、大相国・将軍家御前ニ於テ天盃ヲ賜ル、当晩御内々ニ於テ、後鳥羽院宸筆ノ日券

一巻ヲ献セラル、

十日 第五日、快晴　朝七五三ノ御膳、御引替ノ御膳御内内ノ儀、大相国・将軍家御相伴ナシ、

巳ノ刻女院還幸、供奉ノ公卿・殿上人・諸役者并女中ノ長柄・鈎輿・包輿・出車以下御幸ノ時ノ如シ、但シ出車ハ二両也、

午ノ刻殿主叡覧、先日露霞靉靆遠山分明ナラサルニ依テ、再ヒ此儀ニ及ヒ、シハラク有テ下御、

未ノ刻儲ノ御所東南ニ御簾ヲ垂レ、階ノ間ノ御簾ノ際ニ御座ノ畳ヲ敷、御茵ヲ設ル、主上出御、将軍家御束帯、一日晴、但シ行幸ノ日ノ御衣ト御紋替ル、東南ノ敷居ノ内御座、其時御馬十疋、次第ニ庭上ニ引廻ス、

御馬献上

引手随身四人

中山勘解由(照守)　森川金右衛門(氏信)

清水権助(政吉)　天野佐左衛門(雄得)

請取役人

左馬寮　允　松久 平絹袍闕腋帯剣

右馬寮　允　武教 衣装同前

舎人六十人 内十五人烏帽子素袍白張

御馬引畢テ御手本、道風新楽府梨地蒔絵ノ箱ニ入、黄金ノ打枝着ク、中院中納言(通村)、東帯、一日晴、南ノ簾外ニ於テ是ヲ披露、将軍家退出シ給フ、大相国出御、御束帯、一日晴、御馬五疋庭上ニ引廻ス、役者同前、

行成朗詠万葉集、一ノ巻終ノ巻定家卿筆、子昂淵明ノ図、梨地蒔絵ノ箱三ツニ入台ニ居ル、簾外ニ於テ是ヲ披露、畢テ入御、其後三献ノ御祝儀アリ、儲ノ御所裏ノ間北向、主上 上壇北面 左座、中宮 東面 閾ヲ隔テ、大相国、南面但シ上壇ニ向給フ、其次将軍家 南面 右座、女院ノ御所御座タルへキトイへ共、早朝還幸故ニ此座明ク、姫宮出御ナシ、下壇駿河大納言忠長(徳川) 南面、将軍家ノ後ノ下壇也、

初献御盃

主上御前一　中宮御前一　主上御盃、大相国其次、将軍家、其次駿河大納言(徳川忠長)、中宮ノ御盃、大相国其次、将軍家、其次駿河大納言、

還幸

二献同前

三献

主上御前御盃三　中宮御前御盃一　主上御前、大相国御酌天盃、大相国此時天酌也、御盃収ル、其次将軍家天盃・天酌同前御盃収ル、其次駿河大納言忠長天盃・天酌同前、此後中宮御盃女中衆エ次第ニ下ル、

還幸

鳳輦ヲ南階ニ寄ル時ニ、大相国・将軍家東ノ階ヨリ御下アリ、中門ノ内北ノ方ニ御立、（御供奉行幸ノ時ノ如シ、）鳳輦過ル時御磬折、還幸御供奉、諸役者ノ次第、行幸ノ時ノ如シ、但シ中宮ノ御供奉武家ノ公卿五人、

尾張大納言（徳川義直）　紀伊大納言（徳川頼宣）
加賀中納言（前田利常）　薩摩中納言（嶋津家久）
備前宰相（池田忠雄）

是ヲ相副ヘラル、但騎馬束帯、一日晴、（衣紋行幸ノ日ト替ル、）供奉人以下御幸ノ時ノ如シ、

姫宮ノ御供奉武家ノ公卿五人、

駿河大納言　水戸中納言
仙台中納言（伊達政宗）　越前宰相（松平忠昌）
会津宰相（蒲生忠郷）

是ヲ相副ヘラル、儀式同前、出車四両也、

東武実録　巻第十八

寛永三丙寅年九月

行幸ノ日
主上(後水尾天皇)御膳黄金白銀製調　後水尾天皇御膳道具

晴ノ御膳

御掛盤大小ナシ、　六箇　白銀ヲ以テ是ヲ製ス、
御茶碗大小各蓋アリ、　七箇　黄金ヲ以テ是ヲ製ス、
御皿大小　十五箇　同製

御内々ノ御膳

御掛盤一二三　三箇　黄金ヲ以テ是ヲ製ス、
御食籠但シ御供御次　一箇　同製
御箸　二双　同製
御匙大小　二箇　同製
御唐盞ノ台　一箇　白銀ヲ以テ是ヲ製ス、
御盞大小　二箇　黄金ヲ以テ是ヲ製ス、
御銚子　一枚　同製

御蓋置　一箇　同製
御柄杓立　一箇　同製
御水滴　一箇　同製
御水指蓋アリ、　一箇　同製
御釜環アリ　一箇　同製
御風炉　一箇　黄金ヲ以テ是ヲ製ス、
御台子　一箇　同製
御手拭掛　三箇　同製
御衣桁　二箇　白銀ヲ以テ是ヲ製ス、
御菓子盆但シ高衝　三箇　黄金ヲ以テ是ヲ製ス、
御提子蓋アリ、　二箇　同製
御金色蓋アリ、　二箇　白銀ヲ以テ是ヲ製ス、
御湯次蓋アリ、　一箇　黄金ヲ以テ是ヲ製ス、
御鉢大小　二箇　同製
三重ノ御重箱　一組　白銀ヲ以テ是ヲ製ス、
御閘鍋蓋アリ、　二箇　同製
御錫蓋アリ、　一対　同製

御茶入棗　一箇　同製
御中次　一箇　黄金ヲ以テ是ヲ製ス、
御小壺但シ肩衝　一箇　同製
御台天目　一組　同製
御茶碗　一箇　同製
御台　一箇　蒔絵
御鏡台　一箇　蒔絵
御椋角盥　一組　白銀ヲ以テ是ヲ製ス、
御耳盥大小　二箇　同製
御渡金　一箇　同製
御歯黒入　二箇　同製
御歯黒次　二箇　同製
御五位子箱　二箇　同製
御鵜飼茶碗付御台　二箇　同製
御椋次御台蒔絵　一箇　同製
御香炉箱　一箇　同製
御香盆　一箇　同製

東福門院の道具*

御香炉内一箇火取　二箇　同製
御香合伽羅入　一箇　同製
御焼物入棗　一箇　同製
御焼返入ノ壺　一箇　同製
御香箸灰椎銀挟　一縮　同製
(東福門院、徳川和子)中宮ノ御道具
御茶碗大小蓋アリ、　七箇　外白銀内黄金ヲ以テ是ヲ製ス、
御皿大小　十五箇　同製
御掛盤一二三　三箇　白銀ヲ以テ是ヲ製ス、
御食籠但シ御供御次　一箇　同製
御錫蓋アリ、　一双　同製
御間鍋蓋アリ、　二箇　同製
三重ノ御重箱　一組　同製
御鉢大小　二箇　同製
御湯次蓋アリ、　一箇　同製
御金色蓋アリ、　二箇　同製

御提子蓋アリ、　二箇　同製
御菓子盆大小　二箇　同製
御衣桁　二箇　同製
御手拭掛　二箇　同製
御台子　一箇　同製
御風炉　一箇　同製
御釜環アリ、　一箇　同製
御水指蓋アリ、　一箇　同製
御水滴　一箇　同製
御柄杓立　一箇　同製
御蓋置　一箇　同製
御台天目　一組　同製
御茶入棗　一箇　同製
御中次　一箇　同製
御鏡台　一箇　同製
御匳　一箇　同製
御鏡　一箇　同製

御白粉箱　二箇　同製
御油桶　一箇　同製
御五倍子箱　二箇　同製
御掛筒大小　二箇　同製
御白粉泮ノ御香箱　二箇　同製
御櫛箱　一箇　同製
御沈箱御小道具是アリ、　一箇　同製
御歯黒箱　一箇　同製
御歯黒入　二箇　同製
御歯黒次　二箇　同製
御渡金　一箇　同製
御鵜飼茶碗付御台　二箇　同製
御茶碗御化粧ノ水入　二箇　同製
御椋角盥　二箇　同製
御耳盥大小　二箇　同製
御硯箱御小道具是アリ、　一箇　同製
御香盆　一箇　同製

中和門院の道具

御香炉蓋アリ、　二箇　同製
御香箱伽羅入　一箇　同製
御焼物入棗　一箇　同製
御香箸灰椎銀挾　一縮　同製
御焼返入ノ壺蓋アリ、　一箇　同製

（中和門院、近衛前子）女院ノ御道具

御茶碗大小蓋アリ、　七箇　外白銀内黄金ヲ以テ是ヲ製ス、
御皿大小　十五箇　同製
御掛盤一二三　三箇　白銀ヲ以テ是ヲ製ス、
御食籠御供御次　一箇　同製
御箸　二双　同製
御匙大小　二箇　同製
御唐盞ノ台　一箇　同製
御盞大小　二箇　同製
御銚子　一枝　同製
御錫蓋アリ、　一双　同製
御間鍋蓋アリ、　二箇　同製
三重ノ御重箱　一組　同製
御鉢大小　二箇　同製
御湯次蓋アリ、　一箇　同製
御金色蓋アリ、　一双　同製
御提子蓋アリ、　一双　同製
御菓子盆　二箇　同製
御衣桁　二箇　同製
御手拭掛　二箇　同製
御台子　一箇　同製
御風炉　一箇　同製
御釜環アリ、　一箇　同製
御水指蓋アリ、　一箇　同製
御水滴　一箇　同製
御柄杓立　一箇　同製
御蓋置　一箇　同製
御台天目　一組　同製

御茶碗付台　一箇　同製
御茶入棗　一箇　同製
御中次　一箇　同製
御鏡台　一箇　同製
御匲　一箇　同製
御鏡　一箇　同製
御白粉箱　二箇　同製
御油桶　一箇　同製
御五倍子箱　二箇　同製
御掛筒大小　二箇　同製
御白粉泮ノ御香箱　一双　同製
御櫛箱　一箇　同製
御沈箱御小道具是アリ、　一箇　同製
御歯黒箱　一箇　同製
御歯黒入　一箇　同製
御歯黒次　二箇　同製
御渡金　一箇　同製

*興子内親王の道具

御鵜飼茶碗　二箇　同製
御茶碗御化粧ノ水入　二箇　同製
御棙角盥　一組　同製
御耳盥　二箇　同製
御硯箱御小道具是アリ、　一箇　同製
御香盆　一箇　同製
御香炉蓋アリ、　一箇　同製
御香箱伽羅入　一箇　同製
御焼物入棗　一箇　同製
御香箸灰椎銀挾　一縮　同製
御焼返入ノ壺蓋アリ、　一箇　同製

女一宮ノ御道具(興子内親王)
御茶碗大小蓋アリ、　七箇　外白銀内黄金ヲ以テ是ヲ製ス、
御皿大小　十五箇　同製
御掛盤一二三　三箇　白銀ヲ以テ是ヲ製ス、
御食籠御供御次　一箇　同製

御箸　二双　同製
御匙大小　二箇　同製
御唐盞ノ台　一箇　同製
御盞大小　二箇　同製
御銚子　一枝　同製
御錫蓋アリ、　一双　同製
御間鍋蓋アリ、　二箇　同製
三重ノ御重箱　一組　同製
御鉢大小　二箇　同製
御湯次蓋アリ、　一箇　同製
御菓子盆大小　二箇　同製
御提子蓋アリ、　一双　同製
御衣桁　二箇　同製
御手拭掛　二箇　同製
御台天目　一組　同製
御鏡台　一箇　同製
御匳　一箇　同製

御鏡　一箇　同製
御白粉箱　一双　同製
御白粉ノ香合掛箇アリ、　一箇　同製
御掛筒　一箇　同製
御油桶　一箇　同製
御鵜飼茶碗付台　一双　同製
御茶碗御化粧ノ水入　二箇　同製
御梹角盥　一組　同製
御耳盥　一箇　同製
御櫛箱　一箇　同製
御沈箱御小道具是アリ、　一箇　同製
御硯箱御小道具是アリ、　一箇　同製
御香盆　一箇　同製
御香炉　一箇　同製
御香合　一箇　同製
御焼物入棗　一箇　同製
御香箸灰椎銀挾　一縮　同製

御焼返入ノ壺蓋アリ、　一箇　同製

女二ノ宮御道具

女二の宮道具

御茶碗大小蓋アリ、　七箇　外白銀内黄金ヲ以テ是ヲ製ス、
御皿大小　十五箇　同製
御掛盤一二三　三箇　白銀ヲ以テ是ヲ製ス
御食籠御供御次　一箇　同製
御箸　二双　同製
御匙大小　二箇　同製
御唐盞ノ台　一箇　同製
御盞大小　二箇　同製
御銚子　一枝　同製
御錫蓋アリ、　一双　同製
御間鍋蓋アリ、　一双　同製
三重ノ御重箱　一組　同製
御鉢大小　一双　同製
御湯次蓋アリ、　一箇　同製

~~~

御菓子盆大小　二箇　同製
御提子蓋アリ、　一双　同製
御金色　一双　同製
御衣桁　二箇　同製
御手拭掛　二箇　同製
御台天目　一組　同製
御鏡台　一箇　同製
御匜　一箇　同製
御鏡　一箇　同製
御香炉箱　一箇　同製
御白粉箱　一双　同製
御油桶　一箇　同製
御掛筒　一箇　同製
御櫛箱　一箇　同製
御沈箱御小道具是アリ、　一箇　同製
御鵜飼茶碗付台　一双　同製
御茶碗ノ御化粧水入　一双　同製
~~~

御椋角盥　一組　同製
御耳盥　一箇　同製
御硯箱御小道具是アリ、　一箇　同製
御香盆　一箇　同製
御香合　一箇　同製
御香炉　一箇　同製
御焼物入棗　一箇　同製
御香箸灰椎銀挟　一縮　同製
御焼返入ノ壺蓋アリ、　一箇　同製

右ノ諸ノ御道具後御進上也、

秀忠御膳道具

(秀忠)
大相国御膳道具

御茶碗大小蓋アリ、　七箇　白銀ヲ以テ是ヲ製ス、
御皿大小　十五箇　同製
御掛盤一二三　三箇　同製
御食籠御供御次　一箇　同製
御箸　二双　同製

*家光御膳道具

御匙大小　二箇　同製
御唐盞ノ台　一箇　同製
御盞大小　二箇　同製
御銚子　一枝　同製
御錫蓋アリ、　一双　同製
御間鍋蓋アリ、　一箇　同製
三重ノ御重箱　一組　同製
御鉢　二箇　同製
御湯次蓋アリ、　一箇　同製
御金色蓋アリ、　一双　同製
御菓子盆　二箇　同製
御台天目　一組　同製

(家光)
将軍家御膳道具

御茶碗大小蓋アリ、　七箇　白銀ヲ以テ是ヲ製ス、
御皿大小　十五箇　同製
御掛盤一二三　三箇　同製

御食籠御供御次　一箇　同製
御箸　二双　同製
御匙大小　二箇　同製
御唐盞ノ台　一箇　同製
御盞大小　二箇　同製
御銚子　一枝　同製
御錫蓋アリ、　一双　同製
御間鍋蓋アリ、　一箇　同製
三重ノ御重箱　一組　同製
御鉢　二箇　同製
御湯次蓋アリ、　一箇　同製
御金色蓋アリ、　一双　同製
御菓子盆　二箇　同製
御台天目　一組　同製

東武実録　巻第十九

寛永三丙寅年九月

家光よりの賜物

行幸ノ日

将軍家(家光)ヨリ諸家エ賜モノ目録

一、御太刀　一腰　関白(近衛信尋)
白銀　三千両
綿衣　二十領花糸絹繻子白綾嶋絹以下同、
一、御太刀　一腰　一条(兼遐)
白銀　二千両
綿衣　二十領
一、御太刀　一腰　八条宮(智仁親王)
白銀　二千両
綿衣　二十領
一、御太刀　一腰　伏見宮(貞清親王)
白銀　二千両
綿衣　二十領

一、御太刀　一腰　高松宮(好仁親王)
白銀　二千両
綿衣　二十領
一、御太刀　一腰　鷹司太閤(信房)
白銀　二千両
綿衣　二十領
一、御太刀　一腰　九条(忠栄)
白銀　二千両
綿衣　二十領
一、御太刀　一腰　二条(康道)
白銀　二千両
綿衣　二十領
一、御太刀　一腰　鷹司左大将(教平)
白銀　二千両
綿衣　十領
一、御太刀　一腰　九条右大将(忠象)
白銀　二千両

綿衣　十領

一、白銀　千両　仁和寺門跡（覚深）

綿衣　二十領

一、白銀　千両　竹内門跡（覚恕）

綿衣　二十領

一、白銀　千両　大学（覚）寺門跡（尊信）

綿衣　二十領

一、白銀　千両　妙法院門跡（常胤）

綿衣　二十領

一、白銀　千両　一乗院門跡（尊勢）

綿衣　二十領

一、白銀　千両　知恩院門跡（尊照）

綿衣　二十領

一、白銀　千両　聖護院門跡（興意）

綿衣　二十領

一、白銀　千両　照高院門跡（興意）

綿衣　二十領

一、白銀　千両　梶井門跡（応胤）

綿衣　二十領

一、白銀　千両　青蓮院門跡（尊重）

綿衣　二十領

一、白銀　千両　随心院門跡（長静）

綿衣　二十領

一、白銀　千両　大乗院門跡（義尋）

綿衣　二十領

一、白銀　五百両　実相院門跡（慈運）

綿衣　十領

一、白銀　五百両　円満院門跡（養慶カ）

綿衣　十領

一、白銀　千両　三宝院門跡（義演）

綿衣　二十領

一、白銀　五百両　勧修寺門跡（聖信）

綿衣　十領

一、白銀　五百両　毘沙門堂門跡（公厳カ）

綿衣　十領
一、御太刀　一腰　西園寺前右大臣（実益）
白銀　千両
綿衣　二十領
一、御太刀　一腰　花山院前右大臣（定煕）
白銀　千両
綿衣　二十領
一、御太刀　一腰　転法輪大納言（三条公広）
白銀　千両
綿衣　十領
一、御太刀　一腰　三条大納言（三条西実条）
白銀　二千両
綿衣　十領
一、御太刀　一腰　日野大納言（資勝）
白銀　千両
綿衣　十領
一、御太刀　一腰　烏丸大納言（光広）

白銀　千両
綿衣　十領
一、御太刀　一腰　広橋大納言（総光）
白銀　千両
綿衣　十領
一、御太刀　一腰　西園寺大納言（公益）
白銀　千両
綿衣　十領
一、御太刀　一腰　菊亭大納言（経季）
白銀　千両
綿衣　十領
一、白銀　五百両　万里小路入道（光房）
綿衣　十領
一、御太刀　一腰　正親町三条中納言（実有）
白銀　三百両
綿衣　十領
一、御太刀　一腰　四辻中納言（季継）

白銀　三百両
綿衣　十領
一、御太刀　一腰　中御門中納言(尚長)
白銀　三百両
綿衣　十領
一、御太刀　一腰　阿野中納言(実顕)
白銀　三百両
綿衣　十領
一、御太刀　一腰　清閑寺中納言(共房)
白銀　三百両
綿衣　十領
一、御太刀　一腰　日野中納言(光慶)
白銀　五百両
綿衣　十領
一、御太刀　一腰　中院中納言(通村)
白銀　二千両
綿衣　十領

一、白銀　三百両　白川二位(雅朝)
綿衣　十領
一、御太刀　一腰　広橋宰相(兼賢)
白銀　五百両
綿衣　十領
一、御太刀　一腰　柳原宰相(業光)
白銀　五百両
綿衣　十領
一、白銀　三百両　花山院宰相(定好)
綿衣　十領
一、白銀　三百両　西園寺宰相(実晴)
綿衣　十領
一、白銀　三百両　水無瀬前宰相(氏成)
綿衣　十領
一、白銀　三百両　五辻右兵衛督(之仲)
綿衣　十領
一、白銀　三百両　西洞院宰相入道(時慶)

綿衣　十領

一、白銀　三百両　西洞院右衛門督(時直)

綿衣　十領

一、白銀　三百両　転法輪三位中将(三条実秀)

綿衣　十領

一、白銀　五百両　烏丸宰相(光賢)

綿衣　十領

一、御太刀　一腰　藤右衛門佐(高倉永慶)

白銀　五百両

綿衣　十領

一、白銀　五百両　飛鳥井中将(雅胤)

綿衣　十領

一、白銀　三百両　滋野井中将(孝吉)

綿衣　五領

一、白銀　二百両　堀川中将(康胤)〔河、以下同ジ〕

綿衣　五領

一、白銀　二百両　水無瀬中将(兼俊)

綿衣　五領

一、白銀　三百両　高倉中将(藪嗣良)

綿衣　五領

一、白銀　五百両　冷泉中将(上冷泉為頼)

綿衣　十領

一、白銀　三百両　徳大寺中将(公信)

綿衣　十領

一、白銀　三百両　中山頭中将(元親)

綿衣　十領

一、白銀　三百両　竹内刑部少輔(孝治)

綿衣　十領

一、白銀　二百両　藤谷中将(為賢)

綿衣　五領

一、白銀　二百両　北畠中将(親顕)

綿衣　五領

一、白銀　三百両　園頭中将(基音)

綿衣　十領

一、白銀　二百両　東坊城少納言(長維)
綿衣　五領
一、白銀　五百両　久我中将(通前)
綿衣　五領
一、白銀　二百両　庭田少将(重秀)
綿衣　五領
一、白銀　二百両　平松侍従(時興)
綿衣　五領
一、白銀　二百両　五条少納言(為適)
綿衣　十領
一、白銀　三百両　大炊御門侍従(経敦)
綿衣　十領
一、白銀　五百両　三条侍従
綿衣　十領
一、白銀　三百両　竹屋弁(光長)
綿衣　五領
一、白銀　二百両　甘露寺弁(時長)

綿衣　五領
一、白銀　五百両　勧修寺弁(経広)
綿衣　十領
一、白銀　五百両　土御門中務(泰重)
綿衣　十領
一、白銀　二百両　冷泉少将(為尚)
綿衣　五領
一、白銀　二百両　樋口少将(信孝)
綿衣　五領
一、白銀　二百両　西坊城少納言(遂長)
綿衣　五領
一、白銀　二百両　小川坊城兵部少輔(輔俊)
綿衣　五領
一、白銀　二百両　鷲尾侍従(隆量)
綿衣　五領
一、白銀　二百両　〔河〕川鰭侍従(基秀カ)
綿衣　五領

一、白銀　二百両　櫛笥侍従(隆朝)
綿衣　五領
一、白銀　二百両　綾小路少将(高有)
綿衣　五領
一、白銀　三百両　清閑寺左衛門権佐(共綱)
綿衣　五領
一、白銀　五百両　中院侍従(通純)
綿衣　十領
一、白銀　二百両　姉小路少将(公景)
綿衣　五領
一、白銀　五百両　山科少将(言総)
綿衣　十領
一、白銀　二百両　松木侍従(宗保)
綿衣　五領
一、白銀　二百両　四辻侍従(公理)
綿衣　五領
一、白銀　二百両　日野西右少弁(総盛)

綿衣　五領
一、白銀　五百両　六条少将(有純)
綿衣　十領
一、白銀　五百両　四条侍従(隆述)
綿衣　十領
一、白銀　二百両　西洞院侍従(時良)
綿衣　五領
一、白銀　二百両　東園侍従(基教)
綿衣　五領
一、白銀　二百両　万里小路右兵衛佐(綱房)
綿衣　五領
一、白銀　二百両　久世少将(通式)
綿衣　五領
一、白銀　五百両　飛鳥井侍従(雅章)
綿衣　五領
一、白銀　二百両　難波侍従(宗種)
綿衣　五領

一、白銀　五百両　舟橋式部少輔（秀雄）
綿衣　十領
一、白銀　二百両　持明院侍従（基定）
綿衣　五領
一、白銀　五百両　広橋侍従（純光）
綿衣　五領
一、白銀　二百両　中御門左兵衛佐（宣順）
綿衣　五領
一、白銀　三百両　清水谷侍従（実任）
綿衣　十領
一、白銀　五百両　日野侍従（弘資）
綿衣　五領
一、白銀　二百両　中川侍従
綿衣　五領
一、白銀　二百両　正親町侍従（公高カ）
綿衣　五領
一、白銀　二百両　高倉侍従（永敦）

綿衣　五領
一、白銀　二百両　小倉侍従（公根）
綿衣　五領
一、白銀　二百両　花園侍従（公久）
綿衣　五領
一、白銀　二百両　油小路侍従（隆基）
綿衣　五領
一、白銀　二百両　橋本侍従（実村）
綿衣　五領
一、白銀　二百両　裏辻侍従（季福）
綿衣　五領
一、白銀　五百両　藤侍従
綿衣　五領
一、白銀　二百両　阿野侍従（公業）
綿衣　五領
一、白銀　二百両　伯侍従（白川雅陳王）
綿衣　五領

一、白銀　二百両　岩倉侍従（具起）
綿衣　五領
一、白銀　二百両　唐橋民部卿（在村）
綿衣　五領
一、白銀　二百両　正親町三条侍従（公高）
綿衣　五領
一、白銀　二百両　堀川侍従（信親カ）
綿衣　五領
一、白銀　二百両　西大路侍従（隆郷カ）
綿衣　五領
一、白銀　二百両　七条侍従（隆脩）
綿衣　五領
一、白銀　二百両　小児
綿衣　五領
一、白銀　二百両　万丸児七人ノ内
綿衣　五領
一、白銀　二百両　左京大夫

綿衣　五領
一、白銀　二百両　兵部太輔（マヽ）
綿衣　五領
一、白銀　二百両　治部太輔（マヽ）
綿衣　五領
一、白銀　二百両　勘解由次官
綿衣　五領
一、白銀　二百両　大膳大夫
綿衣　五領
一、白銀　二百両　弾正大弼
綿衣　五領
一、白銀　二百両　岩倉木工（具尭）
綿衣　十領
一、白銀　二百両　右京大夫（藤江定時）
綿衣　五領
一、白銀　二百両　極﨟（壬生忠利）
綿衣　五領

一、白銀　二百両　指次蔵人
綿衣　五領
一、白銀　二百両　清蔵人
綿衣　五領
一、白銀　二百両　新蔵人（塩小路通規）
綿衣　五領
一、白銀　百両　大外記
一、白銀　百両　官務
一、白銀　百両　出納大蔵大輔（職忠カ）
一、白銀　百両　同豊後守
一、白銀　百両　勢田判官
一、白銀　百両　幸徳井陰陽頭（友景）
一、白銀　百両　武田兵庫頭
一、白銀　百両　河端佐渡守（通氏）
一、白銀　百両　速水長門守（光益）
一、白銀　百両　世続左衛門尉
一、白銀　百両　大沢左衛門大夫

一、白銀　百両　松波庄九郎
一、白銀　百両　速水安芸守
一、白銀　百両　立入河内守（康善）
一、白銀　百両　調子越前守
一、白銀　百両　土山駿河守（武久）
一、白銀　百両　調子主膳
一、白銀　百両　土山将監（武慶）
一、白銀　百両　調子玄蕃（武政）
一、白銀　百両　同将監
一、白銀　百両　土山将曹（吉武）
一、白銀　百両　三上将曹
一、白銀　百両　村雲備前守（信一）
一、白銀　百両　調子将曹（重益）
一、白銀　百両　伝奏内　木村越前守
綿衣　二領
一、白銀　百両　伝奏内　山形右衛門尉
綿衣　二領

一、白銀　百両　伝奏内 岡木美作守
綿衣　二領
一、白銀　百両　羽倉玄蕃（延次）
一、白銀　百両　大西采女正
一、白銀　百両　小野彈正
一、白銀　百両　井関刑部
一、白銀　百両　吉田兵部
一、白銀　百両　鳥居大路修理大夫
一、白銀　百両　富野宮内
一、白銀　百両　松下民部大輔
一、白銀　百両　馬場式部
一、白銀　百両　西室主殿頭
一、白銀　百両　鴨主膳
一、白銀　百両　羽倉内記
一、白銀　百両　園崎木工助

禁中女中方賜物

禁中女中方

一、白銀　五百両　上臈
綿衣　十領
一、白銀　五百両　大典侍
綿衣　十領
一、白銀　五百両　権典侍
綿衣　十領
一、白銀　五百両　大納言典侍
綿衣　十領
一、白銀　五百両　新典侍
綿衣　十領
一、白銀　五百両　長橋
綿衣　十領
一、白銀　三百両　内侍
綿衣　六領
一、白銀　三百両　新内侍
綿衣　六領
一、白銀　三百両　内侍並御下ノ内 宮内卿

綿衣　六領
一、白銀　三百両　同　伊予
綿衣　六領
一、白銀　三百両　同　児七人
綿衣　六領
一、白銀　二百両　御下　周防
綿衣　四領
一、白銀　二百両　同　伊勢
綿衣　四領
一、白銀　二百両　同　播磨
綿衣　四領
一、白銀　二百両　同　下野
綿衣　四領
一、白銀　百両　末ノ頭　阿茶
綿衣　二領
一、白銀　百両　采女ノ頭　才
綿衣　二領

*東福門院女中方賜物

一、白銀　百両　采女
綿衣　二領

中宮女中方（東福門院、徳川和子）

一、白銀　五百両　権大納言
綿衣　十領
一、白銀　五百両　新大納言
綿衣　十領
一、白銀　五百両　御櫛笥
綿衣　十領
一、白銀　五百両　梅小路
綿衣　十領
一、白銀　五百両　宣旨
綿衣　十領
一、白銀　五百両　藺頭典侍並　式部
綿衣　十領
一、白銀　五百両　内侍ノ内典侍並　右衛門佐

綿衣 十領
一、白銀 三百両 内侍 中将
綿衣 六領
一、白銀 三百両 同 左京
綿衣 六領
一、白銀 三百両 御下ノ内侍並 大弐
綿衣 六領
一、白銀 二百両 御下 豊前
綿衣 四領
一、白銀 二百両 同 長門
綿衣 四領
一、白銀 二百両 同 肥後
綿衣 四領
一、白銀 二百両 同 但馬
綿衣 四領
一、白銀 二百両 同 信濃
綿衣 四領

一、白銀 二百両 同 石見
綿衣 四領
一、白銀 二百両 同 日向
綿衣 四領
一、白銀 二百両 同 薩摩
綿衣 四領
一、白銀 二百両 御表使御下並 出羽
綿衣 四領
一、白銀 二百両 同 内海
綿衣 四領
一、白銀 二百両 同 河内
綿衣 四領
一、白銀 五百両 姫宮御内 中務典侍並
綿衣 十領
一、白銀 五百両 同 阿子同
綿衣 十領
一、白銀 五百両 同 今同

*中和門院女中方賜物

綿衣　四領
一、白銀　二百両　姫宮御内 弥々御下並
綿衣　四領
一、白銀　二百両　同 弥々御乳ノ人
綿衣　四領
一、白銀　二百両　茶々御乳ノ人
綿衣　四領
一、白銀　百両　同 御指
綿衣　三領
一、白銀　百両　姫宮御内 牧
綿衣　三領
一、白銀　百両　中臈頭 符
綿衣　三領
一、白銀　百両　同 筑後
綿衣　三領
一、白銀　百両　御物書
綿衣　三領
一、白銀　百両　山路
綿衣　三領
一、白銀　百両　御下頭 茶
綿衣　二領
一、白銀　百両　岩
綿衣　二領

女院女中方（中和門院、近衛前子）
一、白銀　五百両　上臈分 一位
綿衣　十領
一、白銀　五百両　錦小路
綿衣　十領
一、白銀　五百両　小督
綿衣　十領
一、白銀　五百両　中納言
綿衣　十領
一、白銀　三百両　中臈分 按察使

綿衣　六領
一、白銀　三百両　（同）少将
綿衣　六領
一、白銀　二百両　外山
綿衣　十領
一、白銀　二百両　（御下達分）侍従
綿衣　四領
一、白銀　二百両　（御下達分）讃岐
綿衣　四領
一、白銀　二百両　（同）弁
綿衣　四領
一、白銀　二百両　豊後
綿衣　四領
一、白銀　二百両　能登
綿衣　四領
一、白銀　二百両　右近
綿衣　四領

一、白銀　二百両　相模
綿衣　四領
一、白銀　二百両　備後
綿衣　四領
一、白銀　二百両　和泉
綿衣　四領
一、白銀　二百両　珍蔵主
綿衣　四領
一、白銀　二百両　玉
綿衣　四領
一、白銀　二百両　越前
綿衣　四領
一、白銀　二百両　夏
綿衣　四領
一、白銀　三百両　（内侍並）児一人
綿衣　六領
禁中

一、白銀　　五千両　　惣中

中宮御所

一、白銀　　五千両　　惣中

女院御所

一、白銀　　五千両　　惣中

東武実録　巻第二十

寛永三丙寅年　自九月至十二月

大御台所違例

九月　江戸ニ於テ大御台所（秀忠正室、浅井氏）ノ御方御違例危急ノ由、松平半四郎重則、是年内膳正ニ任シ、後大隅守ニ改ム、洛ニ馳セ来テ註進ス、是ニ依テ将軍家（家光）急ニ江戸ニ還御アルヘキノ由ニテ淀ノ城（山城国久世郡）ヲ出御、供奉ノ輩ハ鳥羽（伊勢国答志郡）ニ出向ヒ、待請ケ奉ルヘキノ旨ヲ命セラレ、二条ノ城ニ渡御、公（秀忠）ニ御対顔アリ、大御台所ノ御不予告ケ来ル、即日稲葉丹後守正勝ヲ将軍家ヨリ御使トシテ御違例ヲ問ヒ奉ラセ給フ、将軍家既ニ御駕ヲ発セラルヘキノ処ニ、大御台所ノ御方今月十五日御逝去ノ由、江戸ヨリ告ケ来ルニ依テ、将軍家江戸還御ノ事暫ク御延引アリ、先ツ三浦志摩守正次ヲ御使トシテ江戸ニ差シ遣ハサル、二三日ヲ経テ洛ヲ出サセ給ヒ、膳所（近江国滋賀郡）ニ御旅館アリ、此所ニ於テ采禄五百石以下勤番ノ士ニ金二十両宛賜ル、是ハ京師ニ二三日御逗留アルニ依テ、鳥羽ニ其間旅宿スルノ輩、私用足ラサルヘキ事ヲ思召シ付ケラル、ニ依テナリ、是ヨリ先キ江戸御発駕ノ前、初ニ金三十両後ニ白銀三十枚ヲ供奉ノ士ニ賜ル、駿河亜相忠長（徳川）卿大御台所御不予ノ告ヲ聞テ、即時ニ洛ヲ発シ江戸ニ馳セ赴キ給フト云ヘ共、大御台所ノ御方御逝去ノ事ヲ武州芝ノ辺ニ於テ聞給フニ依テ、御生中ノ御対顔ナシ、

*大御台所尊体増上寺入御

同十八日　夜ニ入戌ノ中刻大御台所ノ御尊體増上寺ニ入御、是ヨリ後御位牌ヲ方丈ニ安置シ奉リ、七日々ノ当日所化上座ノ寺僧読経アリ、日々斎ヲ賜ル、御膳奉行・台所衆・御賄方・伊奈半十郎（忠治）等、十八日ヨリ増上寺ニ相詰是ヲ勤ム、三十五日当日、施餓鬼・四十九日当日、頓写百箇日待夜、頓写読経法問当日、施餓鬼客殿ニ於テ、大儀ノ御葬贈ノ用意アルニ依テ、十月十八日以前御葬贈マテノ間ハ、別ニ御法事執行ナシ、

家光秀忠に対顔

大御台所逝去の報

同十九日　道三（今大路親清）玄鑑京師ニ在テ煩フ、大御台所御病痾危急ノ告ケアルニ依テ、道三病中ナリト云ヘ

共、公ノ命ヲ奉テ京師ヲ発シテ江戸ニ馳セ赴ク、途中相州箱根(足柄下郡)ニ於テ卒ス、五十歳、将軍家落陽ヨリ江戸ニ還御ノ節、松平越中守定綱ヲ召シテ白銀二百貫目賜ル、定綱御贈リトシテ江州水口(甲賀郡)ノ駅マテ伺候ス、

十月三日　相馬義胤、(弾正大弼盛胤男、)従五位下ニ叙シ、長門守ニ任ス、

是日　高木善次郎正成、(主水正正次男、)従五位下ニ叙シ、肥前守ニ任ス、(後主水正ニ改ム、)

是日　内藤正重、(甚市郎正直男、)従五位下ニ叙シ、外記ニ任ス、

中宮御所制法

同四日　中宮(東福門院、徳川和子)ノ御所御制法ヲ定メラル、是ハ此度御入洛ノ時、中宮ノ御所御作法御旨ニ応セサルニ依テナリ、

条々

女出入の事*

一、門出入の事

おとこ(男)女ともに酉の刻のまへ(前)をかきる(限)へし、もし六時過候ハヽ、たとひ手判あるともとを(通)すへからさる事

一、女上下出入の事

一、権大納言・右衛門のすけ(佐)両人の手判に、あまの(天野)ふせんのかミ(豊前守)・大はしえちこのかミ(大橋越後守)うら(裏)判にて出入申付へき事

一、らく中(洛中)におやきやうたい(親兄弟)これある女は、日帰にいとま(暇)を正・五・九月出すへき事

一、女上下によらすあひわつらふ(相煩)時は、せんあく(善悪)を見わけ、わつらひあしき(悪)をは出すへき事

一、寺社参詣かたくちやうし(停止)の事

一、せつけ(摂家)・宮かた・御もんせき(門跡)・せいくわ(清華)、その外くけ(公家)のめん〳〵(面々)并しよ大ミやう(諸大名)れいの事

女中まかり(罷)出しかるへきかたへは、権大納言・新大納言両人まかり出へし、猶周防守(板倉重宗)

さしつ(指図)にまかすへき事

一、寺社のともから(輩)ハ、禁中御さほう(作法)にまかすへし、これも周防守さしつ次第の事

薬師の事

一、くすし(薬師)の事参内のともから(輩)は、ふせん(豊前)(天野)・えち後(越後)(大橋)つねあり所まてまいるへき事

＊男女走り込みの事

一、いつかたよりもつかひこれありて、女出候ハてかなハさる時ハ、てハ(出羽)・うつミ(内海)・かわち(河内)右三人出へき事

一、町人并しよさいく(諸細工)人等、同女なとの事
用の事あひかなへ候ものハ、おとこはふせん・えちこつねあり所まてとをる(通)へし、女ハ権大納言やと(宿)まて越へき事

遊物見物の事

一、あそひものけんふつ(見物)の事
一せつむやう(無用)たるへし、しせん(自然)禁中御らん(覧)においてはかくへつ(格別)の事

一、諸公家家中へ男女ふるまひ(振舞)の事
女ハ一えんむよりなり、たゝし(但)あひこすへきしさい(子細)あるニおいてハ、周防守さしつにしたかふ(従)へき事

一、しせん(自然)かなハさる用の事あるにおゐてハ、ふせん(豊前守)のかミ・えちこ(越後守)のかミおく(奥)まてとをる(通)へき事

一、おとこ(男)女はしりこみ(走込)の事
一せつきよよう(許容)すへからす、万一申分あるにおゐてハ、周防守ところへあひわたす(相渡)へき事

一、おく(奥)の庭さうち(掃除)の事
おとこ(男)のいらさる所へハ、女ともをつかハ(遣)しさうち申付へき事

一、まかなひかた(賄方)の事、別紙にこれあり、

一、つほね(局)〳〵をき・いろり(囲炉裏)の事ふせん・えちこ相談の上、石いろり可申付事
付、かなあんとうを右両人見合、あひわたすへき事

一、よろつつかひ物の事、こん（権）大納言・右衛門のすけ（佐）すミつき（墨付）次第あひと（相）ゝの（調）ふへき事

右のむね（旨）をかたくあひ（相）守へし、つふさ（具）なる事は奉書に被仰出者也、

寛永三年十月四日

同七日　山名禅高、（俗名中務大輔豊国）卒ス、七十九歳、

大御台所葬礼

同十八日　大御台所（秀忠正室、浅井氏）ノ御葬礼増上寺ニ於テ執行セラル、御葬送ノ場所浅府野（麻布）（豊島郡）ヲ以テ定メラル、増上寺ヨリ浅府御葬送ノ場所御火屋ニ到テ行程千間、此左右ニ大竹ヲ以テ茂架籬ヲ結ヒ、内ニ薦ヲ敷キ、其上ニ白布ヲ以テ十端、並ヒニ増上寺（武蔵国豊島郡）ヨリ御火屋ニ到テ、千間ノ行程是ヲ敷ク、右千間ノ行程左右十間ニ一流宛竜頭ノ幡ヲ建テ、其間毎両方ニ蝋燭ヲトモス、御火屋惣構ヘ百間四方、檜ヲ以テ瑞籬ヲ立テ、丹ヲ以テ是ヲ塗ル、内ニ薦ヲ敷キ其上ニ白絹ヲ引ク、達空門・信入門・梵行門・究竟門ノ

竜頭の幡

四門アリ、各門ノ名ヲ額ニ書テ是ヲカクル、一方ニ幡十本宛四方ニ四十流レノ幡ヲ建ル、各白練ヲ以テス、長一丈二尺、御火屋二重ノ構ヘ、六十間四方瑞籬惣構ヘト同シ、内ニ薦ヲ敷キ其上ニ練ヲ引ク、泥洹門・饒益門・真証門・業成門ノ四門アリ、各門ノ名ヲ額ニ書テ是ヲカクル、二方ニ百味ヲ供シ四隅ニ紗籠ヲ置ク、御火屋内ノ構ヘニ清浄舎・安楽殿ノ二ツノ額ヲカクル、御火屋マテノ行程右ノ方ニ観喜堂・利人堂・柔軟堂・転凝堂・済飢堂・大悲堂ノ六堂アリ、各額ヲカケ三ツ具足ヲ置ク、四門内外八ツ共ニ竪横二丈九尺、土ヨリ貫キマテ桂ノ間五尺、柱ハ丹ヲ以テ塗リ、笠木ハ黒ク塗ル、四門ノ額三尺五寸内ハ金ノミカキ、縁ハ牡丹唐草ヲ画ク、外ハ丹ヲ以テ是ヲ塗ル、六堂九尺四方高キ事一丈二尺、仏壇ノ広サ二尺九寸、観音ノ長二尺五寸、額ノ長一尺二寸広サ八寸、堂ノケコミ牡丹唐草柱丹塗リ、天蓋錦ヲ以テス、小幡

綾水引錦、紗籠長九尺余、紋紗ヲ以テス、四方ノ
骨錦地持竹白綾ニ色々彩色アリ、右ノ方ニ龕前堂
アリ、額ヲカケ幡六流レヲ建テ百味ヲ供ス、堂ノ
竪六間横五間高キ事二丈七尺、天井ナシ、向横六
間ニ高サ二丈七尺、此内紙ヲ以テ是ヲハリ天人ヲ
画ク、腰板金蓮華ヲ画ク、ケコミ牡丹唐草、床ノ
フチ柱等各丹塗リ、蓮華唐草ヲ画ク、額竪三尺五
寸横三尺、フチ牡丹唐草ヲ画ク、天蓋錦ヲ以テス、　＊葬送の行列
小幡段子、御龕金入錦包八尺四方、高キ事四尺二
寸、（但シ縁ヨリ外形マテ）御龕ノ四方ニ広済門・果逐門・至徳　＊一番
門・還到門ノ四門アリ、各鳥居ニ額ヲカクル四門
ヨリ内ニ浄業門・寂滅門ノ二額アリ、御龕ヲ舁ク
者ノ前ニ五十人、後ニ五十人、并テ百人皆白張ヲ
着ス、御龕ニ副天蓋九尺四方、蕨手ヨリ外形マテ
緑青ヲ以テ是ヲ彩色、地ハ錦小幡段子持竹長キ事
三間半、袋ハ金紗ヲ以テス、警固ノ武士、在府一　警固の武士
万石以上諸大名ノ家人是ヲ勤ル、（肩衣袴ヲ着ス）千間ノ行

程茂架籬ノ内一間ニ一人宛在テ是ヲ守ル、茂架籬
ヨリ外ハ足軽、（肩衣袴ヲ着ス）一間ニ一人宛是ヲ守ル、（足軽モ同ク諸大名ノ家人、）御火屋ヨリ外、或ハ五十間或ハ百間ヲ退
テ、弓・鉄炮ヲ以テ是ヲ警衛ス、幕下弓・鉄炮ノ
頭諸家ノ者ニ相交リ是ヲ勤ル、目付ノ輩是ヲ須視
シテ下知ス、

御葬送行列

奉行上人一人　侍二人　存栄
右　大香炉上人一人
一番　大松明
左　大香炉上人一人
奉行上人一人　侍二人　春湖

右　多賀角左衛門（常次）・黒沢木工之助（定幸）　灑水上人一人　華籠五ツ上人五人
左　西山太郎兵衛（昌綱）・渡辺孫三郎（富次）　灑水上人一人　華籠五ツ上人五人

右　月天俗人　末敷二本俗人　紗籠二本俗人
左　日天俗人　開敷二本俗人　紗籠二本俗人
右　幡五流俗人　鈸一双寺僧二人　鉦一ツ寺僧一人
左　幡五流俗人　鈸一双寺僧二人　鉦一ツ寺僧一人
右　鐃一ツ寺僧一人
左　鐃一ツ寺僧一人

二番

奉行上人一人　侍二人　心法寺
右　大香炉一ツ上人一人
左　大香炉一ツ上人一人
奉行上人一人　侍二人　随応寺
右　三田左兵衛（守長）大井新右衛門（政景）　灑水上人一人　華籠五ツ上人五人

三番*
二番

~~~~~~~~~~~~~~~~~~~~

左　八木忠三郎（豊政）本間忠左衛門（忠直）　灑水上人一人　華籠五ツ上人五人
右　末敷一本俗人　幡五流俗人　鈸一双寺僧二人
左　開敷一本俗人　幡五流俗人　鈸一双寺僧二人
右　鉦一ツ寺僧一人　鼓一ツ寺僧一人　鐃一ツ寺僧一人
左　鉦一ツ寺僧一人　鼓一ツ寺僧一人　鐃一ツ寺僧一人
奉行上人一人侍二人　説道　遠山小右衛門（景次）辻忠兵衛（久昌）
右　灑水上人一人
左　灑水上人一人

三番

奉行上人一人侍二人　玩然　松平金兵衛　板橋与五右衛門（政重）
右　華籠五ツ上人五人　末敷一本俗人　紗籠二本俗人
左　華籠五ツ上人五人　開敷一本俗人　紗籠二本俗人
~~~~~~~~~~~~~~~~~~~~

五番*　四番　六番*

右　幡五流俗人　鈸一双寺僧二人　鉦一ツ寺僧一人
左　幡五流俗人　鈸一双寺僧二人　鉦一ツ寺僧一人
右　鼓一ツ寺僧一人　鐃一ツ寺僧一人
左　鼓一ツ寺僧一人　鐃一ツ寺僧一人
奉行上人一人　侍二人　智道　竹内源右衛門（吉勝）　小野源十郎（高盛）
右　大香炉一ツ　上人一人

四番

左　大香炉一ツ　上人一人
奉行上人一人　侍二人　万説　長塩甚太郎　宇津作右衛門（正信）
右　灑水上人一人　華籠五ツ上人五人　未敷一本俗人
左　灑水上人一人　華籠五ツ上人五人　開敷一本俗人
右　紗籠二本俗人　幡五流俗人　鈸一双寺僧二人
左　紗籠二本俗人　幡五流俗人　鈸一双寺僧二人

右　鉦一ツ寺僧一人　鼓一ツ寺僧一人　鐃一ツ寺僧一人
左　鉦一ツ寺僧一人　鼓一ツ寺僧一人　鐃一ツ寺僧一人
右　奉行上人一人　侍二人　貞残　石野六左衛門（広吉）　朝比奈伝次郎（真正）

五番　此間結大華　長老二十五人　長老二十五人

左　奉行上人一人　侍二人　門説　市岡左太夫（正次）　筒井甚十郎

六番

右　奉行上人一人　侍二人　九億　加藤清三郎（正重）　藤又市郎（信久）
大香炉一ツ　上人一人
左　大香炉一ツ　上人一人
奉行上人一人　侍二人　呑札　筧新太郎（正成）　横地善太郎
右　灑水上人一人　未敷一本俗人　紗籠二本俗人
左　灑水上人一人　開敷一本俗人　紗籠二本俗人

八*番

七番

右　幡五流俗人　鈸一双寺僧二人　鉦一ツ寺僧一人
左　幡五流俗人　鈸一双寺僧二人　鉦一ツ寺僧一人
右　鼓一ツ寺僧一人　鐃一ツ寺僧一人
左　鼓一ツ寺僧一人　鐃一ツ寺僧一人

奉行上人一人　侍二人　雲牛　荒川又次郎(吉元)　柴山孫作(正知)

七番　従是続

奉行上人一人　侍二人　長薬　本多右衛門　青木太兵衛(吉永)

右　大香炉一ツ上人一人　灑水上人一人　華籠五ツ上人五人
左　大香炉一ツ上人一人　灑水上人一人　華籠五ツ上人五人
右　末敷一本俗人　紗籠二本俗人　幡五流俗人
左　開敷一本俗人　紗籠二本俗人　幡五流俗人
右　鈸一双寺僧二人　鉦一ツ寺僧一人　鐃一ツ寺僧一人

左　鈸一双寺僧二人　鉦一ツ寺僧一人　鐃一ツ寺僧一人
右　奉行上人一人　侍二人　学須　中山茂左衛門(忠勝)　山田市兵衛

大香炉一ツ上人一人

八番

(左脱カ)奉行上人一人　侍二人　天胡　秋山平十郎　佐橋兵次郎(吉次)

大香炉一ツ上人一人

右　灑水上人一人　華籠五ツ上人五人　末敷一本俗人
左　灑水上人一人　華籠五ツ上人五人　開敷一本俗人
右　紗籠二本俗人　幡五流俗人　鈸一双寺僧二人
左　紗籠二本俗人　幡五流俗人　鈸一双寺僧二人
右　鉦一ツ寺僧一人　鼓一ツ寺僧一人　鐃一ツ寺僧一人
左　鉦一ツ寺僧一人　鼓一ツ寺僧一人　鐃一ツ寺僧一人

十一番* 九番 十二番* 十番 十三番*

奉行上人一人　侍二人　岩徹　山岡伝右衛門（景信）　松平次右衛門（政成）

九番　此間御道具

奉行上人一人　侍二人　祖白　筧勘右衛門（政次）　加藤助三郎（正光）

右　奉行上人一人　侍二人　法吟　富永彦四郎（直哉）　神谷作右衛門（正船）

十番

左　奉行上人一人　侍二人　林正　板橋庄三郎（政郡）　長谷川九兵衛（忠勝）

右　大香炉一ツ上人一人　灑水上人一人　華籠五ツ上人五人

（左脱カ）大香炉一ツ上人一人　灑水上人一人　華籠五ツ上人五人

右　末敷一本俗人　紗籠二本俗人　幡五流俗人

左　開敷一本俗人　紗籠二本俗人　幡五流俗人

右　鈸一双寺僧二人　鉦一ツ寺僧一人　鐃一ツ寺僧一人

左　鈸一双寺僧二人　鉦一ツ寺僧一人　鐃一ツ寺僧一人

十一番　此間能化衆　香衆　二行

右　奉行上人一人　侍二人　大香炉一ツ上人一人

十二番

左　奉行上人一人　侍二人　大香炉一ツ上人一人

右　灑水上人一人　華籠五ツ上人五人　末敷一本俗人

左　灑水上人一人　華籠五ツ上人五人　開敷一本俗人

右　紗籠二本俗人　幡五流俗人　鈸一双寺僧二人

左　紗籠二本俗人　幡五流俗人　鈸一双寺僧二人

右　鉦一ツ寺僧一人　鼓一ツ寺僧一人　鐃一ツ寺僧一人

左　鉦一ツ寺僧一人　鼓一ツ寺僧一人　鐃一ツ寺僧一人

十三番　従是上人之道具

大傘俗人　朱傘俗人　挟箱二ツ俗人

曲禄俗人　乗替之輿　本尊

右　天蓋俗人持之上人二人　団扇一本上人一人

三経上人一人

左　竹篦一本上人一人

右　払子一本上人一人

奉行上人一人侍二人

小松明上人一人　血脈上人一人

奉行上人一人侍二人

左　柱杖一本上人一人

沓行者一人

右　露払　持幡童一人

左　露払　持幡童一人

十*四番

右　執綱俗人　侍十人青襖袴ヲ着ス　執綱俗人

執蓋

左　執綱俗人　侍十人青襖袴ヲ着ス　執綱俗人

右　奉行上人一人　侍二人　大香炉一ツ上人一人

杖　十四番

左　奉行上人一人　侍二人　大香炉一ツ上人一人

右　灑水上人一人　末敷一本俗人　紗籠二本俗人

灑水上人一人　開敷一本俗人　紗籠二本俗人

右　幡五流俗人　鈸一双寺僧二人　鉦一ツ寺僧一人

左　幡五流俗人　鈸一双寺僧二人　鉦一ツ寺僧一人

右　鼓一ツ寺僧一人　鐃一ツ寺僧一人

左
鼓一ツ寺僧一人　鐃一ツ寺僧一人

長老二十五人

十五番　此間結大華

長老二十五人

右
大香炉一ツ上人一人　華籠上人十二人

楽人

左
大香炉一ツ上人一人　華籠上人十二人

右
大香炉一ツ上人一人

御位牌　御膳

左
大香炉一ツ上人一人

善綱

類家

御龕　天蓋

善綱

類家

執蓋白張十人　執綱白張二人白張二人　上人

御供白輿

今度崇源院殿（秀忠正室・浅井氏）御法事ニ依テ、親王・摂家・門跡ヨリ増上寺エ御経奉納アリ、此使者ニ各呉服一重宛ヲ賜ル、酒井雅楽頭忠世家ニ於テ是ヲ申シ渡シ、則彼宅ニ於テ呉服拝戴（頂）ス、諸宗門ノ僧増上寺ニ群参、諷経ヲ勤ム、

十一月十三日　中宮皇子（高仁親王）誕生、

同十五日　鈴木政房、後市兵衛卜号ス、鈴木市兵衛政次養子、実ハ松平庄左衛門昌吉男、始テ公（秀忠）ニ謁ス、

同十九日　稲葉彦六郎典道、従四位下侍従、卒ス、

是日　金地院（崇伝）所労ニ依テ奉書ヲ賜リ、是ヲ御尋ア

十五番

位牌

皇子誕生*

リ、

皇子誕生の賀儀

同二十日　皇子誕生ノ賀儀トシテ、禁裏エ御太刀一腰・白銀千枚、女院ノ御所エ白銀三百枚ヲ進セラル、大沢中将基宿御使トシテ京都ニ赴ク、

皇子（高仁親王）御誕生之儀、誠以珍重存候、因茲先御太刀一腰・銀子千枚進上之、猶大沢中将（基宿）可令言上候、此旨宜有奏達候也、謹言、

十一月廿日　御諱（秀忠）

三条殿（三条西実条）

中院殿（通村）

皇子たんしやう（誕生）、まことにめてたき（目出）御事にて候、まつ御祝儀として女院御所へしろかね（白銀）三百枚し（進）ん上候、此よし（由）よろしく御ひろう（披露）あるへく候、かしく、

十一月廿日

三条殿

中院殿

***

崇源院に贈従一位の位記*

同二十五日　皇子親王　宣下、

同二十八日　崇源院殿（秀忠室、浅井氏）ニ贈従一位ノ位記ヲ賜ル、勅使五条少納言兼適増上寺ニ参詣ス、松平出雲守勝隆台命ヲ奉テ勅使ヲ饗応ス、

是日　肥後侍従忠広（加藤肥後守）、領国ノ八代蜜柑ヲ献ス、是ニ依テ奉書ヲ賜ル、

是月　皇子降誕ニ依テ、駿河大納言忠長卿（徳川）ヨリ嘉儀ノ使トシテ、松平因幡守直長（左馬允忠頼三男）、上京ス、従四位下ニ叙スヘキノ由、勅許アリト云へ共、直長是ヲ辞退ス、

十二月三日　仙台中納言正宗（政、以下同ジ）（伊達）、松平陸奥守、鱈ヲ献ス、御内書ヲ正宗ニ賜ル、

同七日　仰出サル、ノ趣、

反物の制

絹紬

布木綿

定

一、絹紬之事

壱端ニ付而長大工かねニ而三丈二尺、は（巾）ゝ壱尺四寸、

一、布木綿之事

壱端ニ付而長大工かねニ而三丈四尺、はゝ壱尺三寸、

右織物之寸尺如此御定之上、長はゝ不足之絹紬布木綿売候におゐてハ、来年四月朔日より見合候もの可取之者也、

寛永三年寅十二月七日

同十二日 大岡久蔵正次卒ス、四十一歳、

同十三日 仙台中納言正宗塩引ノ鮭二十尺ヲ献スルニ依テ、御内書ヲ賜ル、

同二十日 会津宰相忠郷（蒲生）、（松平下野守、）蝋燭千五百挺ヲ献スルニ依テ御内書ヲ賜ル、

同二十二日 薩摩中納言家久（嶋津）、（松平薩摩守、）硫黄五百斤ヲ献ス、是ニ依テ御内書ヲ賜ル、

同二十四日 織田常真（信雄）鷹ノ鶴ヲ献スルニ依テ、御内書ヲ賜ル、

同二十五日 薩摩中納言家久領国ノ蜜柑五籠ヲ献ス、是ニ依テ御内書ヲ賜ル、

是月 大久保忠任、（加賀守忠常男、）従五位下ニ叙シ、加賀守ニ任ス、

是月 榊原八兵衛正成、足軽三十人ノ頭トナル、（元御裏門切手ノ役、）

是冬 鳥居左京亮忠政、（彦右衛門元忠男、）四品ニ叙ス、（元従五位下、）

是冬 酒井宮内大輔忠勝、（左衛門尉家次男、）四品ニ叙ス、（元従五位下、）

是年 松平半四郎重則、（大隅守重勝三男、）従五位下ニ叙シ、内膳正ニ任ス、（後大隅守ニ改ム、）

是年 永井信濃守尚政ニ父右近大夫直勝カ遺領下総国古河城（葛飾郡）采地七万石、及ヒ自分ノ領地二万石、

統テ九万石ヲ賜ル、

是年 鳥居左京亮忠政ニ羽州寒(河)江(村山郡)庄采地二万石加賜セラル、

是年 小笠原幸松丸長次、(信濃守忠備男、後信濃守ニ任ス、)播州龍野(揖保郡)城食邑六万石賜ル、

是年 内藤伊賀守忠重、下野国佐野(安蘇郡)ニ於テ采地一万石加賜セラル、

是年 阿部豊後守忠秋ニ上州新田領(新田郡)采地四千石加賜セラル、旧領并テ一万石ヲ領シ、松平伊豆守信綱ト同ク御近習ノ小姓頭トナル、

是年 堀田出羽守正盛佐野五千石ヲ加賜セラル、旧領并テ一万石ヲ領ス、同年御脇指信国ヲ正盛ニ賜ル、

是年 松平丹後守重直、(松平丹後守重忠養子、実ハ小笠原兵部大輔秀政四男、)羽州上山(村山郡)城ヲ転シテ、摂州三田(有馬郡)ノ城ヲ賜ル、

是年 池田帯刀長治ニ食邑千石加賜セラル、

是年 松平志摩守重成御書院番ノ組頭トナル、

*秀忠相模小田原隠居を企図
阿部忠秋近習小姓頭となる

(元御歩行頭、)

是年 内藤市正信広御書院番ノ組頭トナル、

是年 堀田権右衛門御歩行頭トナル、

是年 大久保助左衛門忠政御歩行頭トナル、(同十年御使番トナル、)

是年 安(阿)倍四郎五郎正之、公(秀忠)ノ台命ヲ奉テ、再ヒ相州小田原(足柄下郡)ニ赴ク、彼地ヲ公御居城ニ築カルヘキノ御旨ニ依テナリ、然リト云ヘ共、終ニ果サス、揖斐与右衛門政景小田原ノ町奉行トナリ、彼地ニ赴ク、(是ヨリ先キ大御番組頭、後伊豆国御代官ヲ勤メ、其後駿府ノ町奉行トナル、)

是年 仙石大和守久隆、(越前守秀久二男、)御使番トナル、(同六年御目付トナリ、同十三年御小性組ノ番頭トナル、)

是年 医師玄琢、(野間)(寿昌院法印、)江戸ニ参府、両君(秀忠・家光)ニ謁ス、

是年 堀市正利重、公ノ命ヲ奉テ将軍家ニ奉仕ス、(台命ニ依テ元和八年ヨリ此年ニ至テ、奥平美作守忠昌若年ノ間、宇都宮ニ在テ忠昌カ後見ヲス、)

是年 井上太左衛門重成布衣ニ任ス、

是年 河窪与左衛門信俊、(本氏武田兵庫頭信実男、)家督ヲ其子

主膳信雄ニ後越前守ニ任ス、譲テ隠居ス、

是年 亀井大力、後能登守茲政ト号ス、両君(秀忠・家光)御入洛ノ時、京師ニ於テ、始テ公(秀忠)・将軍家(家光)ニ謁ス、時ニ両君ヨリ御馬ヲ大力ニ賜ル、

是年 堀田若狭守一継願ニ依テ隠居ス、一継カ領地八千八百石余ノ内五千三百石余ヲ嫡子兵部少輔ニ譲リ与エ、三千五百石ヲ以テ一継カ隠居領トス、一継卒後、隠居領三千五百石ヲ次男権右衛門ニ賜ル、

阿部正次大坂城代となる

是年 阿部備中守正次台命ニ依テ大坂ノ城代トナル、時ニ酒井雅楽頭忠世・土井大炊頭利勝、両君ノ鈞〔鈞〕命ヲ述テ云ク、今度大坂ノ常番仰付ラル、ニ依テ、加賜三万石旧領并テ八万五千石ヲ賜ル、然ルニ今五万石ノ軍役ヲ以テ大坂ノ城ヲ守ルヘシ、又外ニ七百五十人ノ月俸ヲ賜ル、其余ノ采地ハ岩〔槻〕(武蔵国埼玉郡)付ニ附ヘキナリ、是年五月六日正次大坂ニ至テ城ヲ守リ勤ム、

東武実録　巻第二十一

寛永四丁卯年　自正月至十二月

正月朔日　江戸ノ城御本丸・西ノ丸新正ノ賀儀例ノ如シ、

同四日　会津宰相忠郷、（松平下野守本氏蒲生）疱瘡ヲ煩テ卒ス、二十五歳、病中岡田兵部少輔（利良）・医師玄琢（野間）ヲ附ケ置ル、忠郷（蒲生）嗣子無キニ依テ、彼ノ領地奥州会津（会津郡）ノ城六十万石ヲ召シ上ケラル、監使トシテ堀三右衛門直之（後式部少輔ニ任ス）・跡部民部（良保）等会津ニ赴ク、会津ノ城ハ浅野采女正長重、三春ノ城（陸奥国田村郡）ハ内藤帯刀忠興在番ヲ勤ム、是年加藤左馬助嘉明予州松山ノ城（温泉郡）采地二十万石ヲ転シテ、奥州会津ノ城食邑四十万石賜リ、三春ノ城采地三万石ヲ加藤民部少輔明利ニ賜ル、松平中務大輔忠知（忠郷弟）ニ予州松山ノ城食邑二十万石賜ル、

蒲生忠郷卒す

同七日　水戸中納言頼房卿（徳川）正三位ニ叙ス、（元従三位）、

徳川頼房正三位叙位

同十八日　加々爪民部少輔忠澄ヲ上使トシテ、御鷹ノ鶴ヲ京極丹後守高広ニ賜ル、

是日　稲葉民部少輔一通、父彦六郎（典通）カ遺領臼杵（豊後国海部郡）ノ城采地五万石賜ル、

是日　仰出サル、趣、

定

一、喧嘩口論之時、至其場一切不可出向事

一、公儀違背之族、自然有之而被行死罪之刻、被仰付輩之外雖為一人、至彼所不可懸合事

一、侍屋敷火事之節、其家中之者并親類縁者之外、至其所不可懸集事

附、町中火事有之時、奉公人上下ともに不可出合事

一、武士之面々侍之儀者勿論至中間・小者迄、一季居一円不可相抱、但、有堪忍次第者不苦事

一、一季居之者於抱置者、主人随其分限可出過銭

一*季居禁止

事

人売買の禁止

一、一季居之者、或者籠舎或者譜代ニ可申付事

一、一季居之請人、或者籠舎或者可為過銭事

此御定之旨相背輩有之者、訴人に可罷出候、急度褒美可被下事

一、年季之事十ケ年に限るへし、十年過者可為曲事、

一、人売買一円停止たり、若違犯之輩あらハ其軽重をわかち、或者死罪或者籠舎可為過銭事

附、宿主・口入人同罪事

一、手負たるものをかくし置へからさる事

一、主なしに宿を借す事、請人之手形を取、町奉行所江差上裏判を取可借事

一、辻立門立すへからす、并顔をふかくつゝみかくす輩あらハ可為曲事、

右可相守此旨者也、仍執達如件、

寛永四年卯正月十八日

同二十八日　長谷川兵助守勝、後三左衛門ニ改ム、式部少輔守知男、始テ将軍家(家光)ニ謁ス、

二月九日　松平五郎八郎忠房、後主殿頭ニ任ス、将軍家(家光)ニ謁ス、

同十五日　松平五郎八郎忠房、公(秀忠)ニ謁ス、

同二十二日　大河内善兵衛正綱卒ス、八十四歳、

*秀忠江戸城本丸渡御

同二十六日　明二十七日、公御本城エ御成リニ依テ御相伴タルヘキノ由、駿河大納言忠長卿(徳川)・水戸中納言頼房卿(徳川)エ上使ヲ賜ル、御礼トシテ両卿御本城・西ノ丸ニ登営ス、

*秀忠数寄屋に入御

同二十七日　公御本城ニ渡御ニ依テ御相伴ノ輩、亜相忠長(徳川)・黄門頼房(徳川)両卿・藤堂和泉守高虎御本城ニ予参ス、黎明将軍家御迎トシテ西ノ丸ニ渡御アリ、御成以前ニ還御、公卯ノ中尅来臨、将軍家鉄御門マテ出御、忠長・頼房二卿御玄関前御白洲ニ出テ謁ス、公御広間ヨリ成ラセラレ、御数寄屋ニ

入御、両卿（徳川忠長・頼房）ハ御広間ノ脇ヨリ御先キニ至リ、御露路ノ口ニ於テ待請ケ奉ル、公ノ御草履御数寄屋ニ入御ノ時、御中立ノ節両度共ニ亜相忠長卿是ヲナオス、

数寄屋道具

御数寄屋ノ御道具

一、御懸物　円悟
一、御釜　筋
一、御水指　烏帽子箱
一、御茶入　ナケ頭巾
一、御茶碗　高麗割高台（藤堂和泉守献ス、）
一、御花入　鶴ノ一声

公御花遊サレテ後御茶ヲ献セラル、公召シ上ケラレ御手ツカラ将軍家ニ進セラル、将軍家ヨリ亜相忠長卿頂戴ノ時、頼房卿是ヲ取次、忠長卿ヨリ頼房卿エ賜リ、藤堂高虎賜リ納ル、頼房卿御前ヲ窺ヒ御茶碗ヲ取テ将軍家ニ献ス、公御茶入台覧、忠長卿・頼房卿・高虎（藤堂）是ヲ拝見、頼房卿御茶入ヲ取テ公エ献ス、公御手ニ取ラセラレ将軍家エ進セラル、後ノ御炭公遊サレ、事畢テ両卿御先キエ参ルヘキノ由命セラル、ニ依テ、忠長・頼房御先キニ退座シ、爰ニ於テ両卿長袴ヲ着ス、公御殿主ノ下ヨリ御花畠ニ成ラセラレ、頼房卿ヲ召シテ花見物仕ルヘキノ由仰出サル、其レヨリ御書院ニ成ラセ

*秀忠猿楽上覧

ラレ猿楽上覧アリ、御能二番過ルノ時、将軍家忠長・頼房二卿ヲ御前ニ召シテ、今日公ノ御成リ御機嫌好ク、天気マテ快晴御喜悦ニ思召サル、ノ由、鈞〔鈞〕命有テ頓テ御土器・御銚子出ル、将軍家召シ上ケラレ、御盃ヲ忠長卿ニ賜リ、其盃将軍家ニ上リ、頼房卿頂戴、其盃本多美濃守忠政・土井大炊頭利勝・井上主計頭正就ニ至テ賜リ納ルノ処ニ、御酌カハリ新盃ヲ出ス、頼房卿賜リ初ム（マヽ）ヘキノ由将軍家台命有リ、頼房頻リニ辞退ス、是ニ依テ将軍家

御盃ヲ御手ツカラ取ラセラレ、頼房卿ニ賜ル、是ニ依テ頼房辞スル事ヲ得ス、遂ニ此盃ヲ賜リ、初メ主計頭正就(井上)ニ是ヲ遣ハサント欲スルノ処ニ、将軍家召シ上ケラルヘキノ御旨ニ依テ、正就立座シテ此盃ヲ将軍家ニ献ス、将軍家是ヲ召シ上エケラレ頼房卿ニ賜ル、其盃忠長賜リ着座ノ面々次第ニ是ヲ賜ル、此間和泉守高虎(藤堂)、公ノ御前ニ伺候シテ御挨拶ヲス、御能五番過テ御膳ヲ献セラル、御相伴将軍家・亜相忠長卿・黄門頼房卿、(公・将軍家ハ御上段ニ御着座、両卿ハ下段ニ候ス、)御土器・御銚子出、初献・二献御各盞三献ノ時、公ノ御盃ヲ将軍家ニ進セラレ、其御盃ヲ忠長卿頂戴、公エ献ス、其御盃将軍家召シ上ケラレ、和泉守高虎下サレ納ル、御能畢テ後、公還御、忠長・頼房二卿御玄関ノ御白洲ニ出テ謁ス、将軍家今日御成ノ御礼トシテ西ノ丸ニ渡御アリ、御座ノ間ニ於テ御対顔、忠長・頼房両卿御礼トシテ西ノ丸・御本城両御殿ニ登営ス、

＊家光川越に放鷹

是月 将軍家武州川越(入間郡)ニ御放鷹アリ、御鷹ノ雁ヲ公エ進セラル、御使トシテ三浦志摩守正次江戸ニ赴ク、

是月 梶金平定治始テ公ニ謁ス、

＊秀忠徳川忠長邸渡御

三月二日 公(秀忠)駿河大納言忠長(徳川)卿ノ亭ニ来臨、御相伴水戸中納言頼房(徳川)卿・藤堂和泉守高虎・丹羽五郎左衛門長重、未明ニ三輩忠長卿ノ家ニ予参、忠長卿卯ノ上尅御迎トシテ西ノ丸ニ登リ、御成以前ニ退出、公卯ノ后尅忠長卿ノ亭ニ来臨、忠長卿門外ニ出テ謁ス、頼房(徳川)・高虎(藤堂)・長重(丹羽)等捨露路ノ外ニ伺候シ、数寄屋入御ノ時供奉ス、

＊数寄屋道具

数寄屋ノ道具

一、懸物　観音牧渓〔谿〕筆

一、釜　大講堂

一、水指　信楽

一、茶入　芝肩衝

一、茶碗　　高麗
一、花入　　礁

公御花遊サレテ後御茶ヲ献ス、忠長卿是ヲ頂戴、頼房卿・高虎・長重ニ至テ賜リ納メ、長重茶碗ヲ忠長卿ニ進ス、茶入公上覧、高虎立座是ヲ取次、御相伴ノ面々一覧シテ、公エ差シ上ル、御手ツカラ是ヲナヲシ置セ給フ、後ノ御炭公遊サレ、事畢テ御相伴ノ輩御先キニ参ヘキノ由台命ニ依テ、各数寄屋ヨリ御先キニ退座、公忠長卿ノ寝所ニ成ラセラレ、御菓子御薄茶召シ上ケラル、時ニ、頼房卿・高虎・本多美濃守忠政ヲ召シテ、暫ク御閑話在テ後書院ニ出御、猿楽上覧アリ、

秀忠猿楽上覧

能組

能組

玉井　観世大夫（左近重成）
盛久　七大夫（喜多長能）
芭蕉　七大夫
三井寺　観世大夫
山姥　七大夫
鵜　七大夫
海士　観世大夫
邯鄲　七大夫
祝言　七大夫

猿楽五番過テ、忠長卿ノ寝所ニ入御、爰ニ於テ御膳ヲ献ス、忠長・頼房二卿御相伴、御土器・御銚子出初献二献御各盞三献ノ時、公ノ御盃ヲ忠長卿頂戴、其盃公召シ上ケラレ頼房卿頂戴、時ニ藤堂和泉守高虎ヲ御前ニ召テ、此盃ヲ賜リ納ル、猿楽過テ公還御アリ、忠長卿今日ノ御成リ忝ナキノ由、御礼トシテ西ノ丸ニ登営、御座ノ間ニ於テ公ニ謁ス、頼房卿モ又西ノ丸ニ登テ御相伴ニ召シ加エラレ忝ナキノ由、御礼ヲ申上ケラル、

家光忠長邸渡御

同九日　将軍家(家光)駿河大納言忠長卿ノ亭ニ渡御アリ、御相伴尾張亜相義直(徳川)・水戸黄門頼房(徳川)両卿・立花飛騨守宗茂、昨八日将軍家ヨリ義直・頼房二卿エ上使ヲ賜リ、亜相忠長ノ亭ニ御成リノ御相伴タルヘキノ由ヲ仰出サル、立花飛騨守宗茂御成リノ供奉仕ルヘキノ由、奉書ヲ以テ仰下サル、三輩御礼トシテ昨日登営ス、今日未明両卿及ヒ立花宗茂等、忠長卿ノ亭数寄屋ノ勝手ニ至テ御成ヲ相待ツ、寅ノ下尅忠長卿将軍家ノ御迎トシテ御本城ニ登リ、御成リ以前ニ退出ス、将軍家卯ノ中尅来臨在リ、義直・頼房二卿・立花飛騨守宗茂外露路ノ辺ニ出テ謁シ、数寄屋ニ入御ノ時各供奉ス、御草履飛騨守宗茂是ヲナヲス、御中立ノ時ハ亜相義直卿、入御ノ時ハ黄門頼房卿是ヲナヲス、御花将軍家遊サレテ後、御茶ヲ献ス、将軍家召シ上ケラレ忠長卿頂戴、義直・頼房両卿・宗茂是ヲ賜リ納メ、宗茂立座、茶碗ヲ持テ忠長卿ニ進ス、将軍家茶入上覧、御相伴ノ面々座次ニ是ヲ一覧ス、後ノ御炭将軍家遊サレ、事畢テ勝手口ヨリ忠長卿寝所ニ成ラセラレ、御菓子御薄茶召シ上ケラレ、義直・頼房二卿土井大炊頭利勝ヲ召シテ、三輩暫ク御前ニ候ス、時ニ大炊頭利勝(土井)猿楽支度是アルノ由ヲ披露ス、爰ニ於テ将軍家御長袴ヲ召シカヘラレ書院ニ出御、猿楽上覧アリ、能五番過テ御膳ヲ献ス、初献ニ献御各盞三献ノ時、将軍家ノ御盃ヲ亜相義直卿頂戴、其盃将軍家召シ上ケラレ、大納言忠長卿ニ賜リ、其盃将軍家ニ上リ、黄門頼房卿頂戴、其盃立花飛騨守賜リ納ル、猿楽畢テ後、将軍家還御、忠長卿及ヒ御相伴ノ面々、御礼トシテ御本城・西ノ丸ニ登営ス、

*家光猿楽上覧

家光茶入上覧

同十五日　梶川七郎兵衛正重、始テ将軍家ニ謁ス、

是月　松下石見守重綱下野国烏山(那須郡)ノ城采地二万石ヲ転シテ、奥州二本松(安積郡)ノ城食邑五万石賜ル、是ヨリ先キ大田原備前守晴清・酒井右近大夫直次ニ本

松ノ城番ヲ勤メ守ル、松下重綱ニ此城ヲ渡ス、烏山ノ城食邑二万石堀美作守親吉ニ賜ル、

四月十一日　内藤甚太郎忠政、伊賀守忠重男、後飛騨守ニ任ス、始テ将軍家ニ謁ス、

秀忠徳川義直邸渡御
*鎖ノ間

五月三日　公(秀忠)尾張大納言義直(徳川)卿ノ家ニ来臨、御相伴水戸黄門頼房(徳川)卿・藤堂和泉守高虎・立花飛騨守宗茂数寄屋ニ於テ御茶、畢テ後広間エ成ラセラレ猿楽上覧アリ、

数寄屋道具

数寄屋道具

一、懸物　一休一行物
一、釜　梶
一、水指　芋頭
一、茶入　鴫
一、茶碗　三嶋暦
一、茶酌　利休ナミタ
一、香合　堆朱
一、三羽　黒鶴
一、花入御花杜若　杵ノヲレ

御花後ノ御炭公遊サル、

鎖ノ間

一、硯　紫
一、歌書　定家筆

同所袋棚

一、釜　八景
一、茶入　筒井肩衝
一、天目　灰被
一、台　尼崎
一、茶杓　古田織部虫喰
一、水指　青磁

銅壺ノ間

一、懸物　踊リ布袋団扇

一、釜　　大霰

一、香炉中央ノ卓ニ居、　利休カ子ノ獅子

一、茶入　　中次

一、茶碗　　新

一、茶杓　　新

大広間

一、台子　　捻金

御座ノ間

一、台子　　梨地蒔絵

数寄屋道具*

同六日　高松（好仁親王）・三条（三条西実条）・中院（通村）江戸参向ニ依テ、西ノ丸ニ登営、是ヲ饗応、猿楽アリ、

秀忠徳川頼房邸渡御

同十四日　公水戸中納言頼房（徳川）卿ノ亭ニ渡御アリ、御相伴尾張亜相義直（徳川）卿・藤堂和泉守高虎・立花飛驒守宗茂等、頼房（徳川）卿ノ家外露路予参シテ御成リヲ相待ツ、黎明黄門頼房卿公ノ御迎トシテ西ノ丸ニ登営シ、御成以前ニ退出ス、公卯ノ后尅来臨、頼房卿外露路ニ出テ謁シ、露路ノ戸ヲ開テ御先キニ立ツ、亜相義直卿・藤堂和泉守高虎・立花飛驒守宗茂等露路ヨリ供奉ス、公数寄屋ニ入御、懸物上覧在テ後御膳ヲ出ス、本御膳二ノ御膳頼房卿御給仕、御銚子出テ御肴両度頼房卿是ヲ持出ル、御膳過テ御中立アリ、御花公遊サル、

数寄屋ノ道具

一、懸物　　芝霊石

一、釜　　八方

一、水指　　新

一、茶入　　フンリン

一、茶碗　　新

一、花入　　カ子ノ物

公御茶召シ上ケラレ、義直卿頂戴、頼房卿・和泉守高虎・飛驒守宗茂賜リ納メ、鎖ノ門ニ出御アリ、

御菓子御薄茶召シ上ケラレテ後、御長袴ヲ召シカヘラレ、御成リ書院ニ渡御、時ニ公ヨリ御太刀一腰・白銀五百枚・御袷ヲ頼房卿ニ賜ル、事畢テ後広間ニ出御、猿楽上覧アリ、

秀忠猿楽上覧

能組

能組

白楽天　観世大夫(左近重成)
頼政　七大夫(喜多長能)
千手　今春大夫
善知鳥　七大夫
項羽　今春大夫(重勝)
定家　七大夫
融　七大夫
谷行　七大夫
祝言　観世大夫

猿楽五番過書院ニ於テ御膳(御掛盤)ヲ献ス、御相伴亜相義直卿・黄門頼房卿、御土器・御銚子出、初献二献御各盞、三献ノ時、公ノ御盃ヲ亜相義直卿頂戴、其盃公召シ上ケラレ頼房卿ニ賜ル、其盃公召シ上ケラル、ノ時、頼房卿御腰物貞宗ヲ献ス、其御盃和泉守高虎(藤堂)賜リ納メ、広間ニ出御、猿楽上覧、能畢テ後還御アリ、義直・頼房両卿御礼トシテ西ノ丸・御本城ニ登リ、両君ニ謁ス、

同二十六日　葉山久弥勝綱卒ス、五十一歳、

西丸猿楽*

六月十四日　西ノ丸ニ於テ猿楽有リ、尾張亜相義直(徳川)卿・駿河亜相忠長(徳川)卿・水戸黄門頼房(徳川)卿・大僧正天海(南光坊)・金地院崇伝其外在府ノ諸大名登営、各美膳ヲ賜ル、大僧正・金地院・藤堂和泉守高虎等御前ニ候シテ御挨拶ヲス、

能組*

御能組

源大夫　今春大夫(重勝)
兼平　七大夫(喜多長能)

熊野　観世大夫(左近重成)
道成寺　七大夫
三輪　七大夫
松山鏡　観世大夫
鳥追　七大夫
国栖　七大夫
祝言　今春大夫

同十八日　堀因幡守秀信卒ス、四十一歳、

同二十一日　牧野大和守光成、駿河守忠成嫡子、卒ス、二十四歳、

是日　深津茂左衛門正則卒ス、五十四歳、

*家光徳川義直邸渡御

同二十五日　西ノ丸山里ノ御数寄屋ニ於テ、尾張大納言義直(徳川)・水戸中納言頼房(徳川)二卿ニ御茶ヲ賜ル、相伴トシテ藤堂和泉守高虎登営ス、

秀忠義直頼房に茶を賜る

数寄屋道具

御数寄屋御道具

一、御掛物　北磵
一、御釜　宗善
一、御水指　伊賀焼
一、御茶入　勢高
一、御茶碗　高麗割高台藤堂高虎献ス、
一、御茶杓　二尊院
一、御花入御花海棠　都カヘリ
一、御香合　染漬雀
一、御炭計　菜籠古田織部正所持、

同二十八日　将軍家尾張大納言義直(徳川)卿ノ亭ニ渡御アリ、御相伴駿河亜相忠長卿・水戸黄門頼房卿・藤堂和泉守高虎・立花飛騨守宗茂、御茶畢テ後広間ニ成ラセラレ猿楽上覧、猿楽三番過テ後、御座ノ間ニ於テ御膳ヲ献ス、

能組

賀茂　観世大夫
清経　今春大夫
源氏供養　七大夫
卒都婆小町　七大夫
道成寺　観世大夫
鵺　七大夫
花月　今春大夫
熊坂　七大夫
祝言　観世大夫

狂言
唐スモフ
首引
ナキ尼
サル座当

同二十九日　朝比奈弥一郎泰澄卒ス、二十九歳、

家光徳川頼房邸渡御

七月三日　将軍家(家光)水戸中納言頼房(徳川)卿ノ亭ニ渡御、

御茶過テ後広間ニ出御、猿楽上覧アリ、御相伴駿河亜相忠長(徳川)・尾張亜相義直(徳川)両卿・藤堂和泉守高虎・立花飛騨守宗茂、将軍家ヨリ御太刀光忠、御脇指景光、白銀五百枚、御袷御単物二十頼房(徳川)卿ニ賜ル、御脇当广頼房是ヲ献ス、

能組
嵐山　今春大夫(重勝)
頼政　七大夫(喜多長能)
千手　観世大夫(左近重成)
藤戸　七大夫
藤栄　今春大夫
土蜘　七大夫
通小町　観世大夫
三井寺　七大夫
猩々　今春大夫

狂言

アソウ
フクロウ
枕モノクルイ
墨ヌリ
ヒクサタ

猿楽畢テ後還御、義直・頼房両卿御礼トシテ御本城・西ノ丸ニ渡営ス、

秀忠徳川義直の帰国許可

同六日 公(秀忠)ヨリ土井大炊頭利勝ヲ上使トシテ、尾張大納言義直(徳川)卿ニ帰国ノ暇ヲ賜ル、時ニ白銀千枚、御単物百、御帷子百、御馬二疋栗毛髪立鹿毛ヲ賜ル、義直卿家臣竹腰山城守信行・成瀬隼人正正成ニ白銀百枚、御単物五、御暑衣五宛ヲ賜ル、其余ノ家臣等御単物、御暑衣或ハ五ツ、或ハ三ツ賜ル、差アリ、

同七日 金森出雲守重頼カ嫡子頼直、時七歳、後長門守ニ任ス、始テ両君ニ謁ス、

徳川義直西の丸登城

同九日 尾張大納言義直卿御暇乞ノ為メ召シテ西ノ丸ニ登営ス、美膳ヲ賜ル、相伴水戸中納言頼房(徳川)卿、御茶ノ時藤堂和泉守高虎ヲ召シ加エラル、時ニ鶻二居ヲ義直ニ賜ル、

同十日 本多正直、後三弥ト号シ伯耆守ニ任ス、三弥正貫男、始テ両君(秀忠・家光)ニ謁ス、

*秀忠徳川頼房の帰国許可

同十二日 太田采女正資宗ヲ上使トシテ、水戸中納言頼房卿ニ帰国ノ暇ヲ下サレ、白銀・暑衣・御馬等ヲ賜ル、頼房卿御礼トシテ西ノ丸ニ登城、時ニ美膳ヲ賜リ、鶻二居ヲ頼房卿ニ下サル、

同十四日 鎮目市左衛門惟明佐渡国ニ於テ卒ス、六十歳、

是日 三浦清左衛門忠綱卒ス、

*京都諸寺出世の制

同二十七日 公諸宗ノ僧出世ノ事仰出サル、板倉周防守重宗上京ノ時、此御条目御黒印続目ノ裏ニモ御印判アリ、ヲ重宗(板倉)ニ賜ル、重宗入洛ノ後是ヲ写シテ諸寺ニ触レ遣ハス、

覚

一、諸宗出世之儀、古相国（家康）様御法度書相背、漫（濫）ニ有之由被聞召候之間、三条（三条西実条）・中院（通村）以窺叡慮、御法度書以後出世之者先相押へ、其上重而器量御吟味被成可被仰付事、付諸宗出世之前後、御法度書之日付可相考事

一、寺々之伝奏にも古相国様御法度書相違候者、出世之儀望申共、向後猥に執奏無之様ニ三条・中院と相談仕可申渡事

一、五山紫衣・黄衣、西堂之公帖頂戴不申衆茂、御法度書以前者御赦免事

一、知恩院執奏之上人号之事、背御法度書猥ニ上人ニ成候者押へ置、右如被仰出候、御吟味之上重而可被仰付事

一、百万遍（山城国愛宕郡）・浄華院（山城国紀伊郡）・黒谷（山城国愛宕郡）より執奏之者茂、増上（武蔵国豊島郡）寺其談儀、所之能化両判之添状を知恩院（山城国愛宕郡）へ持参申、右之小本寺へも知恩院より申遣可致出

秀忠本丸渡御*

世事

寛永四年七月廿一日

同晦日　大岡次郎兵衛直政卒ス、五十一歳、

八月二十二日　土屋源蔵正久卒ス、六十二歳、

同二十九日　松平右京大夫政綱、本氏池田、卒ス、十九歳、嗣子ナシ、

九月十日　公（秀忠）御本丸ニ渡御アリ、御相伴駿河大納言忠長（徳川）卿・藤堂和泉守高虎、御茶過テ後猿楽上覧アリ、

御能組

白髪	今春大夫（重勝）
敦盛	七大夫（喜多長能）
源氏供養	七大夫
鵺	今春大夫
舟弁慶	七大夫

山姥　七大夫
祝言　今春大夫

口切の茶の湯

同十三日　西ノ丸ニ於テ御口切ノ御茶ノ湯アリ、今日ヨリ十六日ニ至テ毎日御茶賜ル、今晩登営スルノ輩、

松平筑前守利常（前田）
松平宮内少輔忠雄（池田）
京極若狭守忠高
藤堂和泉守高虎

＊崇源院一周忌

同十四日ノ朝

細川三斎（忠興）
松平越前守忠宗（伊達）
細川越中守忠利
立花飛騨守宗茂

同日ノ晩

松平長門守秀就（毛利）
松平新太郎光政（池田）
浅野但馬守長晟
加藤肥後守忠広
有馬玄蕃頭豊氏

同十五日ノ晩

松平阿波守忠英（蜂須賀）
松平土佐守忠義（山内）
松平右衛門佐忠之（黒田）
堀尾山城守忠晴

是日　崇源院殿（秀忠正室、浅井氏）御一周忌ニ依テ、増上寺ニ於テ万部経執行セラル、

同十六日ノ朝御茶ヲ賜ル輩、

鍋嶋信濃守勝茂
佐竹修理大夫義隆
藤堂大学頭高次
伊達遠江守秀宗

御数寄屋御道具

一、御掛物　安国寺虚堂

一、御釜　筋 古田織部正所持

一、御水指　唐津

一、御茶入　円座

一、御茶碗　高麗

一、御茶杓　二尊院

一、御花入　都カヘリ

一、御香合　染漬 石タ、ミ

同二十日　伊藤長兵衛弘祐卒ス、

同二十二日　今度参向ノ摂家・門跡御本丸ニ登営、是ヲ饗応、猿楽アリ、

秀忠摂家門跡等饗応*
参向の公家門跡饗応の猿楽

御能組

白楽天　今春大夫

経政　七大夫

野々宮　七大夫

道成寺　今春大夫

海士　七大夫

鉢木　七大夫

祝言　今春大夫

同二十六日　松平兵庫頭忠隆三州吉田(渥美郡)ノ城ニ於テ卒ス、三十二歳、忠隆ハ公ノ近臣タルヲ以テ、一日モ御側ヲ去ル事ナシトイヘ共、重病ニシテ快験ヲ得難キニ依テ、暫ク本国ニ往テ保養スヘキノ由台命ヲ蒙ル、三州吉田ノ城主主殿頭忠利ハ忠隆カ兄ナリ、是ニ因テ忠隆吉田ニ至テ保養スルトイヘ共、其験ナク吉田ノ城ニ於テ終ニ卒ス、忠隆ハ是隼人正忠冬カ父也、

同二十七日　西ノ丸ニ於テ摂家・門跡饗応、猿楽アリ、

御能組

賀茂　今春大夫

八嶋　七大夫

芭蕉　七大夫

天鼓　　今春大夫
二人静　　七大夫
熊坂　　七大夫
祝言　　今春大夫

（織田信友従四下侍従叙任）

十月二日　織田出雲守信友、内大臣信雄二男、従四位下ニ叙シ、侍従ニ任ス、

是日　松下石見守重綱卒ス、四十九歳、其子左助長綱父重綱カ家督ヲ継ク、

（＊家光徳川忠長邸渡御）
（秀忠徳川忠長邸渡御）

同十二日　公(秀忠)駿河大納言忠長(徳川)卿ノ亭ニ渡御アリ、御相伴藤堂和泉守高虎・立花飛騨守宗茂、御茶過テ後広間ニ出御、猿楽上覧アリ、

能組
竹生嶋　　今春大夫(重勝)
頼政　　七大夫(喜多長能)
松風　　七大夫

紅葉狩　　今春大夫
龍田　　七大夫
黒塚　　七大夫
御乞能　自然居士　　七大夫
猩々　　今春大夫

同十五日　京極丹後守高広ニ帰国ノ暇ヲ賜ル、時ニ大鷹一連ヲ高広ニ下サル、

同二十二日　将軍家(家光)駿河大納言忠長卿ノ亭ニ渡御アリ、御相伴酒井雅楽頭忠世・藤堂和泉守高虎・立花飛騨守宗茂、猿楽上覧アリ、

能組
賀茂　　今春大夫
忠度　　七大夫
熊野　　七大夫
善知鳥　　今春大夫

柏崎　七大夫
安宅　七大夫
祝言　今春大夫

同二十七日　小嶋次郎左衛門貞延卒ス、七十二歳、

秀忠藤堂高虎邸渡御

同二十九日　公藤堂和泉守高虎カ家ニ来臨アリ、御相伴立花飛驒守宗茂、先ツ数寄屋ニ入御、御茶畢テ以後広間ニ出御、猿楽上覧、能三番過テ御休息ノ間ニ入御アリ、爰ニ於テ御膳ヲ献ス、

能*組

数寄屋道具

数寄屋道具

一、掛物　虚堂
一、釜　紹鴎腹焙
一、水指　伊賀焼
一、茶入　休夢肩衝
一、茶碗　瀬戸
一、茶杓　利休

一、茶入御花梅椿　利休筒ノ内ニ亀ト浪ヲ銀ヲ以テス、

鎖ノ間袋棚

一、釣釜　蝸牛
一、水指　カ子ノ物
一、茶入　小茄子
一、天目　灰被
一、台
一、茶杓　紹鷗

能組

嵐山　今春大夫
通盛　七大夫
野々宮　七大夫
花月　今春大夫
盛久　七大夫
殺生石　七大夫
御乞能 百万　七大夫

祝言　　　　今春大夫

十一月六日　椿井喜之助、（喜右衛門男、）始テ将軍家（家光）ニ謁ス、

是日　夜ニ入西ノ丸ニ於テ楢村孫九郎兼テ遺恨有ルニ依テ、木造三郎右衛門・鈴木久右衛門、（三人共ニ御花畠永井（尚政）信濃守組、）二人ヲ斬ル、木造・鈴木疵ヲ被テ其座ヲ退ク、楢村是ヲ追フ、番所ノ燈消ルニ依テ、同番ノ輩途ヲ失テ混乱ス、時ニ曽我権左衛門近祐、（後又左衛門ニ改ム、楢村ト同番、）楢村ヲ撃チ留ント追掛ケ、左ノ腕右ノ股ニ疵ヲ被ル、権左衛門カ父喜太郎古祐、（曽我）（後丹波守ニ任ス、御書院番永井信濃守組、其比ハ御書院番・御花畠番両番ニ組ヲ番頭一人ニシテ支配ス、）他番タルノ間、座ヲ隔テ是アルト云ヘ共、権左衛門詞ヲ楢村ニカケテ追ヒ行ク、声ヲ聞テ古祐（曽我）御花畠ノ御番所ニ行ク、時ニ楢村ニ相逢フ、古祐・近祐父子二人ニシテ遂ニ楢村ヲ抱キ捕ル、倉橋宗三郎、（楢村カ同番、）疵ヲ被ル、此疵ヲ痛テ死ス、後日ニ喜太郎古祐ヲ召シテ其夜ノ働ヲ美賞セラレ、其子権左衛門近祐ニ領地二百石ヲ加賜セラル、（権左衛門ハ疵ヲ被ルニ依テ登城ニ及ハス、）楢村ハ御僉議ノ後自殺ス、鈴木久右衛門ハ疵ヲ痛テ死ス、木造三郎右衛門ハ追放セラル、

＊樽村自殺木造は追放せらる

樽村孫九郎木造三郎右衛門ら闘争

同十三日　酒井宮内大輔忠勝カ嫡子忠当、（後摂津守ニ任ス、）始テ将軍家ニ謁ス、

同十四日　酒井備後守忠利卒ス、六十九歳、其子讃岐守忠勝父忠利カ家督ヲ継テ武州川越（入間郡）ノ城領ヲ賜リ、自分ノ采地ヲ并テ八万石ヲ領ス、

＊酒井忠利卒す

是月　公（秀忠）東国ノ地所々ニ御放鷹アリ、

＊秀忠放鷹

十二月十六日　吉田久米助重信、（源八郎重氏男、）始テ公ニ謁ス、

同二十一日　松平新十郎、（後庄九郎忠行ト号ス、兵庫頭忠隆男、）始テ両君ニ謁ス、

同二十二日　皆川山城守広照卒ス、八十歳、

同二十三日　谷出羽守衛友卒ス、六十五歳、

同二十五日　戸川肥後守達安卒ス、六十一歳、

同二十六日　喜多見若狭守勝重、泉州堺（大島郡）ニ於テ卒

ス、嫡子半三郎重恒、（後五郎左衛門ニ改ム、）勝重カ遺領ノ内千
二百石ヲ賜リ、二男久大夫重勝ニ千石ヲ分ケ賜ル、
同二十八日　嶋津忠興、（右馬頭以久男、）従五位下ニ叙シ、
右馬頭ニ任ス、
是日　榊原八兵衛正成、布衣ニ任ス、
同二十九日　酒井忠当、（宮内大輔忠勝男、）従五位下ニ叙シ、
摂津守ニ任ス、
是月　秋山十右衛門正重、（平左衛門昌秀男、）従五位下ニ叙シ、
修理進ニ任ス、
是年　浅野但馬守長晟カ男岩松丸、（時ニ十一歳、）元服ス、
将軍家ヨリ松平氏、（浅野ノ家ニ松平氏ヲ賜ル事光晟ニ始ル、）御諱ノ字ヲ賜
テ光晟ト号シ、従五位下ニ叙シ、安芸守ニ任ス、
是年　池田助三郎長頼、（備中守長吉三男、）従五位下ニ叙シ、
豊後守ニ任ス、
是年　堀三右衛門正之、（監物直正三男、）従五位下ニ叙シ、
式部少輔ニ任ス、
是年　井上清兵衛正重、（半右衛門清秀男、）従五位下ニ叙シ、
筑後守ニ任ス、
是年　丹羽五郎左衛門長重、奥州棚倉（白河郡）ノ城采地五
万石ヲ転シテ、同州白川（白河郡）ノ城食邑十万石賜ル、
是年　松平志摩守重成、（石見守康安二男、御書院番ノ組頭、）台命ヲ奉テ
駿河大納言忠長卿（徳川）ニ附属ス、時ニ大番頭トナリ采
地三千石ヲ加賜セラレ、旧領并テ五千石ヲ領ス、
是年　松平右近大夫輝興、（本氏池田、）播州赤穂（赤穂郡）ノ城食邑
二万五千石ヲ賜ル、
是年　筧新太郎正成大御番ノ組頭トナル、（寛永十六年二条ノ常番トナリ、与力ノ士三十騎ヲ附ラル、）
是年　多賀左近常長御使番トナル、
是年　万年弥三郎大坂御蔵奉行トナル、
是年　今村彦兵衛重長、（伊豆国下田ノ奉行、）豆州下田（賀茂郡）ニ於テ
卒ス、七十一歳、其子伝四郎正長父重長カ家督ヲ
賜リ、父ノ役ヲ継テ豆州下田ヲ守ル、
是年　牧野助右衛門布衣ニ任ス、
是年　黒沢杢助定幸御馬ヲ預ル、（元大御番、）

是年　三橋九左衛門成久将軍家（家光）ニ奉仕ス、

伊勢長嶋洪水

是年　松平美作守定房カ領地勢州長嶋（桑名郡）洪水ニ依テ、水損スルノ由台聴ニ達シ、検使ヲ長嶋ニ差シ下サレ、白銀二百貫目定房ニ賜ル、

是年　藤堂和泉守高虎・堀丹後守直寄命ヲ奉テ、大僧正天海ト相議シ、東照大権現ヲ武州ノ地上野（豊島郡）ニ勧請シ一廟ヲ建テ、是ヲ崇メ奉ル、藤堂高虎寒松院ヲ営シテ、以テ祠堂トス、堀丹後守直寄凌雲院ヲ建、稲葉佐渡守正成現龍院ヲ建ル、公（秀忠）上野大権現ノ霊廟ニ御参詣、天海僧正ノ寺ニ入御アリ、時ニ台駕ヲ寒松院ニ寄セラル、

是年　朝倉主膳、（後甚十郎ニ改ム、）将軍家ノ命ヲ奉テ中奥ニ奉仕シ、又御膳番ヲ勤ム、食禄五百俵ヲ賜ル、

是年　片桐主膳正貞隆卒ス、六十八歳、

是年　溝口権作始テ公ニ謁ス、

是年　高原次郎右衛門直久カ領地、真嶋（讃岐国香川郡）・男木（同郡）嶋・女木嶋（同郡）前代ヨリ六百石ノ地ナリ、直久検地スルノ処ニ二千石ニ足ル、此旨寺沢志摩守広高ヲ以テ土井大炊頭利勝ニ達ス、利勝是ヲ言上シテ彼地ヲ直久ニ賜ル、

是年　日比谷御門ヲ立ラル、南ノ方ノ石壁浅野但馬守長晟是ヲ築ク、

*忠長久能山に鐘楼等建立

是年　駿州久能山（有渡郡）奥院鐘楼宝蔵御建立アリ、大納言忠長卿造営ノ事ヲ掌ル、家臣松平壱岐守正朝・渡辺監物忠ヲ以テ奉行トス、

是年　江戸御城内梅林坂経営ノ事アリ、稲葉丹後守正勝是ヲ勤ム、

東武実録（とうぶじつろく） 第1　史料纂集 古記録編〔第221回配本〕

2024年11月5日　初版第一刷発行　定価（本体16,000円＋税）

校訂　小池　進

発行所　株式会社 八木書店出版部
代表 八木乾二
〒101-0052 東京都千代田区神田小川町3-8
電話 03-3291-2969（編集）-6300（FAX）

発売元　株式会社 八木書店
〒101-0052 東京都千代田区神田小川町3-8
電話 03-3291-2961（営業）-6300（FAX）
https://catalogue.books-yagi.co.jp/
E-mail pub@books-yagi.co.jp

印刷　平文社
製本　牧製本印刷
用紙　中性紙使用

ISBN978-4-8406-5221-6